走進靈山

张建成 著

河北大学出版社
·保定·

图书在版编目（CIP）数据

走进灵山 / 张建成著 . -- 保定 ：河北大学出版社，2024. 10. -- ISBN 978-7-5666-2473-4

Ⅰ . K292.25

中国国家版本馆 CIP 数据核字第 20243W7768 号

走进灵山 ZOUJIN LINGSHAN

作　　者：张建成
出 版 人：刘相美
封面题字：刘金凯
责任编辑：郝　健
美术编辑：赵　谦
封面设计：韩庆策　韩少平
责任校对：刘景坤
责任印制：常　凯

出版发行：河北大学出版社
地址：河北省保定市七一东路2666号　邮编：071000
电话：0312-5073003　0312-5073029
网址：www.hbdxcbs.com
邮箱：hbdxcbs818@163.com
印　　刷：保定市文昌印刷有限公司
幅面尺寸：170 mm × 240 mm
字　　数：400千字
印　　张：34.75
版　　次：2024年10月第1版
印　　次：2024年10月第1次印刷
书　　号：ISBN 978-7-5666-2473-4
定　　价：210.00 元

如发现印装质量问题，影响阅读，请与本社联系。
电话：0312-5073023

序

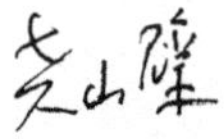

曲阳县地处八百里太行山一个最为典型的弯曲处，以其背风向阳，故名；兼且历史悠久，至少在2300多年前的战国时期即建造了城池；秦始皇实行郡县制，曲阳乃其县治之一。灵山镇位于该县北部山区的一个小盆地里——四面环山，二水中流，山地、丘陵、平原、滩涂、湿地、泉源等诸般地形地貌俱全。这种现象相对于乡镇级的地域范围实属罕见。

若将灵山镇比作太行山的一颗明珠，其璀璨和独特更在于它的地灵人杰、文脉绵长。

首先，灵山镇开发较早，建制渊源虽不可详查，但在唐代已确有敦信乡和灵山村等地名。

其次，有丰富的煤、瓷土和石灰石等矿产资源。基于此，灵山镇采煤、烧石灰的历史均可追溯到唐代，甚至还是举世闻名的定瓷的圣诞地。定瓷之母体——定窑为我国宋代五大名窑之一，始烧于隋唐，鼎盛于五代、北宋、金等朝代，休眠于元初，曾引领世界科技潮流达700年之久。并且新中国成立后，一度在灵山镇野北村建置保定地区灵山煤矿（县级单位）。

再次，旅游资源丰富。除有两处国家级重点文物保护单位涧磁村定窑遗址和西燕川村王处直墓外，另有两处河北省重点文物保护单位和众多的市、县级文物保护单位。尤其灵山聚龙洞为国家AAA级旅游景区，以其奇幻富丽的大型溶洞景观翘楚于我国北方地区。再有其传统的民间花会表演项目——大幡和擎阁，也是殊为颖秀的艳丽花朵，颇受广大群众喜闻乐见，曾多次受邀赴津门、奔省城巡回表演，更且展播于中央电视台的《乡村大舞台》。

最后，灵山镇一带自古民风淳朴，崇文尚武，虽然地域封闭，却因矿工较早远赴唐山煤矿做工，从而接受进步思想较早，于20世纪20年代后期即建立了当地的中共党支部，尤其在当地的抗日战争中成为中坚力量，带领当地百姓与日伪军进行了坚决斗争，涌现出来大批英雄模范人物，产生了许多可歌可泣的斗争故事。1949年中华人民共和国成立后，由于人民勤劳勇敢，善于经营，加之有着一定的工业基础，从而有力地助推了灵山镇现代化进程的步伐，较早地步入了农村脱贫致富奔小康的队列，一些村庄更且带头成了当前美丽乡村建设的模范标杆。

灵山镇地域封闭固然有其不利的一面，然却形成了独特的地域文化和民俗风尚。相对于当前大为开放的社会环境而言，普通话的全面普及、各行各业的广泛交流、各地风俗趋同化的历史潮流，这部《走进灵山》则有着特殊意义。有此一书，即可为灵山镇独特的传统民俗文化保存一息根脉，以承上启下，让传统有源，让后昆有续，这不仅是作者的辛勤劳动成果，更是灵山镇同志们远见卓识的具体表现。

这部书既有地方志的作用，鉴证历史，记录古今，又是一部优秀的地方文化读本。其中历史沿革、经济文化、人物故事、方言俚语等，都条理清晰，资料翔实，图文并茂，生动形象，堪称一部灵山镇的百科全书。

我与作者张建成相识于1981年，由于他的一首诗歌《钻天杨》写得很好，被我选编在《河北文学》第九期的新人栏目发表，并寄予其很大希望。结果却事与愿违，没再见过他的诗歌作品。以至于40多年后的今天，在阅读《走进灵山》这部书稿的过程中，仍能感觉出他的诗歌功底并没有白费，所谓“功夫在诗外”嘛！对他以后的创作，无论是境界还是语言，都起到了助长作用。尤其他在此基础上，集本县民间文学和学术知识为一身的创作模式，开创了一种新型的县域文化现象，堪称奇迹！对他后来的创作我是颇为欣慰和欣赏的！

1991年，张建成加入中国楹联学会，并获“联坛百杰”称号；2022年加入中国作家协会。现已公开出版16种图书，其中《曲阳石雕的故事》《曲阳北岳庙的故事》和《北岳庙巡礼》荣获第九、第十、第十二等三届保定市“五个一工程”奖。另外，他的古体诗词、对联和散文等也都写得很好，并有报告文学作品荣获河北省作家协会庆祝中国共产党成立100周年“恰是风华百年”专题征文二等奖。

由于年事已高，我好长时间不再动笔写文章了，反倒这次因为早年与作者的一面之缘，印象深刻；再加了解了他在农村生活多有不便的条件下，一直笔耕不辍，竟然写出来十几本高品质的图书，做出这么显著的成绩，他这种锲而不舍的精神着实令人感动，再加他与我相见时那份十分诚恳的态度，于是，我便应承了下来，欣然序之。

最后，但愿建成同志一路向前，不断再创佳绩！一并祝愿灵山镇的明天更加美好！

2024年9月26日

（本文作者：尧山壁，原名秦陶彬，1939年出生，河北省隆尧县人。河北省作家协会原主席，专业作家，文学创作一级。）

增韵七律·灵山行

风物穰穰晒榜单，魁元翘楚许灵山。
河流玉液通天水[①]，矿储乌金养命源[②]。
故土走红三昧火，定窑绚白九重蓝。[③]
聚龙洞府千千梦，只眼孔峰[④]万万年。
兼备大幡擎阁舞，长宜民俗庆绵绵。

【注】

①灵山镇水文概属通天河流域。

②周斯亿、温亮珠等纂《重修曲阳县志》载：“灵山……在三会河之西……灵山镇在其南，多煤井，为一邑养命之源。”

③两句意为当地乃古定窑发祥地，曾利用当地的优质瓷土创造了700多年引领世界科技潮流的定窑文化。又，明刘祁《归潜志》云：“定州花瓷瓯，颜色天下白。”

④“孔峰”即孔山，以避前述“灵山”之“山”所重，是故以“峰”代之。

对联 题宋代孩儿枕

经三昧，逾千秋，小童儿全无见长，
嗨嗨！你怎就甘于沉睡？

嘻嘻！我可能醒了黄粱？
历六朝，易百主，老物件只合如初，

灵山籍工艺美术大师代表作品（韩庆策拍摄）

当年定瓷印花常用纹饰的线描图。

中：云龙纹；上：双凤纹；下：莲荷鸳鸯纹；左上：蟠螭纹；左下：绽枝石榴纹；右上：绽枝菊花纹；右下：莲塘风景纹。（图片来源《曲阳定瓷谭概》）

曲阳吹歌（韩庆策拍摄）

民俗花会（韩庆策拍摄）

擎阁（杨淑花拍摄）

大幡（杨姗拍摄）

鼓舞（灵山镇供图）

将军寨山（刘进营拍摄）

西大洋水库（韩庆策拍摄）

说　明

本书所用资料截止于2022年底，基本来源有以下三个方面。

其一，对灵山镇辖区所有35个村子进行了实地采访，通过各村的主要领导组织了由若干民俗知识丰富的老辈乡贤参加的座谈会，并对其村域内突出的重点文物遗存、遗址进行临场参观和现场考察，从而获得了大量弥足珍贵的第一手资料。

其二，通过参考、考证相关志书等文献获取确切的历史资料，主要参考书目如下：

清康熙十一年（1672）刘师峻编纂的《曲阳县新志》，本书正文作《旧志1》。

光绪三十年（1904）周斯亿、温亮珠等编纂的《重修曲阳县志》，本书正文作《旧志2》。

新华出版社1998年版《曲阳县志》，本书正文作《新志1》。

九州出版社2017年版《曲阳县志》，本书正文作《新志2》。

河北人民出版社1999年版《唐县志》。

中国城市出版社1998年版《定州市志》。

方志出版社1999年版《阜平县志》。

曲阳县文物保管所2017年《曲阳县文物保护单位通览》（内编）。

王国力2011年《曲阳百年名人（1851～1950年）》（内编）。

其三，所用数据均由灵山镇政府提供。

目　录

上编

下 编

上　编

灵山镇地处河北省保定市曲阳县的北部山区，因镇政府驻灵山村而得名，南距县城22.5千米。曲阳县民间有一个地名，俗称“山北里”，概指曲阳县北部山区一带的“四乡一镇”，灵山镇乃其之“一镇”，并为县域第二大交通枢纽。辖区四面环山，地势低洼，以地理学概念遂称“灵山小盆地”。东邻唐县并涉西大洋水库，南邻下河、孝墓二镇并庄窠乡，西邻党城、北台二乡，北邻郎家庄乡。辖区东西最大距离11.9千米，南北最大距离11千米，总面积121.2平方千米。

灵山镇地貌形式丰富多彩，山、河、滩、泉，乃至洞穴、平原等诸般俱备。有2处国家级文物保护单位、2处省级文物保护单位，以及1处国家AAA级旅游景区——灵山聚龙洞，是我国北方大型溶洞景观中内容最丰富、场景最精致的一处。域内“三大文化”傲然翘楚：其一，民间花会表演曾荣登央视《乡村大舞台》；其二，采煤历史悠久，曾是保定地区（今保定市）的“煤都”；其三，是定窑文化的发祥地，起自隋唐休眠于金元，曾引领世界科技潮流长达700年之久，幸而又在过了700多年后的20世纪70年代初期涅槃重生，滥觞至今再度辉煌。

第一章　绪论

走进灵山，以前她是神秘的，因为其“灵”，抑或会飘忽不定，让人难以捉摸；走进灵山，未曾想她竟是这般的实实在在，质朴而又峻美，典雅而又娇俏。她由空“灵”实化成为大“山”，由海相浮游物沉淀成岩石，风化成为土壤，从而成就了洞明天象的窟窿山，成就了让人着迷的香岩山，也给这片热土铺垫上了非常厚重的文化底蕴。四面大山虽然合围着她、呵护着她，试图让她独秀其中、私专本土，但她的思想却是开放的，主动给通天河让了条道，让三会河也挤过来投怀送抱！

我肩负使命，怀着虔诚的心走进了这个小盆地，沿途一位又一位亘古、上古、中古、近古的老者，忽而像山，忽而像庙，由近及远坐落在露天的时空大道一旁，似乎生怕我走不到是、访不详细，方才不吝圣躬，似此“一站式”设点，以方便我登门拜访、求教。哪一位都彬彬有礼，每一尊都谦谦相待，无不倾诉所知、穷述经历，并称乃其本分、是其责任。以至我一路“艳遇”连连，收获满满，从而完全平复了我唯恐使命不达而惴惴不安的心绪。于是，我尽量记录下来他们的谆谆教诲，稍事整理，不敢私属，就此转述给大家，以为共享。

第一节 我在地球这旮旯

——太古代这里是汪洋大海，海相沉积物随之脱胎。晚古生代孕育了灵山盆地，二叠系含煤湖相打下地基。中生代第三纪窟窿山夷出断面，由地下水溶蚀成孔，独具只眼，拔地而起，洞彻苍穹。

窟窿山（明月山）（刘进营供图）

——元古界震旦系始有生命，白云岩、白云石矿比肩接踵。角砾岩夹赤铁矿，出露在镇域西界的燕川和南缘的辉岭。

——古生界寒武系红色面岩、灰石灰岩、夹白云岩和含赤磷粉砂岩一并成就，辖区内唯钟情于西南隅的横河口。奥陶系岩性“日志”有点儿厚，灰水泥岩当然是领袖；淡灰色白水泥岩、白云质灰岩、泥质灰岩、泥质岩和页岩薄层，要么在周边的低山上游走，要么深藏在煤层下面恪守。再有石炭系的中统本溪群、上统太原群岩性呼朋唤友，抵不住黑砟子（煤）一枝独秀，层界最厚，捎带着砂岩与页岩并为主流。

——新生界第三系，突出堆积了始新统陆地湖相灵山组，麾下灰色砾岩为主，局部砾岩与红泥岩互补，厚了中间，薄了周边处。镇域中部的褐煤层尚不稳定，或者还是小众，不要着急嘛，没听说过“天生我材必有用”？

——岩浆岩，唯铁岭北村北有所发现，出露中生代燕山期小岩体的闪长岩。

——地质构造，既然灵山复向倾斜褶皱，甘愿辅佐阜平群的隆起，又何必跟燕南沟至庞家洼、峪里至北镇的断裂带计较高低？

第二节　如此“体面”

灵山镇的地貌形势历数不败、多姿多彩。

——尖顶状低山，主要分布在西界的将军寨山、北倚的香岩山：山基坦缓，耸立巉岩；壁垒森严，塞路当关。

——梁状低山，大致东部有铧子山，南缘有横河口、下岸、辉岭、郭家庄、崔古庄等村一线诸山，以及西北部的杏子沟、野北和东、西燕川等村所属各山：岩石半裸，状态巍峨；迤逦顾盼，藕断丝连。

——岗状丘陵，表现在东燕川、郭家庄、魏古庄等村境，尤以魏古庄村最为典型：四周陡然，顶部平缓；总体岗状，褐土其上；辟为耕地，略为农桑。尤其适宜种红薯，从而成就了“魏古庄的山药行”①。

——黄土阶地，即河流二级阶地，分布在通天河与三会河及其支流燕南河两岸、河间地块至山前地带，主要表现在南家庄尔、树

① 长篇民谣《曲阳以北好地方》中的一句内容，整首民谣已为断续状态。

沟、铁岭北、涧磁、东燕川、西燕川、燕南沟等村境：阶面缓斜，倾向于河；近河骤陷，10米为限；宽窄不一，孤岛兀然。镇域又数魏古庄村唐、沙二河分水岭附近的局部河间地块最为典型，最高海拔近200米。

——河谷平原，由第四系全新统冲洪积砂、砾石、砂和亚砂土组成，一般高出河床1.5～2.2米，表层富积轻壤、沙壤质土和沙质草甸土，集中分布在南家庄、洼子二村以东，朱家峪以北，王家村和岗北村以南，涧磁村以西地带及磨子山村这样一个大致范围：地势平坦，倾向下缘；遇洪漫淹，坦荡河滩；中心灵山，都是良田。

——枝状沟谷，亦系由第四系全新统冲洪积沙砾石、砂卵石和亚砂土组成，境内分布最广，两河沿岸山区包括大沙河流域的几个村子无不尽有：沟谷如枝，近河则低；漫滩向下，多是好地；草甸沃壤，农林皆宜。

第三节　走过的历史

——“我”来自灵山聚龙洞里的猿人古洞，3万年前在洞里出生，并在里面居住了许多年。所知洞里更早的时候就有过“原住民”，可惜它们还只是尚不知名称的动物，尤其没能熬过迄今26万多年的悠悠岁月，早已成为一些化石堆积物被高高挂起，处于洞穴深处的岩壁上。

——“我”，哦，不！是“朕”，来自北魏朝代的平城京（今山西省大同市），当年不是修过一条从平城京到当时的“魔都”——定州之间的官道吗？有一次巡视工程进度来到这里，见一巨大的泉池水质清澈，正好“朕”也口渴了，便舀了半瓢解渴。于是乎，原本无名的泉池就被称作“龙泉”了。呵呵，当皇帝真好，不管什么事，只要一着边儿，就成了“龙”这、“龙”那的了。——听这口气，想必就是北魏朝廷里的拓跋皇帝了。

——“我”乃南北朝时期北朝后周至隋代初期（580年前后）的一名窑工，曾经参与创烧了当时涧磁一带的青釉瓷器。

——“王”来自隋朝末年，至今也想不明白这磨子山，尽管它形似磨盘，可毕竟还是山哪，没眼、没耳朵的，它怎么会知道本王姓“窦”？又不见有什么人推它，怎么单单在那个节骨眼儿上就转了一下？真是要命啊，害得“孤王”壮志未酬，愣可愣地着了“将军犯地名”的道儿！——这个不用问，分明就是窦王窦建德了。

——“老衲”来自大唐朝，原不过一个持钵化缘者，法号“智力”，想对你说的是：当年灵山一带的崇山峻岭都算是北岳恒山的一部分。这个，可由当年老衲坐化后，各路善众所立的《唐恒岳故禅师影堂纪德之碑》为证，究其“恒岳”则不言自明。还有，当年的定窑已经名声在外，早就受到了朝廷的重点关注。这个，也可以从那块石碑的碑阴上寻找答案：好多的“窑冶”字眼，岂不也就等于他们在相关的证明文书上画押签名按了手印？尤其其中还记载了一个“零山村”，势必也就是你们现在的“灵山村”了。——这个须是当年慧炬寺的智力禅师吧，他不仅是当年的得道高僧，而且还是大周女皇武则天的同门师弟呢！

野寺绝依念，空山曾遍行。老来披衲重，病起读经轻。

乞食嫌村远，寻溪爱路平。多年柏岩住，不记柏岩名。

——随着一首五言绝句的吟罢，那人接着“呵呵”一乐，继续道：“还记不记得当年的‘诗奴’了？”

笔架山贾岛洞墨书题壁韩愈诗（张建成供图）

“哦，原来是阆仙人哪！多年不见，还真是有点儿眼生了。”

随着智力禅师接过话茬，即刻想起来许多年前与贾岛相见的那段往事。因为有所误会，事后才感觉到在言语对答上未免过于想当然了，且一直没有解释的机会，因此就在心中挽了一个疙瘩。鉴于如今相见有了释怀的机会，所以敞开心扉道：“以上你诗中说得都对，只是最后两句‘多年柏岩住，不记柏岩名’，需要给你解释明白。当时，一来我的确老眼昏花，二来久病新愈，浑身乏力，实在没心气儿跟你说道。原想你进我那大门的时候应该就能看到匾额上刻有‘慧炬寺’几个大字，还是当朝皇帝赐的名呢！就此便误解了你，感觉你是故意这样写诗拿我开涮，说我‘多年柏岩住，不记柏岩名’呢，过后才思摸着你可能当真是没注意到它。这也难怪，想来倒是我虑事不周，忘了你毕竟不同常人，是经常只顾了‘推敲’，竟然在当年长安城的大街上冲撞了官轿也浑然不醒的主儿了。”至此，阆仙人只略微抬了抬头，憨憨地莞尔一乐，但听老禅师继续说：“至于从前那个老寺名，自打皇帝赐了新名以后，就不怎么再叫了。”——噢哟？原来赫赫有名的苦吟诗人竟是这般形象啊！关于这个，或者有些认真的学者大腕要问责于我牵强附会，倒是咱也不怕，常言道：前头有车，后头有辙。就算对簿公堂，自也能拿得出来如山的铁证，比如，当年东坡仙人岂不就曾经拿着他的“文赤壁”来当周郎公瑾的“武赤壁”说过事吗？假使到了咱这儿就要双标，岂不就有失公允了？

唐代李岸墓志（张建锁供图）

——“我”来自唐代的磁窑村地下，现在灵山镇这片地方，当时叫“敦信乡”。至于“磁窑村”，到底是现在的北镇村，还是涧磁村？毕竟过了这么多年，我就说不太清了。——这位须是那个唐大中九年（855）“葬于曲阳县敦信乡磁窑村北二里”名叫“李岸”的老先生。

——“孤”来自五代时期义武军的中军大帐，当时咱这儿同样也是敦信乡的地盘。不过，“孤”当令那会儿，在现今的涧磁村以东还建了个“龙泉镇”，大致就是现在南北二镇所在的那块儿地方。相比现在咱灵山镇东边儿，那会儿的瓷窑非常多，名气也大，所以就建了龙泉镇，主要是为了占地盘儿收税。——这个不外乎就是王处直了，也就是死了以后葬身于燕川村西北上仰盘山（坟山）腹地的那个人。咦嘻！难道他竟忘了被其养子王都所杀的事儿？以致如今尚且大言不惭地在这儿称孤道寡！不过，那个王都虽然在弄死他这件事儿上做得很不地道，但是，在其墓葬方面还是花了大心思的。要不然，怎么会在他的坟墓里挖出来那么多宝贝？震惊了全世界！连带就那么个地老天荒的大野外，竟还被咱现在的国务院重视起来，给了它个“全国重点文物保护单位”的名头。

——“我”来自定州正堂，天性桀骜，不喜欢坐堂称“大老爷”，却喜好搜奇探险，往往孑然一身，并一头毛驴、一个书童出来游山玩水、透透地气儿。一次，来到灵山，听说花洞里的景致特别好玩儿，便钻了进去，果然好一个玲珑世界、人间仙境！禁不住心里痒痒，立马吩咐小童取来笔墨，在洞壁上写下了“蓬莱”两个大字。那时节所思所想，唯一就是“直欲乘风归去”，只可惜那花洞里却刮不起风来。

——“我”来自明朝的永乐年间（1410年前后），见证了曲阳

灵山聚龙洞景观（灵山聚龙洞景区供图，张建成组合）

制瓷业的东山再起。不过，却是以烧制日用粗瓷为主了，且场地也转移到了岗北、韩家村一带。这位大概就是明代编修《大明会典》的李东阳先生吧，的确是个有心人，能把当年咱这儿都给朝廷里进贡了什么东西、具体多少，主要是盛酒的坛坛罐罐，都记得清清楚楚。单凭他没有埋没咱当地的贡献这一点来说，自也值得咱念他一辈子的好！

——“我”是来自大明朝真定府的一名驿卒，经常来往于府城（今正定县城）与倒马关之间，墁在东墁石道路面上的大石头没少

被我的鞋脚摩擦，以致滑溜失足；被我胯下快马的铁蹄践踏，致使它面目全非，到处坎坎坷坷，甚至留下深深的石臼。并且亲眼所见了当年翻修的过程，难得当地老乡亲和远近善众于此结下善缘！

——“我”是清代曲阳县的典史官，所记《会典·县册》内容有：“乾隆十一年（1746），巡幸五台，驻跸曲阳境。”“十五年（1750），上奉皇太后西巡五台驻跸曲阳境，免经过地方本年额赋十分之三。御制咏《水窦岩》诗一章，《望香岩阁》诗一章，《望柏岩寺》诗一章。”其中关于皇上、太后等相干人员的具体驻跸处所问题，虽疏于明表，然其必然经过灵山镇境这一点，应该绝对无法绕开！再有记载：嘉庆十六年（1811），（皇上）巡幸五台山，驻跸曲阳之“北镇里”（今北镇村），免经过地方本年应征额赋十分之三。

接着便是两位头着顶戴花翎的士大夫并肩凑到跟前，同时自报家门道：“我们是大清朝末年的两个本县知县，是我二人共同在光绪三十年（1904）编纂了《重修曲阳县志》。”所说想必就是在本书里被称作《旧志2》的那种古本线装书了。于是，我便猜定他们一个叫周斯亿、一个叫温亮珠。书中载有这样两宗事。

一是光绪二十六年（1900），德意志（德国兵）于南、北镇里至贾家口设立电线。二十七年（1901），知县周斯亿禀请裁撤南、北镇里及贾家口等处电线。

二是同年九月，德法联军侵华时的德军由唐县入曲阳境，知县魏祖德单骑迎师同到下河、灵山两镇，至十月初送洋人赴唐县后始回署。

另据周斯亿介绍：当年他曾几度前往王子寺访碑，皆因西墁石道无法通行，不得已才又派人带其儿子一起绕道唐县，总算到了地处（目的地）。可惜却扑了个空，并没有见到想要找的那块石碑。

此其所谓“唐县”应该就是现在东墁石道以下的横河口村，因其当时尚属唐县，其实则“唐县境”。其碑须为《奉为国令公修王子山院之记》碑，又称《马夔碑》。当时碑被掩埋，后被发掘，现存定窑遗址文物保管所。

第四节 两个“说不清”

以上或者是显露于山，或者是坐落于庙的长者，一旦他们说清了需要说的话，就都相继退隐了，却有两处地方恍恍惚惚的像是小庙，门外分别额题“大冶场”和“箭筒”，两者藕断丝连。其室内空空如也，只有迎面墙壁中央各有一个大“？”；逼近详察，下面又有一行小字：“诚待饱学之士、颖达之人探讨并玉成之。”就此，笔者且抛以砖瓦，代为诱引以金玉真言。

一是朱家峪村的“大冶场”，名字尤其个性。其乡贤老者称，先前附近有许多中间细、两端粗的石碌碡，类似于杂技表演“抖空竹”的道具“空竹”的形状，现在仍有保存。首先说，其名中带“冶”字，想必会与“冶炼金属”有关。推测其形制应该基于两种可能：其一，由长时间碾压脆硬物质，从而导致中间重点着实部位磨损所以然；其二，被碾压对象性质硬脆，出于减少其在碾压过程中的飞溅之由，所以在设计、制作过程中故此为之。

详查《旧志2》，得到两条信息，其一：“利通钱监，金置，旧址不知所在。”其二：“二十七年，命曲阳县置钱监，赐名‘利通’，设副监、监丞，给驿更经营铜事。二十九年罢。”

信息原载《金史·世宗本纪·食货志》。其中“二十七年”“二十九年”，是金世宗在位时的年序，分别是公元1187年和1189年。据此猜测，莫非当年“曲阳县置钱监”于此？基于制造铜币，势必要选矿石冶铜，如此使然，以至于存留至今。

朱家峪村保存的石碌碡（张建成供图）

二是现南镇村与韩家村搭界的地方，有个地名叫“大营”。大营以东，南镇村的地界上有一座北镇村的“南家坟”，传说当年康熙皇帝一次去五台山降香路过这里，相随的风水先生看破了南家坟里将要出皇上，遂及时告知。于是，康熙皇帝便调遣大军扎下营盘，予以破解，所以就有了“大营”这个地名。

与大营相邻的西侧另有一地名叫“箭筒”，同样也个性昭彰，感觉与军工有关。或者某个年代在这里设厂制造过箭，或者作为军械仓库，存储过箭？考虑又与“大营”相密接，联系“康熙皇帝大破南家坟”的传说，难免会让人别生疑窦：无论传说如何，当真康熙皇帝就为破解一座小小的南家坟，也不至于调遣重兵，于此安营扎寨大动干戈。再则在这里建兵工厂造箭，岂不更加无厘头？如此，且换一个角度进行分析，“箭筒”距离朱家峪村不过四五里地，不妨与“大冶场”加以联系，似乎此之雪葬则会不再那么严实。进而推测，当年的“大冶场”基于造箭镞的需要，即便冶铁也不无可能。

还有一个因素，就是后来的明朝上层社会，在意识形态上着意倾向匡复汉族正统文化，从而故意淡化或诋毁金、元两代少数民族统治时期的文化建树，出于这种目的，与之对应的好些事情故意绕开，不予明确记载也很有可能。这一点，于我国古陶瓷界在确立宋代“五大名窑”概念的过程中表现得尤为突出。观点详见本书第四章《定瓷》中的相关内容。

另外，元末明初的战乱和天灾更是导致当地文化断代的重要因素。基于当地住民的大换血，以前的文化遗存相对于后人而言，便失去了纽带，从而难以很好地传承。甚至可以这样说，若非那次惨痛的历史变故，原本在曲阳县待得好好的北岳恒山，以及朝廷层面的北岳庙岁祀大典，也不会跑到山西浑源那边儿去，很大原因当是新来的移民对这块儿地方的感情还不够深厚，以至于在相关的论战中难免就落于下风。

其实，并非只有以上这两个“说不清”，且还有好多的民间历史问题也都说不清，想必症结也都与当时的大移民事件不无关系。比如，定窑遗址明明就在咱眼皮子底下摆着，却让近代的许多专家学者好生苦苦寻找，就是一个非常明显的例子。

第五节　“桥儿”和“阁尔”

这里说的“桥儿”，专指同一个类型的古代单孔石拱桥。相传，清代（一说明代）山西一位孀妇，出于从前人们的迷信思想，因为什么事纠结于心，从而许下大愿，在曲阳县地面建桥72座（一说为100座），总之是一项莫大功德。其中灵山镇范围内有9座，凡是建有这种桥的沟渠，乃至古街道，都叫“桥儿沟”。与之相对应，虽然有的在村外，有的在街口，但无不都处在交通要道上，也都有一个共同的名字，叫“桥儿”，所在的地方也都叫“桥儿上”。且还有一种说法，基于建桥者的身份，开始人们都把这些小石桥俗称为“寡妇桥儿”。名字虽然有失风雅，却突出了人家一个孀妇不管出于什么原因，总是为当地老百姓以及往来的路人办了莫大的好事儿！仅此，人们岂不也就应该长期记住她？

“桥儿”全石砌筑，大体形势长、高各4米左右，宽3米以上，桥面中央有所隆起。从前两旁放置大块不规则的型石以为护栏，高度在0.3米左右（现多半已无）。以下为半圆形券拱，及其再下两侧的券柱石墙，所余空间填充石料、灌注白灰泥浆。典型特征是两侧的券轮顶部正中央分别有一块浮雕型石，雕刻为正面蚣蝮头像。所谓“蚣蝮”，即“龙生九子”之其一子，亦称“避水兽”“镇水兽”，以其能避水消灾而设置。券洞高度一般都在3米以上，以至能畅通骡马大车。

镇域所有9座“桥儿”分别处于野北、杏子沟、灵山、庞家洼、王家村、朱家峪、郭家庄、小赤涧和大赤涧等村境内，目前状况参差不齐。其所处具体位置均为深沟邃涧，有的上面行人走车，下面行洪走水；一多半是作为立体交通建筑物存在的，即其下面兼具道路和行洪双重功能。

其中王家村的“桥儿”保存得最完好，却也因近期翻修街道在旁边另行开辟了通道，以致“桥儿”下面的券洞里堰塞了许多土石等一些杂物，变得非常低矮，仅能从侧面望穿另一侧了。小赤涧村的“桥儿”保存亦佳，现被新修的石牌坊架空掩藏在了下面，倒是专门留了空间，人们可以从旁边下去观瞻其真容。杏子沟村的有所改制，总体尚好。朱家峪村的尚露峥嵘，只是两侧的石蚣蝮不知何时被盗。大赤涧村的“桥儿”在村外，不仅保持了原貌，而且还垫高并延长了桥面，目前仍在通行，欠缺的是其石蚣蝮也不知被谁偷偷地“抱养”了。庞家洼村的“桥儿”已经翻建，石蚣蝮尚在。野北村的仅剩遗址。郭家庄村的在街道治理过程中被填埋，除非再动土不得复见。灵山村的“桥儿”原在大街北头阁尔以外的“桥儿沟”上，因20世纪末街道改造被毁，如今荡然无存。

王家村的“桥儿”（张建成供图）

另据《新志1》记载，涧磁村

也有一座类似的石拱桥，位于涧磁村西部，东西走向。桥长13米，宽4米，跨径3.3米，高4米。券石为石灰石和白晶石，由铁棍穿孔衔接。桥面土石混杂，拱基坐落在潜于地下的岩石上，券顶左右两锁口处各嵌一具方体型石，正中高浮雕一具魃（bá）虾（或蚣蝮的同类）头像。原桥头有碑，已佚，其记载略为：宋代韩家村一员外为求子积德，从而投资修建。据此推测，以上9座“桥儿”或者仿照此桥之法式建筑。

“阁尔”是当地的俗称，音“搞味儿”（gǎowéir），官称“阁楼”，就是当着街道的路口建筑的高层建筑物。一般为双层，下层行人走车，有石券洞和木架构两种法式；上层建筑布瓦顶阁楼，迎面彩绘神像，有的是双面画像，如灵山村的原“当下阁尔”（中间阁楼）。不过，具体到南家庄村则又是另一种叫法，称之为“过街门楼”。现灵山镇辖区内共有四个村子原有“阁尔”，分别是：灵山村三座，南家庄村一座，北镇村两座，横河口村两座。

南家庄村过街门楼和水神庙（刘进营供图）

灵山村原称“灵山镇”，以一条南北走向的“灵山大街三里长”著称，南、北两端及大街正中央的十字路口各有一座“阁尔”，中间一座特别高大，有三层楼那么高。三座“阁尔”的上层楼阁均于1939年被侵华日军的军机炸毁，其余相继在疏通、扩建街道时因妨碍现代交通工具（主要是汽车）的通行而被拆毁。南家庄村的过街门楼在前些年的空心村改造中，因街道大幅垫高，多半被掩埋在了地下，现所可见者仅上层少部。北镇村的北“阁尔”毁于抗战时期，南“阁尔”名“观音阁”，虽然经历了1958年修建西大洋水库移民村的大搬迁，但仍然屹立不倒，一直坚守到20世纪的“文革”时期才终结了使命。横河口村大街亦南北走向，南、北两端的两座“阁尔”俱毁于水库移民村搬迁时，现仅存北“阁尔”一方额石，除题名“玄帝阁”外，尚有“（明）万历二十七年（1599）二月”等文字落款。

横河口村原玄帝阁匾额（张建成供图）

第六节　近、现代的“家长里短”

灵山镇得天独厚，人杰地灵，不仅在历史上成就斐然，以采煤业翘楚于经济范畴，以民间艺术（擎阁、大幡等花会表演项目）颖秀于文化领域，更以“定窑”涅槃烘托出一座不朽的丰碑，从而引领世界科技潮流达700年之久！而且在现代的社会进程中，同样也走出了一路辉煌，创造了许多可歌可泣的业绩。

——这里是曲阳县抗日武装队伍的摇篮。1937年11月，晋察冀军区第三军分区在这里诞生并成长，进而分枝散叶，成为曲阳县境内抗日武装的中流砥柱。

——这里是抗战时期与日伪军短兵相接的战场。我党我军在取得伟大胜利的同时，也付出了“野北惨案”、晋察冀军区独立四团几乎全军覆没、众多人民群众的生命财产饱受损失的惨痛代价。

王平在套里村，右三为王平，左一为王平的妻子范景新（邓子蛟供图）

——这里的采煤业自古为当地百姓的“养命之源”，尤其在20世纪50年代成立了保定地区灵山煤矿以后，一度成为保定地区（今保定市）的“煤都”。并且在计划经济年代，两度有过由原保定地区组织的所属许多县份来镇区办矿采煤的历程。

——这里的小火车曾经把煤炭源源不断地运往山外，同时也把许多原本仅囿于这个小盆地里的乡亲们拉出去开阔眼界。当年的小火车分车厢兼及运客与载货，从定县（今定州市）火车站始发，到南家庄站终止，共有12个客运站和少数装卸货物的站点。境内另有魏古庄客运站点。1964年11月10日开始运营，到1989年停运。

——这里的人民发扬愚公移山精神，战天斗地，开凿出辉岭村的“千米泉”和西庞家洼村的斜洞“幸福泉”，彻底解决了两村自古以来的缺水问题。同时，也创建了郭家庄村的“文艺轻骑兵”，把文艺演出搬到了田间地头，抄起锄头锄地，放下锄头演出，极大地丰富了人民群众的业余文化生活。此三项事迹，一并引起了省市领导的高度关注，从而组织了全省各个地区（市）以及本地区各县分管农业、分管文艺宣传的领导和基层群众代表上千人前来参观、学习，并通过召开现场会，以及利用省、市两级广播电台和报纸，对他们所取得的成就进行大力表彰、广泛宣传。

——这里依托采煤业，改革开放以后迅猛发展起来煤炭运输业，一度保有大型货运汽车8000多辆；同时开办煤场1000多家，进行煤炭贸易活动。巅峰时期，沿省道S382河龙线（S241宝平线）和S335蠡野线（原称保阜线）两条公路的两侧村庄，有80%以上的农户都参与到了跟运煤、销煤相关的业务当中，为曲阳县享誉河北省“运输大县”称号立下了汗马功劳。

——这里的人们生活富裕了，认识到了环境保护的重要性，21世纪之初毅然决然地关闭了小煤井，撤除了煤场，大型汽车也多半另找了出路，成功转型。当地群众分别搞起来特色农业（道地中药材）种植，和规模化肉禽、肉畜及其经济类型的禽畜养殖，以及旅游文化产品生产和旅游服务业等活动。其中定窑文化产业表现尤为突出，现有各种类型的生产企业近百家，产品多达1000多种，创新与仿古并举，经济效益和社会效益双赢，为灵山的“定瓷小镇”建设做出了突出贡献。

——这里的新农村建设搞得红红火火，村村面貌焕然一新，条条街道路面硬化；夜晚路灯照明，垃圾分类统管；村民收入逐年提高，干部服务意识大大增强。尤其下岸村整体搬迁后的面貌，犹如一座深藏在大山里的桃源仙境，最为亮眼。

下岸新村（韩庆策拍摄）

——这里既有全国著名的AAA级旅游景区聚龙洞，也有许多令人心旷神怡甚至拍案叫绝的旅游新宠，如庞家洼村的“七十二拐马脑山”、南镇村的“临渊观水”，以及磨子山村颤颤悠悠、晃晃荡荡的“亦步桥”，都成了远近闻名的网红打卡地。

——哦，对了，还有这里香、薄、酥、脆的“灵山缸炉烧饼”和色、香、味俱佳的“朱家峪驴肉”，可也都已是声名远扬的地方特色小吃哟！远道而来的朋友们，若是不顺便尝尝以饱口福，并且捎头脚儿带点儿回去与亲朋好友们分享些个，恐怕一定会后悔不已！

从前的灵山镇是一个村子，有集、有庙并且地处交通要道，更是区公所（区政府）驻地，所以兼是曲阳县北部山区的文化、经济、交通、贸易甚至政治中心；现在的灵山镇是35个行政村的总和，灵山村仅为其中的三十五分之一，但作为镇政府驻地，相比从前，其功能除了政治中心弱化了以外，照样还保持着其他几个方面的中心地位。

现灵山镇政府南距县城22.5千米，东与唐县接壤，兼与西大洋水库相恰；南与下河镇和孝墓镇共界；西南邻党城乡，西北邻北台乡；北部与郎家庄乡山水相依。辖区东西最大距离11.9千米，南北最大距离11千米，总面积121.2平方千米，耕地31,785亩。截至

镇政府驻地灵山村主街区（韩庆策拍摄）

2022年底，户籍人口共73,360人。

境内有省道S335蠡野线（旧称保阜线）、S382河龙线（旧称定龙线）、S241宝平线等3条主要公路纵横交会；有国家二级公路建筑标准的曲阳东部旅游大道，南起县城，北与省道S335蠡野线对接于庞家洼村东，对面即千年古刹——王子寺。另有涞曲高速公路纵贯南北，所设“灵山南路口”距镇政府5千米；保阜高速公路切过北缘，所设“灵山北路口”距镇政府6千米。主要桥梁有铁岭北通天河大桥、涞曲高速灵山三会河大桥和南家庄公路大桥，以及崭新的涞曲高速公路灵山三会河超大型桥等。1973年，境内建成野北客运站，距镇政府约1.5千米，始发班车可直达保定、石家庄、定州、阜平、唐县和县城等地，日发客运班车近百个班次，日均客流量约2600人次。

涞曲高速公路灵山三会河超大型桥(杨航供图)

灵山镇辖区现有高级中学1所，即曲阳县第四高级中学；初级中学4所，分别是灵山中学、朱家峪中学、北镇中学和韩家村中学；小学21所，分别是灵山村小学、朱家峪村小学、野北村小学、南家庄村小学、郭家庄村小学、西庞家洼村小学、西燕川村小学、小赤涧村小学、北镇北村小学、韩家村小学、南镇南村小学、辉岭村小学、东庞家洼村小学、树沟村小学、崔古庄村小学、横河口村小学、王家村小学、岗北村小学、杏子沟村小学、洼子村小学、铁岭北村小学，以及套里村、南家庄尔村、南镇北村、涧磁村、磨子山村和魏古庄村等6个教学点；另有幼儿园16所。

现有规模化医疗单位4家，包括灵山卫生院、郭家庄卫生院、北镇卫生院等3家卫生院，以及曲阳县第二中心医院（野北医院）。后者由原保定地区灵山煤矿医院改制而来。另有51个村办卫生室。

辖区有国家级重点文物保护单位2处，即涧磁村定窑遗址和王处直墓；河北省重点文物保护单位2处，一是王子山院（含寺院遗址），一是合二为一打包的行善寺及罽假楼；曲阳县重点文物保护单位数十处。

……

也是我完全沉醉于以上灵山镇这些诱人的风物当中去了，幡然旁顾，哪道前时那些分明已经离去了的如山又如庙的“老者”，不知道什么时候又都回来，跟随在我的身旁了，随着我的走访座谈，似乎都看得着了魔、听得入了迷……

第二章　建置渊薮及政区沿革

走进灵山，漫步时空，迎面一位老人相向而来，没有寒暄客套，转身将我引上了一条幽邃的路径……如此，我且走马从行，顺便也领略起来沿途风景。转而心想，如此人生快事，光自己看看有什么意思，倒不如即时搞一番直播，将自己的所见所闻、所感所觉，最大程度地直观展现出来与大家分享，共同品味其不绝如缕之秀色，探源其千秋懿范之奥秘。

第一节　建置渊薮

灵山镇缘于镇政府驻灵山村，故名。“灵山”这个地名的来源，一向流传着两种说法——

一是，其村东北方向有一座小山，即今国家AAA级著名旅游景点——聚龙洞所在者，因地下溶洞景观灵性斐然，遂名“灵山”。其山之西南侧（即今灵山村西北隅），地当交通要道，是故，便有脑路灵光者取其地利之便，开财路之先，建起客店，以供人们往来停憩食宿，遂名“灵山店”。随着灵山店的发展壮大，逐渐成为村落，“灵山店”亦便升格为村名。如《旧志1》所载：“灵山社，领九村”，其“灵山店”居首。

清代中期以降，借助晋商崛起，然后强劲东渐，重点染指京城（北京），从而灵山店坐上了顺风车，逐势开挂，不久便成就了一座遐迩闻名的集镇。不过，当时的灵山镇还只是一个较大的具体居民点，虽然商贸氛围浓厚，然其多半居民的多半时间还仍然以务农为业，并非像现在却是一个基层政区单位。也就是说，当时的灵山

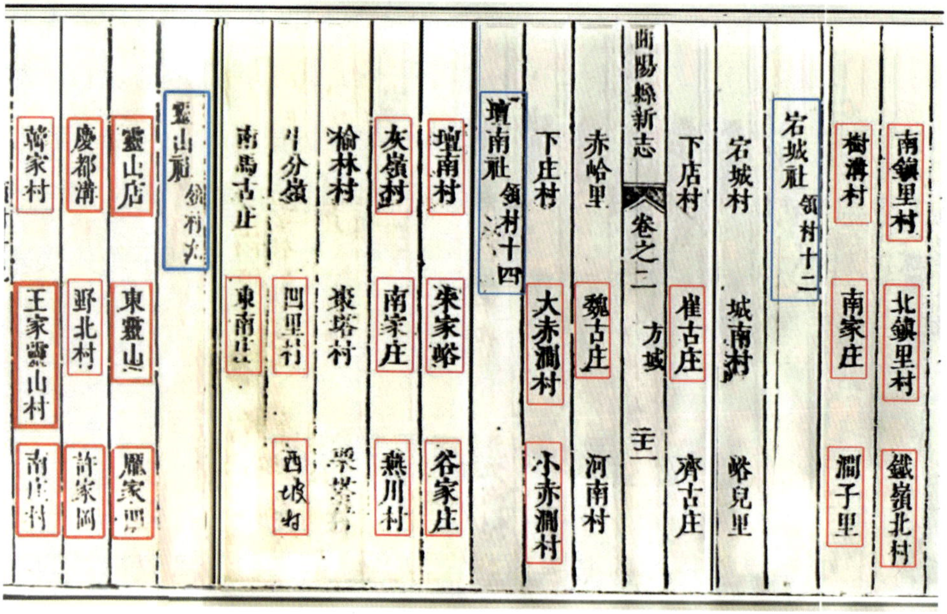

《旧志 1》时今灵山镇所辖各村所属情况综合。
其中右侧 6 村为当时龙泉社所属，当时“龙泉社领二十七村”。
（张建成供图）

镇大致相当于现在的灵山村。

二是，相传上古尧帝之母——庆都，曾在野北村北的尧母洞里安度晚年，去世后葬在附近，由“陵山”谐音转作“灵山”，以至成为村名。《旧志2》卷六《山川古迹考》载：“灵山，《雍正通志》：在县北四十里，山脉自恒山来（笔者注：这个比较靠谱）。”然其随后则载“《方舆纪要》：陵山，在定州西六十里，当即此山。按，山在三会河之西，采访册作五十里。灵山镇在其南，多煤井，为一邑养命之源”。

据此，“灵山”之义便透露出以下内容：第一，联系北邻的杏子沟村原名“庆都沟”，以及野北村北与之相连的大山沟里有个

“尧母洞”，再及上述“陵山……即此山（灵山）”之说，证明民间传说并非妄言。第二，《方舆纪要》所载及其按语则大为舛谬：其距离与方位所记均与事实不符。首先，民间普遍都说从灵山到定州一百二十里，与其所谓“六十里”相差悬殊；其次，灵山并不在定州之西，而是在其西北方向；最后，实则三会河之西并无“陵山”，未详其所指具体若何。第三，灵山镇地下埋藏着丰富的煤矿，这个也确实。灵山“多煤井，为一邑养命之源”，自然也是灵山镇自古发达的因素之一，以其有着坚实的自然资源基础。

另外，就现在的灵山村而言，其腹内还包裹着一个顽强的生命体——药王村。据传，药王村的建村时间相比灵山村要早许多年，至少应该在明代，位于现灵山村的西南隅，即今灵山小学所处的地方。药王村在新中国成立初期尚与灵山村保持着一定距离，中间有一个大水汪。也有的说，灵山村原本就是在药王村的基础上发展起来的。

灵山店建镇以前，原址在杏子沟村东偏南大致一千米左右的地方，即今灵山村的西北隅。也就是说，开始的灵山店村与药王村原是分别独立的两个居民点。基于从前三会河水量丰沛，尤其夏季经常暴发山洪，从而在现灵山村址之东侧形成一个巨大的冲积扇面沙滩，若非现代钢筋混凝土结构的新型建筑技术与其助力，就其固有的地质基础而言，是完全不能构筑永久性建筑物供人居住的。随着三会河水逐年变小并涤荡东移，灵山村外的大沙滩自然也就逐渐雍容富态起来，且也著名已久，乃至衍生出来一个不乏教育意义的神话故事——

话说当年，灵山一带田地肥沃，因有三会河水流过，利于浇灌，所以家家富裕，久而久之人们的思想也就扭曲了，变得傲慢起来，不用说看不起四邻村子的穷苦百姓，甚至亲朋好友也难得在他们眼里所过了，再不用说借贷给你点儿什么东西了。于是，四邻村子的人们感觉老天不公平，从而怨声载道。当天上的王母娘娘知道了情况后，便装扮成一个乞丐婆，下界到灵山村，选了一个上等富户，择机上门要饭。结果，不仅没讨到饭吃，反而弄了个蹲屁股擦脸生了满肚子气，着实让她见识了他们那种生活奢靡的刁钻劲儿。

与王母娘娘对话的是一位年轻媳妇儿，那人对她说："先是吃饭剩了张白面烙饼，让小孩子垫屁股底下坐着，刚才拉上了屎，扔猪圈里喂了猪了。如果你稍微来早点儿，还不得给了你。"

但听她这么一说，可把王母娘娘的肺都给气炸了，以下自然也就再没其他的话可说，走吧！她气冲冲地转身出了这家的大门，出了村子顺着三会河继续往上走。大致走出去了三五里地的样子，一阵子气火上头随即眼晕起来，尤其脚下一块大石头因其抬脚低了着实把她绊了一跤，狠狠地摔了她个大爬爬嚓。如此一来，岂不使她气上加气？虽上界大神，却再也无法把持住而做出过激行动，随手从头上摘下来一支金簪，照着河床便"酷哧酷哧"地扎了几下，以致把河床给扎漏了。从此以后，除了山洪暴发的短暂时节，河水才从河床上泛滥成灾外，平时水小，只一到灵山地界儿，就钻进了地下潜流而去，河床上仅剩一片寸草不生的大沙滩。

以上故事虽有不经之嫌，但流传甚广，应该得益于切实反映了灵山村固有的地貌现象。

按说，有上述文字内容，基本就能说明灵山镇地名的来龙去脉了，只是有一则来自遥远唐代的信息，又将其笼罩在了云里雾里——

灵山镇所辖的燕南沟村西南方向有块儿山前台地，台地上原有一座唐代古刹，即上文曾经提到的慧炬寺，所遗一通石碑，名为《唐恒岳故禅师影堂纪德之碑》，现移藏于县城北岳庙之西碑廊。正面碑文介绍唐代高僧智力禅师的生平事迹，碑阴则铭刻诸多与事人员和布施者的身份及其名籍，其中有“寺东零山村”字样。参以村名，论其方位，恰与今灵山村相合。

《唐恒岳故禅师影堂纪德之碑》碑阴拓片及其“寺东零山村”字样（吕兴娟供图）

具体两者文字，抑或其“零”字与今之“灵”字谐音的零结果？要么就是与今之简体字“灵”的繁体字“靈”跟“零”字，被当时的书家因故通假了才所以然？此其“故”，大概率因为“靈”字笔画太多，无法在其狭小有限的空间镌刻清晰所致。果然如此，两者概念则一脉相承。由此，也正好进一步为当初“灵山社”中的“灵山”之名称做注释，以其村名源远流长，根基深厚。否则，上位的“灵山社”怎么可能借以一个小小的“灵山店”来命名呢？就此推论，其“祖上”势必有过“穿长衫”的经历！

那么，从唐代到明代这一段时间轴上的“西游记”，具体到“灵（零）山”又是怎么熬过来的呢？一路上打杀了多少妖精、降伏了多少魔怪，又有多少神仙从中参与了周旋、进行了调停呢？实在抱歉，截至目前，还没有查到相关史料，如此这般，也只好将其暂且解押到“难解之谜”的伊甸园里，先任其逍遥着吧。

灵山虽然精致，但总归是一片小天地，即便大如北岳恒山这样的大块头，不一样也有说不清楚的历史脉络吗？不然的话，它在曲阳县好生生地待了几千年，干吗又非得跑到山西浑源那边去呢？错就错在了其中的全息监控器时不时地就失灵断片，以致无法连贯地还原历史真相。不过，这也难怪，就从前那般好几千年的历史，若是把乡镇级的事情全都记录下来，形成文本，就它那体量块头，还不得把咱地球上仅有的七大洲、四大洋全都给挤爆了？再说了，你让大洲上那么多的土石往哪儿撂，让大洋里那么多的水往哪儿流？

第二节　政区沿革

灵山镇自古为曲阳县辖地。唐李岸墓志载：李岸“大中九年（855）八月十四日葬于曲阳县敦信乡瓷窑村北二里”[①]。又见于

① 参见杨敬好、张建锁《由瓷窑村的发现看唐代定窑的兴起》，《文物春秋》2017年第6期，第78页。

五代时期的王处直墓志铭，其称：王处直“921年传位于其子王都，923年卒，924年葬曲阳县敦信乡仰盘山内[①]”。据此两宗铭文记载，大致可以推测唐朝及五代时期的敦信乡，至少在东西方向上与现在的灵山镇辖区相仿，东起通天河畔，西至西燕川村所属的仰盘山（俗称“坟山”）王处直墓址所在的地方。至于南北方向，当前还无从考证。

宋代，唯知曲阳县治下的政区分置10都，具体灵山属于哪一都，未知其详。然后金、元两朝一如前宋。再及明代才有了按方位划分的东、西、南、北四个乡，并依次命名为嘉禾乡、黄尧乡、从化乡、归善乡。以下置“灵山社”，属北乡（归善乡），辖域不及1996年合乡并镇以前的灵山镇范围。

清代初期沿袭明制，乡、社并存。考《旧志1》，康熙年间明确记载，现灵山镇所属各村分别隶属当时曲阳县的4个社，另有时属唐县的横河口和套里2村。具体如下——

灵山社（整社）9村：灵山店、东灵山、庞家凹、庆都沟、野北、许家冈、韩家村、王家灵山村、南庄村。

宕城社（部分）4村：崔古庄、魏古庄、大赤涧、小赤涧。

坛南社（约半数）9村：坛南村、朱家峪、谷家庄、灰岭、燕川、凹里、西坡里、南家庄、东南庄村。

龙泉社（部分）6村：南镇里、北镇里、铁岭北、树沟、南家庄、涧子里。

进而分析，上述灵山社的“南庄村”应该是现在的“南家庄”

---

① 参见《王处直墓志》，曲阳县文物保管所吕兴娟提供。

村；龙泉社的“南家庄”应该是现在的“南家庄尔”村，“涧子里”即“涧磁村”。不过，因坛南社又有“南家庄”村，参以《旧志2》“南家庄”仍在坛南社治下，而灵山社却再无该村名，故而推测《旧志1》中所载的“南庄村”抑或与坛南社的“南家庄”犯了重，本不在其治下。如此，当时的灵山社辖下应该实有8村。

清末光绪三十年（1904）《旧志2》时，县下不再设乡，直辖25社。现灵山镇各村除横河口和套里2村仍属唐县外，其他分属4社，具体如下——

灵山社（整社）7村：灵山镇、野北、王家村、韩家村、冈北、杏子沟、庞家洼。

坛南社（多半）10村：灰岭村、朱家峪、郭家庄、坛南村、西坡里、洼子村、东南家庄、西南家庄、东燕川、西燕川。

龙泉社（部分）5村：树沟、南镇里、北镇里、涧磁、北树

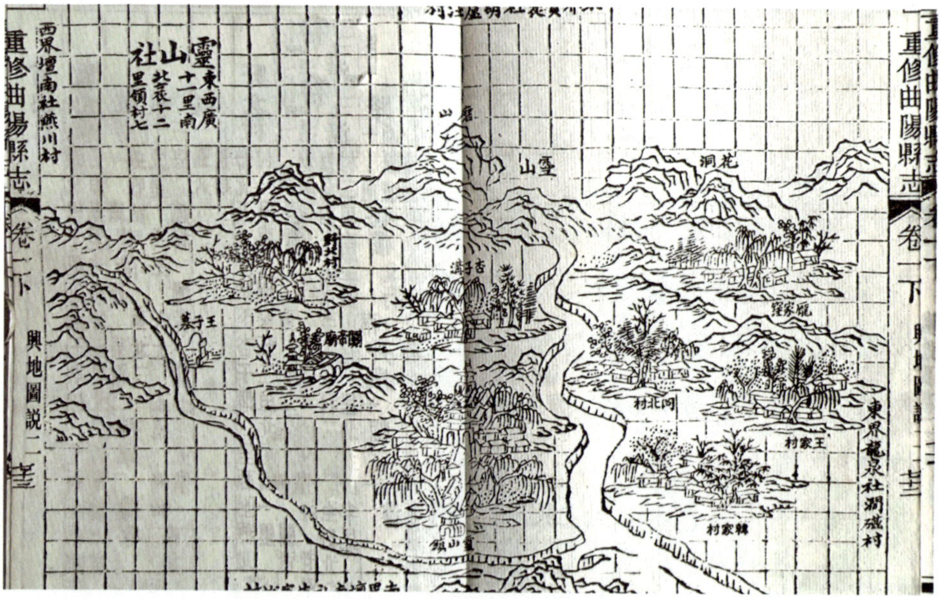

《旧志2》灵山社图（张建成供图）

（须是“铁岭北村”之误）。

贤褒社（唯一）1村：南家庄（今之南家庄尔村）。

另外，还有当时尚属唐县的套里和横河口2村，1942年划归曲阳县。

以上“贤褒”今名“贤表”，本是唐县的一个村名，与郎家庄乡南、北宋家庄（时为一村）隔通天河对峙。蹊跷的是，贤褒社却曾经长期是曲阳县的一个“社”名。此一现象，想是从前某个时间段“社”级政区变化过程中所遗留的文化痕迹，印证着从前的通天河流域与曲阳县有着根深蒂固的渊源关系。

民国初期，曲阳全县沿用清代旧治25社制。然后，全县撤社，分置5个区、176个乡，灵山区在列，并为乡级治所，今灵山村仍其前称“灵山镇”。抗日战争以前全县合并为3个区，灵山区赓续。1937年10月，曲阳县抗日民主政府恢复5区制，依次为城关区、下河区、晓林区、党城区和灵山区。1938年10月，全县划分为12个区，依次为南马古庄区、文德区、下河区、程东旺区、燕赵区、西羊平区、晓林区、党城区、东石臼区、灵山区、五会区、武家湾区。1939年增设韩家峪区，称第13区。1941年1月又合并为10个区，依次为武家湾区、韩家峪区、灵山区、下河区、程东旺区、燕赵区、西羊平区、晓林区、砂城区、齐村区。其中灵山区一直在列。

1939年至1945年8月，伪县公署设党城、灵山、韩家村、下河、辛庄等5个镇，一并其他7个乡。其中今灵山镇辖区的灵山镇和韩家村镇在列。1945年抗战胜利后，中国共产党领导的民主政府将全县划分为7个区，依次是：城关区（1区）、下河区（2区）、燕赵区（3区）、西羊平区（4区）、产德区（5区）、灵山区（6区）、郎家庄区（7区）。“灵山区”仍旧其中。

当地抗日战争时期以至新中国成立初期的区政府，不像后来的区机关只是县政府下设的派出机构，而是一个实权单位，相继的地方抗日活动、解放战争时期的农民支前活动，甚至土改运动一并都由区党委和区政府具体组织实施，以至1950年的土地证也由其发放。

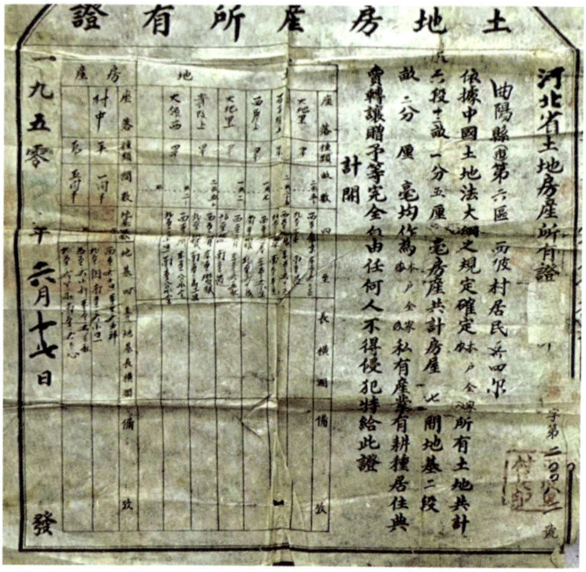
土地房產所有證

河北省土地房產所有證

曲陽縣第六區 西坡村居民

依據中國土地法大綱之規定確定 所有土地共計

六段 畝 分 厘 毫房產共計房屋 間地基二段

畝 分 厘 毫均作為 私有產業有耕種居住典

賣轉讓贈予等完全自由任何人不得侵犯特給此證

計開

一九五零年六月十七日 發

西坡村村民保存至今的土地房产所有证

（张建成供图）

1953年1月，依据上级指示精神，决定在区下设乡，止于同年7月初，全县划定92个乡，俗称“小乡”。相关今灵山镇辖区的乡计有10个，分别是：树沟乡、燕川乡、野北乡、岗北乡、灵山乡、南镇乡、辉岭乡、南家庄乡、朱家峪乡、小赤涧乡。

1956年8月，全县将92个乡合并为42个乡，相关今灵山镇辖区的乡缩减为4个，分别是：涧磁乡、灵山乡、南家庄乡、郭家庄乡。

1958年3月，又将42个乡调整为24个乡，今灵山镇辖区除裁撤南家庄乡外，仍保留其余3个乡，即：涧磁乡、灵山乡、郭家庄乡。

1958年8月，人民公社化初期，区、乡2级政区均撤销，全县成立5个人民公社，即：城关人民公社、燕赵人民公社、产德人民公社、灵山人民公社和郎家庄人民公社。人民公社下设管理区，由原来所余的乡治单位充任。灵山人民公社下辖党城管理区、涧磁管理区和郭家庄管理区等3个管理区，并直辖原灵山乡各村。同年10月，曲阳全县并入定县，保留上述前4个人民公社，撤销郎家庄人民公社，降格为管理区，属灵山人民公社；一并领属北台、范家庄、东石门、邓家店等管理区。

从前曲阳县有一个地名叫“山北里”，即曲阳县北部东、西两个墁石道以北的所有区域，当时均在灵山人民公社治下。

1961年5月，恢复曲阳县建制，将境内4个（大）人民公社大致以原来的乡为基础，经过几次微调，最终划定为30个人民公社。今灵山镇辖区内的灵山、涧磁、朱家峪等人民公社均独立在列。

其中灵山人民公社辖灵山、野北、杏子沟、东燕川、西燕川、石岭庄（八里庄）、燕南沟、南家庄、磨子山、王家村、韩家村、岗北、东庞家洼、西庞家洼等14个大队。

涧磁人民公社辖横河口、南镇、北镇、涧磁、铁岭北、树沟、南家庄尔、套里、朱家坡等9个大队。

朱家峪人民公社辖朱家峪、郭家庄、崔古庄、魏古庄、大赤涧、小赤涧、洼子、西坡、辉岭、下岸等10个大队。

1962年1月，曲阳县复设城关、西羊平、燕赵、产德和灵山5个区。同年7月，留置灵山、产德2个区，其余3个区撤销。灵山区辖灵山、党城、涧磁、郎家庄、朱家峪、北台、东石门、范家庄、邓家店等9个人民公社。不外乎又明确了它在“山北里”的龙头老大地位。

1964年1月，撤销涧磁人民公社改设南镇人民公社，所属大队仍然其旧；同年10月，撤销朱家峪人民公社改设郭家庄人民公社，所属大队仍旧。随之，灵山区建置逐渐淡化。

1984年4月，全国农村恢复乡镇建制，灵山、南镇和郭家庄3个人民公社均改称乡，所属各大队分别改称村，从属依旧；同年7月，裁灵山乡改设灵山镇，仍领旧属各村。

1996年3月，合乡并镇，裁撤郭家庄和南镇2乡，所属各村均归治于灵山镇名下。至此，灵山镇辖有33个行政村，分别是：灵山、野北、杏子沟、磨子山、石岭庄、东燕川、西燕川、魏古庄、燕南沟、南家庄、洼子、西坡、大赤涧、小赤涧、崔古庄、郭家庄、辉岭、下岸、朱家峪、王家村、韩家村、岗北、东庞家洼、西庞家洼、涧磁、横河口、南镇、北镇、铁岭北、朱家坡、套里、树沟、南家庄尔。另有坛南、高家峪2个自然村，分别从属朱家峪和树沟2个村。其中南、北镇二村于20世纪90年代又各自一分为二，分别以4个准行政村的形式存在。

坛南村，以其曾为古坛南社治所，证明从前肯定不像现在这般模样，必然也有过“身穿长衫”的历史。须是朱家峪村后来居上，被反超后不得已才寄人篱下吧。岂不也正为那句“三十年河东，三十年河西”的老话做了生动注解？

高家峪村，位于树沟村西的一条深山沟里，距主村树沟村1.5千米，在人民公社化时期为树沟大队（村）的一个生产队，原址大概即今河北爱德斯蒂尔材料科技股份有限公司（河北前进控股有限公司曲阳区域公司）的办公场所。后来有一部分人迁至该山沟中段北缘较为坦缓的山梁上（现仍有部分住户），其余大多数人（连同原址所有住户）于20世纪80年代中期迁至树沟村。此后由于上述公司入驻，环境大幅改观，原村落则“泥牛入海”无消息了。

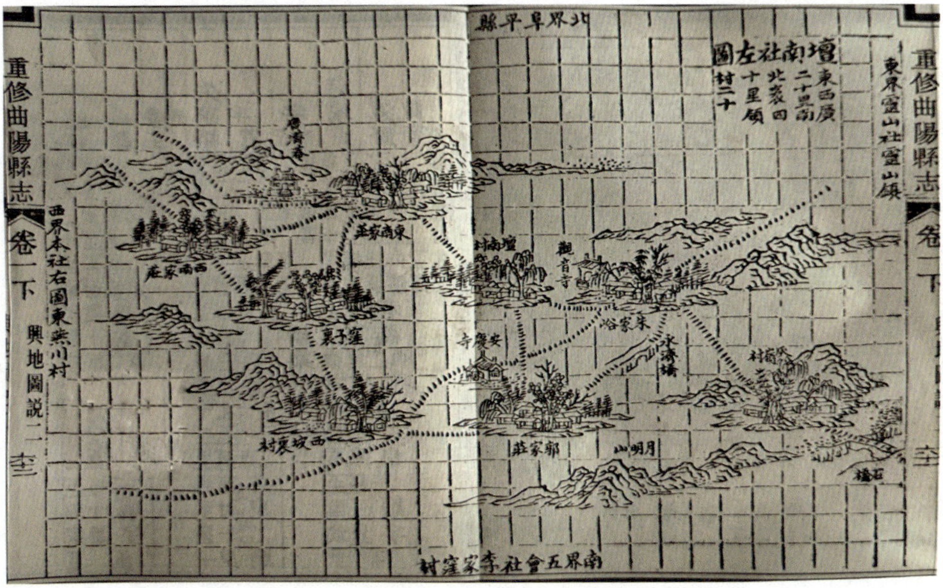

《旧志 2》坛南社左图（张建成供图）

尤其蹊跷的现象是，《旧志2》时（光绪三十年即1904年），燕川村已经明确一分为二，分别称“东燕川”和“西燕川”，却不知在什么时候又合在了一起，继而在1960年左右才又再度分开。

另外，根据《旧志2》中并无石岭庄（八里庄）、燕南沟、磨子山、下岸和朱家坡等5个村名的情况，说明其立村时间须迟于这个节点。基于中华民国成立于1912年，与《旧志2》成书时间仅迟了8年，可以肯定其5村的立村时间最早不过在清朝的尾巴尖儿上，或者在民国初期。

再有，《新志2》村名列表有备注：石岭庄村“含自然村八里庄、东沟”。

附：合县逸闻

1958年人民公社初期，合县、并县风潮一时兴起，可能跟“大跃进”有关系。在此风潮中，当年8月曲阳县才成立起来5个（大）人民公社——城关人民公社、燕赵人民公社、产德人民公社、灵山人民公社和郎家庄人民公社，才短短不到两个月的时间就又有了变动，即把“城关人民公社”改叫了“曲阳人民公社”，同时撤销郎家庄人民公社并入了灵山人民公社。

坊间传闻，之所以这样，主要因为当时的主要领导迷上了定县（今定州市）的大火车，想跟人家合并，所以大大放低了身段，完全就按照对方的要求说什么就算什么了。

其实当时阜平县更想跟曲阳县合并，把县政府迁至灵山。并且得到省政府同意（并非决策，决策权在县政府），可以把小火车也通到灵山。规划路线大致是，直接从后来实现的辛庄车站折向嘉山东侧，然后过横河口、南镇等村以至于灵山，进而延至野北村的保定地区灵山煤矿矿区。

果真那样，今天的灵山镇可能又是一番气象。毕竟有这么个传闻，如今作为谈资披露给大家，不妨一笑。

第三章　灵山砟子

走进灵山，漫步郊野，恍惚间一个留着紫糖（táng）色山羊胡子的老头儿从地底下忽然冒了出来，满脸困惑的样子，不停地四下里指指点点，并且唠叨些什么。我没有听懂，便惹恼了他，倏尔遁地而逝。同时，出现了一对竖井，一个井口吞进去清风，一个井口吐出来紫气。我不由自主地被那口清风井吞了进去……

第一节　明砟子、笨砟子、臭砟子

我迷糊过一阵后便清醒了，显然这里是一个煤的世界！半透明的状态让视野模糊了界限，坚实的壁垒又限制住了我想逃又无法逃脱的形骸；许多地方遗留着人类活动过的痕迹，时下却茫茫无际，见不到一个人影。

正当我惶恐不安而又惊奇万状不知所措的时候，对面原本平整的墙面上凸出来一具浮雕造像，仅一个面部，是前面所说的那个老者的。我大惑不解，他是怎么陷进去的？莫非他刚才进来就死了，正在被人作践……我显然多虑了，稍时，但见他那紫糖色的山羊胡子便翘动起来，忽闪忽闪像蹿动的火苗。他打开了话匣子，用正儿八经的当地土语，给我讲了一大堆从前灵山一带关于开矿挖煤的知识，我感觉很亲切也很受用。

同时，我也明白了他的良苦用心：灵山一带祖祖辈辈的采煤历史，即将成为云烟了结于既往，想必他是希望我能在这团云烟还没有完全散尽的时候，从中过滤下来一些尘渍，转换成文字，以不致千秋百代的后昆学者需要铆定这段历史，进行追溯、研究的时候，

朱家峪村老君庙（张建成供图）

徒自浩叹、茫然。

首先，我需要声明一点：就此向大家转述的过程，则不好完全照搬他那种土调调，以避免涩耳挠听、言不尽意。却也不好尽失那种特色风味，那么，咱且兼顾着给他保留一些关键词语，以为佐餐调料，岂不别具一番风味？

具体地说，采煤用“香鸡儿镐”，在巷道里运煤叫“担筐”。“担筐”的“小担子儿不过3尺子长”，“小担子巴钩儿”两头儿还不一样，非常特别；尤其那担筐的形式，在狭窄低矮的巷道里，基本就只能佝偻着个身子半驮半背、连跪带爬地向前匍匐。另外，还得用牙叼着一个照明用的“油灯盏”……

当时他尤其把“香鸡儿镐”的尺寸大小、担子巴钩儿怎么个特别法儿，都介绍得很清楚，可惜我理解不到位，无法用语言原汁原味地告学到位。

他说：时下人们说的“灵山煤”是许多年后外来人们的洋叫法儿，在咱当地儿，可不兴这么叫，咱这儿管它叫“砟子”，冒烟的叫“明砟子”，不冒烟的叫“笨砟子”，一总就没有“白煤”“烟儿煤”这么一说。着（音zháo）实还有，时下人们说的“采煤”这种活儿，在咱这儿早以前你得说是“揍井”。

乍一听“揍井”这种说法儿，就连我这个土生土长的曲阳人也有点儿蒙。好在我写过几本关于曲阳方言的书，转念联想到了一个经常用到的动词“做”，拿到曲阳土话里它的读音就是“zòu”。噢，明白了，实际他说的不是“揍井”，而是“做井”，即在煤井上干活儿的意思。这就关系到普通话概念与曲阳方言发音差异的问题了，乍然听来，想必会让人有点儿瞠目结舌！

在曲阳方言里“做”字的动词意义非常宽泛，举凡如“揍饭”“揍衣裳”“揍活儿”“揍梦”等，甚至就连小猫、小狗们的交配也叫“揍狗子”“揍猫子”。以上诸概念中的要素动词，其语音虽然如“揍”，然其标的行为无不都着落在一个“做”（zòu）字上。不过，也得注意，它这个“做”并不适用于其他禽兽的同质行为。

他还介绍了一些关于煤层的知识，首先宕开主题说了一句歌谣：“曲阳天生是宝地，北有灵山藏乌金、南有黄山藏白玉。”其中“白玉”说的是县城以南黄山上出产的汉白玉大理石，当地人仗着它创造了举世闻名的“曲阳石雕”；“乌金”说的便是咱灵山小盆地这块儿地底下藏着的黑“砟子”了。

曲阳县产煤，唯灵山盆地一处，在政区划分方面，除了涉及党城乡的三两个村子外，主矿区基本分布在灵山镇管辖的地方，具体有北镇、涧磁、东庞家洼、西庞家洼、岗北、韩家村、王家村、灵山、朱家峪、郭家庄、野北、杏子沟、南家庄、东燕川、西燕川、崔古庄、大赤涧、小赤涧、燕南沟以及洼子等村。其中野北、东燕川、西燕川、东庞家洼、西庞家洼，以及涧磁、朱家峪等村的矿藏较富。

涉及煤层，各村甚至相邻一些矿点都差别很大。除了厚薄的差别，还有走势的差别。基于地平面而言，有平行的、倾斜的，乃至有几乎垂直于地面的，更且有许多断断续续、既无章法又无规律、储量大小相差悬殊，并以巢穴形状存在的情况，俗称“馒头矿”。“馒头矿”于郭家庄、崔古庄一带表现最为典型。在这一地带开矿，鉴于从前没有先进的勘探技术，成功与否就只有碰运气了。运气好，碰上一穴大的矿就发了财；否则，矿井打在了断矿脉上，自然就赔得血本无归。

涉及煤种，大体上除了“明砟子”和“笨砟子”以外，还有一种唯独洼子村矿井出产过的“臭砟子”，也叫“柴煤”，学名“褐煤”。其热能不大，但可作为制造复合肥和有机酸的原料使用。据说20世纪曾经一度供应过定县（今定州市）化肥厂。《新志2》称其藏储于魏古庄第三系地层中，共有11个煤层。

有些煤种不仅反映在不同的矿区、矿点上，而且反映在不同煤层上。以下且选野北和庞家洼两个富矿区为例，列表介绍煤层与煤种之间的大致关系。

表3-1　灵山煤矿矿区地下煤层大略（俗称）情况简表[①]

层次	野北矿区煤层名称	庞家洼矿区煤层名称	备注
1	腰矸	榆叶片	1. 两地老炭以上均为烟煤，单位热能量逐层递增。青矸剂煤质最优。
2	堂毛子	白煤子	
3	白煤子	木鱼干	
4	马皮藓	葫芦盏	
5	青矸剂	二界	
6	老炭	三界	2. 野北矿区老炭为纯白煤；庞家洼矿区老炭以白煤为主，间或有所烟煤。“红毛”全称“红毛砟子”，据说由海蚌化石的堆积物形成。
7	—	青矸剂	
8	—	红毛（砟子）	
9	—	老炭	

另外，举凡山前煤田，其煤矿与山体岩石皆非直接接触，其间必有一个介质层，这个介质层的矿物成分均为优质瓷土。

鉴于旅程收获满满，从而喜出望外，便由不得想把我的所见所闻拿出来炫耀，倒也不见得是什么坏事，如曾几度遇到从前“做井”的实操行家，由其挑明，说我前时遇到的那个老头儿，肯定就是天上的太上老君了。并且进一步跟我介绍了从前煤井上人们的一些风俗习惯：每当开始打矿井以前，首先得把太上老君的神像贴在正迎面上的显要地方，然后摆设果供香案，并且磕头礼拜，供奉一番。且每逢初一、十五，以至过年过节，也都要照此礼遇不误。还有许多开砟子井的东家在发了财以后，都有出资盖老君庙的实际

① 此表内容由野北村刘建设和西庞家洼村庞民权二人提供。

情况，并且往往还在老君庙的对面盖一座戏楼，明摆着就是想着方法儿地取悦“老君爷”，以期他保佑避免矿难，多多发财！毕竟如何，至少可以得到一个心理安慰。

想来也是，过去人们都挺迷信，认为太上老君是掌管人间烟火气的大神，但凡人们要想在与烟火气相关的事业上发财，就必须事先把这位老神仙侍候高兴了，让他给自己撑开一把保护伞。那么，在这次我跟他开始相遇时，为什么他会表现得那么困惑呢？想必是他并不明白，现在的人们生活水平已经大大提高，用不着再豁着死命钻进那么深的地窟窿里去“做井”挣钱顾生活了。相对的，人们自然也就不再把他敬得那么上心儿了，以致他开始困惑起来，进而扪心自问：“我到底还有多少存在感？”

第二节　“做井”的路上

有句哲言说，实践出真知。一如石岭庄村由3个局部组成，除了本名所在和“东沟”2个局部外，还有一个局部叫“八里庄”。据说“八里庄”这个地名，就是靠着从前住在这里的人们凭着双脚到野北村的煤矿上去“做井”，一步一步地实际步量出来的距离概念，因为之间的距离约为八里，故而便以其为名叫开了“八里庄”。

同时，实践不仅出真知，而且受其影响还衍生出来许多神话故事。

（一）相传，洼子村的夏姓始祖老爷爷，因为家里的女人“老奶奶要占房”（即“坐月子”），没吃的，方才到朱家峪村去“做井”。上了一天班，赚得了一升小米，用白布手巾包着提在手里往回走。天黑了，电闪雷鸣将要下雨，难免他脚步就迈得稀了（撩开了大步）。赶当快进他们村的时候，却被突出在道路中间的一块死石头绊了一跤，把米撒在了地上。他借着道道闪光，一点点地往起收，同时对着老天发誓，说：“我以后要是好过（富裕）了，赶使人（雇工）的时候，一定让他们都带着日头下工，免得像我这样遭罪！”

一语成谶，这个老爷爷以后果然就发达了起来，不仅践行了他从前的诺言，而且还冬舍衣、春舍饭，甚至还特地养了两头非常听使唤的毛驴，专门供乡亲们借去使用，从而落了个“夏善人”的美名。并且赢得了官方认可，以至连续前后两任县太爷登门给他挂匾，俗称“善人匾”。据说曲阳县地面儿的历史上，在民宅大门上挂有两块大匾的唯其一家，好让他风光了一阵子！

（二）民国时期，庞家洼村的庞喜申是野北村小西坡砟子井上的常年“做井”人。“做井”是个力气活儿，饭食上不能将就，因此，他媳妇每天晚上都给他捞一大碗小米干饭，冒着尖儿，再用另一个碗扣起来，一般在冬天都搁在煤火台上煨着，以便第二天打早起“做井”去以前趁热乎吃。

奇怪的是，就这碗小米干饭，时不时地就会被掏空，只剩个干饭皮。尤其令人不解的是，要说是被老鼠偷着吃了，才不说上边扣着的碗纹丝没动，就连表面的那层干饭皮也都毫无破损的地方。

如此蹊跷的事儿出现过几次以后，一个但闻其声不见其形的“人”开始声称对此负责：他自称“河南君”，是个半仙之体，因此不能完全绝食续命，每隔一段时间必须吃些东西补充能量。还说，他高门槛不敢进，低门槛又供不起他吃小米干饭，也就适合待在他这样的人家里。如此这般，下茬儿算是找到了，接着就是该想什么方法应对了。因为他神出鬼没，来硬的，他无影无踪；来软的，也只有忍着了。不过，为了不致自己到时候饿着肚子去“做井”，所以跟河南君达成了一项口头协议，说当他哪天想吃东西的时候，一定要先吱一声，也好让他媳妇多准备一碗小米干饭。

说话间三年的时间就过去了。一天，当庞喜申打早起吃过早饭后，出门去到“做井”的路上，无论如何也走不出路程去：不是穿在脚上的鞋掉了底儿，就是担着的筐子脱了系儿，弄得他连三并四地往家里跑了好几趟，可不就错过了上班时间，索性就躺在炕上又睡开了大觉。当他美美地睡足了一觉后，因为无所事事，便漫不经心地走出家门，但听街上的人们都纷纷议论：小西坡砟子井上出了大事，瓦斯爆炸引发大火，大火苗子从井口里蹿出来，把搭在井口上的简易棚都掀翻了……当头儿的也全都吓得不知道跑哪儿去了……

当天晚上，河南君又隐着身形对他说：“我在你家待了三年，白吃了你三年小米干饭，我给你挡了这回事儿，保了你一命不死，也算是还上了你人情。往后我也就走了，咱们的缘分就此为止吧。”此一说，简直把庞喜申的脑袋都说大了，不由得继续追问起来下文。河南君解释道：“昨天晚上我出去转悠，正好碰上阴曹地府里的黑、白无常在街口上嘀咕，说要在小西坡砟子井上拿100个差回去。所以我才在你‘做井’的路上连续出故事点儿拦下你，另外找了一只野兔子替你送了命。”

事后人们传言，小西坡矿难事故一共死了99个人，另外有一只烧焦了毛皮的野兔被冲翻的简易棚顶压在了下面，死在了井口一旁，算在一起正好是100条性命。

1952年11月1日，小西坡煤矿为那次遇难矿工立了纪念碑。根据碑文记载，知其事故发生在1949年7月23日早晨4时，实际遇难矿工71人。

要说人们传说死了99个人的矿难事故，也并非空穴来风，只是编故事的人张冠李戴，把原本发生在东燕川村柘叶坡煤矿的瓦斯爆炸事故，安插在了小西坡的矿难头上。那次事故发生的时间是民国二年（1913）4月。

两个故事，虽然都涉不经因素，却从一个侧面反映了当时“做井”人的生活。前一个故事至少透出来，当时“做井”一个班，报酬也就一升小米（约2.5市斤）。尤其第二个故事，即便发生了那么大的矿难事故，但活下来的人们为了生活依然需要继续面对。至于这种故事的意义，或者在于从悲痛中寻求一点儿乐趣，以平复人

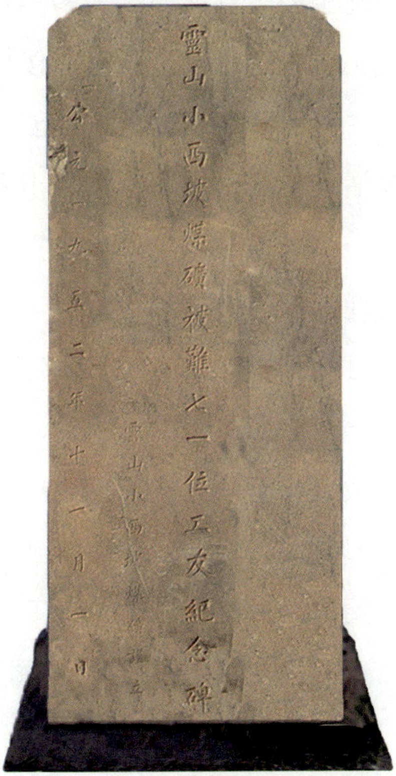

小西坡矿难纪念碑
（张建成供图）

们无奈的生活创伤。

即便灵山一带的砟子井频繁出事，但自古以来当地的“做井”人总也辈出于缕，大有唐代柳宗元《捕蛇者说》中所谓“吾祖死于是，吾父死于是”的悲壮色彩！好在改革开放以后，随着人民生活水平的逐渐提高，不再需要人们赌命求生存了。及至21世纪之初，政府考虑到当地煤层较浅，且瓦斯成分又高，再加环境保护意识加强，人们开始追求低碳生活的需要，从而勒令彻底禁止当地小煤窑采煤。

基于曲阳县地面一大多半是丘陵山区，从前地里种谷子，人们以吃小米为主流，且兜里的钱也的确少得可怜，许多人家除了买点儿盐、打点儿灯油以外，可能一年半载的都不轻易花钱，以至许多贸易活动、雇工报酬全都以小米充值。比如，以上故事中说的“做井”一个班报酬“一升小米”，即是有清一代直到民国时期多少辈子的通例工值报酬。

且就从前朱家峪村的煤井而言，基本消费一圈谷子，就可以打成一个“白口儿”。不过，它也有深有浅，这说的是浅的，以土话说大致有十来人子深，约17米左右；深的也有加倍不止的。所谓“白口儿”，就是从地面打到煤层出现之间的矿井深度。只要矿井一开始出煤，但凡一个冬天不出事故，东家肯定就发了老财了。

一般说一圈谷子的“一圈”，是用长一丈、宽五尺的一领苇席，沿其长边围合稍微搭接3—4寸左右后，再用一尺多长、直径1.5分左右的大弯针穿上细麻绳，缝扎在一起的一个圆柱形容器，容积约1.60立方米。

第三节　灵山砟子出世的猜想

“灵山煤田始采年代不详。”此话出自《新志1》，似乎给灵山砟子的始采时间判了死刑，难道我们就真的找不到一点儿蛛丝马迹，能为她的生命擦出来一点儿希望的火花来了吗？似乎也不尽然。且关联一些时代背景、旁及一点儿地理知识，就此做一番申辩，但愿能有所进展，让“山穷水复”早一点儿成为过去时，以至“柳暗花明”早一点儿成为现实！

一、灵山砟子与定瓷

按照现代的科学采矿实践，先调查好了矿藏情况再实际操作才是正途，但从前的情况则并非如此。原因是它开采时间很早，所谓“调查”这种概念尚且如天方夜谭，实际也根本不具备相关的诸多条件，就连摸着石头过河的“石头”也尚且无从谈起，在某种程度上，大致仅与瞎猫逮死老鼠好有一比。平实一点儿说，关于灵山煤矿的初始开采，多半须是在进行其他实践活动时出现的一种附带现象，比如在打水井、凿穴挖坑的时候偶然发现了它、认识了它，出于对生活有利，这才有意识地进行专业开采。

鉴于我国古代文化对工匠生活关注很少，关于灵山煤矿的始采时间问题，即便是查阅再多的古文献，恐怕也很难得到一些有价值的东西。因为在古代文化人的眼里，这些东西是他们浪费笔墨的。不过，由于当地的定窑圣火曾长期为科学历史烛照夜空，并且坐实

燕川村定窑遗址发现的煤炭炉渣
（赵仲奎供图）

了其为“定窑器”这一让世人惊羡的“尤物”的创生涅槃，哪道她竟与当地的黑砟子深度染指，从而为我们预留了打开这扇迷惘大门的线索，或者循着它旁敲侧击、顺藤摸瓜，就能找到一些与其相关的问题的答案。

目前，定瓷学界已有定论，定瓷始以“纯白色”“乳白色”示人，那么，到了北宋中后期，为什么又呈现出来“牙白”色了呢？不期一经查明，原来是灵山砟子在其中作了怪，在“定窑器”涅槃创生的过程中有所捣鬼，以致其品相变异了些。

基于定瓷呈色从纯白或乳白嬗变为“牙白”这个历史节点，由此可旁证出灵山砟子的大致始采时间，至迟也在北宋中期以前。定瓷的牙白色源于灵山砟子中间杂的硫元素。牙白色即略微泛黄的白色，亦即象牙所呈现的颜色。

从前凡是用灵山砟子做过饭、取过暖的老年人谁都知道，在其刚开始燃烧的时候或轻或重都会冒出来一股呛味儿，俗称“硫黄味儿”（曲阳土话“硫”音lióng）。更且有的煤块常态下就间有明显的硫黄晶体，不仅呛鼻子辣眼，还会把人呛得喘不过气来，甚至会致人窒息死亡。所以，当这种煤开始燃烧的时候，一方面人们得尽量离远点儿，一方面务必罩严烟囱谨防中间泄漏，使之顺畅地排放到空中。也就是说，定瓷的牙白色源自灵山砟子中的二氧化硫成分，因其不可避免地参与了烧造过程。

二、从阜平县炭灰铺的建村时间说开来

《阜平县志》（方志出版社1999年版）记载："大台乡·炭灰铺，村名来历：据记载，该村建于唐朝，因此地盛产炭和石灰，故取名炭灰铺。"

相对曲阳土话，从前普遍管山西省的阳泉白煤叫"石炭（tán）"，联系上述炭灰铺村名中的"炭"字，大致亦即指其所出产的白煤了。如果所指为木炭，是其在唐代人们早已司空见惯、无处不在，根本没必要特地以此为名建村。

炭灰铺村位于神仙山（古北岳恒山）主峰西麓的深山里，当地乃至整个阜平县境东半部在金明昌四年（1193）以前均为曲阳县属地。在此地理背景下，以炭灰铺相距灵山不过几十里路程而言，对应两地不仅都是煤炭产地，而且还都有着烧制生石灰的历史，想必其工艺技术也是一脉相承的，从而基本可以断定，两者之间一定存在着渊源关系。

炭灰铺建村以降烧制白灰的情况不得其详，然灵山一带的灵山盆地南缘确是世代相传的著名石灰产地，就连20世纪中后期的国营曲阳县第一石灰厂都建设于此。果真炭灰铺村始建于唐朝，那么，灵山一带的采煤历史应该相比它那儿的建村时间只早不迟。这种观点，是在考量两地各自交通环境的基础上来确定的。设想，如果炭

灰铺那边儿最早立村的那些人对采煤、用煤的知识完全两眼一抹黑，怎么会着意在那种深山老峪里主动安身立命、立村安家呢？虽然这只是一个“猜想”，岂不也有一定引发人们醒悟的成分？

“猜想”的意义在于抛砖引玉，提出一个思路，设定一个靶子，以便相关的专家学者们有的放矢、集中精力深入探索，从而早些得出结论。即便结论是错误的，也并非一无是处，至少可以告诉大家：此路不通，请另走他途！有次警告，人们自然会避免再在这旮旯里打转转，浪费时间。况且希望已经透露朝曦，但愿能遇上着志不懈的同行者，甘抱试错之心，去“众里寻她千百度”，说不定那个我们心仪已久的“伊人”，早在“灯火阑珊处”苦等着，在我们某个不经意蓦然回首的瞬间，接受“她”那脉脉含情的秋波呢！

第四节　文献采撷汇报

为了在这本书的这个章节里充分展现灵山砟子的全貌，笔者尽量搜集了力所能及能查到的文献资料和网络文章，通过详细检索，摘录下来其中所有的相关内容，进而条分缕析、稍事编辑，大致按时间顺序梳理出来头绪，一总汇报给大家。

一、清代

◇清乾隆、嘉庆年间（1736～1820年），郭家庄、大赤涧一带采煤业发达。咸丰、同治年间（1851～1861年），因工程渐次困难和水势过大，煤炭开采业中心地带移往野北、燕川一带。

◇光绪年间（1875～1908年），天津巨商筹集资金，安机设炉，在当地开办煤矿，并计划修筑天津至灵山煤田的铁路。但因水患，损失甚巨。停办后，锅炉堆立矿地多年，筑路一事随之搁浅。

◇光绪三十一年（1905），张鹏元在野北村开办煤矿。

◇宣统元年（1909）9月，野北大西洼“天成公”煤矿开办。

◇宣统三年（1911），东燕川村合股开办柘叶坡煤井，民国二年（1913）4月因重大瓦斯爆炸事故停办。

二、民国时期

◇民国五年（1916），野北村合股在大西洼开办煤矿1座，民国18年（1929）因瓦斯爆炸下马。

◇民国六年（1917）6月，灵山镇南部“天合成”和“天盛昌”煤矿开办；涧磁村白石沟“钟毓生”煤矿开办；岗北村“德义兴”煤矿开办；野北村“仁义兴”煤矿开办。

（注：以上煤矿皆不详其矿主姓名、籍贯。）

◇同年（1917年），吕奎元在灵山镇开办“天成公”煤矿，庞成瑞在灵山镇开办“钟毓生”煤矿，张鼎臣在白石沟开办“天会成”煤矿，葛焕章在岗北开办“天盛昌”煤矿，李庆元在野北开办“德义兴”煤矿。

（注：疑此信息与前述信息有所错位重叠，特注明，待考。）

◇民国七年（1918）12月，汪德海在王家村、韩家村开办煤矿，因涉及外资被省政府取消。

◇同年（1918年），汪其砥、汪立愚分别在燕川、郭家庄同时办矿。

◇民国八年（1919）1月，李楷在白石沟（不详村境）办矿，未果。

◇同年（1919年）4月，谷九峰在野北、庞家洼办矿。

◇同年（1919年），李楷、谷九峰、曹钧、徐世襄等，曾多方筹资，拟用新法开矿，未果。

◇民国十一年（1922），灵山镇庞金榜、庞家洼村庞老庚开办树林煤井，3年后因透水停办。

◇民国十四年（1925），南孝墓村张老定在韩家村西南800米处开办宋家滩煤矿，1951年停办。

◇民国十六年（1927），西燕川人合股开办红土岗煤井，1942年因发生瓦斯爆炸下马。

◇同年（1927年），朱家峪村杨振平开办缸坊煤井，1948年下马。

以上诸矿总投资2000余元（银圆），从业人员400余名，年产原煤500余吨。由于资金不足和地势复杂，十几家煤矿相继停业。至1931年仅剩5家。

◇1936年，西燕川村人合股在坡底下开办煤井，1950年停办。

◇1936年7月，涧磁村崔秀升小煤井矿业权经省国民政府核准。

◇1938年，野北村人合股在大西洼重开煤井，称新大西洼煤井，1949年因瓦斯爆炸下马。

◇1946年，晋察冀边区政府和察哈尔省联合开办小西坡煤矿和平峒（dòng）煤矿，1949年小西坡煤矿因瓦斯爆炸下马。

◇同年（1946年），解放军某部后勤部被服厂在灵山开办煤矿，1949年停办。

◇1947年，曲阳县民主政府在灵山镇北部开办“复兴玉”煤矿（俗称“阁尔北煤矿”），有职工200余人，1955年4月17日因瓦斯爆炸下马。

◇1948年，野北平峒煤矿移交私人集资开办。

◇此后，晋察冀边区政府和曲阳县民主政府持续在灵山一带开办煤矿。

三、新中国成立以来

◇1955年6月，保定专署地方工业局接收平峒煤井和坡下煤井，扩建后命名为“曲阳煤矿”，随后改为“保定地区灵山煤矿”。

◇1958年，“大跃进”运动开始，保定专署（同今保定市政府）发动上千人在韩家村和岗北村东南部的河滩里开掘露天煤矿，当年入冬停止。

◇同年（1958年），野北、杏子沟及灵山等村在灵山和野北地界合资兴办煤井。1960年投产，不久停办。

◇1960年，创办保定地区灵山煤矿第一矿井（斜井），铺设轨道，机械化出煤，煤田于野北村境。因初始勘探于南侧的南家庄村，故矿井洞口书写“南家庄矿井”，俗称“南大井”。1967年1月投产。

◇1969年，东燕川村在村东办矿，年底由当地驻军1551部队接收。后归属曲阳县，称“曲阳县第二煤矿”。

◇同年（1969年）3月，定县（今定州市）在朱家峪村开办煤矿，1970年6月投产，1979年1月13日移交曲阳县，称“曲阳县第五煤矿”，1981年关闭。

◇1970年，曲阳县工业站对停办的野北大队矿井进行改建，始称“曲阳县煤矿”，为区别其他县办煤矿，改称“曲阳县第一煤矿”。

◇同年（1970年），曲阳县工业站接收灵山大队1处矿井，遂称“曲阳县第三煤矿”。

（县属“第四煤矿”地处党城人民公社槐树埝村，1972年始办，1974年停止。）

当年的徐水煤矿遗迹（左上角是其正面）（张建成供图）

1990年，郭家庄乡煤矿改为县属企业，沿用早年停产的第四煤矿名称。至此，连带其他县属第一、第二、第三等3个煤矿，一共4个煤矿，共有职工383人，年产原煤3.84万吨，产值197.3万元，利润10.6万元。

另外，1960年5月，保定专区及清苑、徐水、高阳、安国、博野、定县等6县分别在岗北、东燕川、涧磁、朱家峪、灵山、野北开办煤矿，各矿约有职工200人。由于电力供应不足，仅靠柴油机发电，导致生产困难，入不敷出，均于1961年国民经济调整时期下马撤出。

再有70年代初，清苑、唐县、博野、安国、望都、定县等6县又分别在灵山煤田办矿。由于技术条件落后，以及各县矿方与当地群众经常发生矛盾等，各矿难以为继，于70年代末期相继停办。

同时，灵山、野北、东燕川、西燕川、朱家峪、东庞家洼、西庞家洼、岗北、韩家村、南镇、涧磁、郭家庄，以及党城人民公社的几个大队相继开办起公社、大队两级集体性质的小煤井约20对。70年代末，公社、大队集体煤井年产原煤26万吨，主要供应当地消费。不过，皆因事故频发，相继下马。

80年代后，由于政策开放，采煤业即成滥觞之势，原集体煤井大都承包或转卖，加上新开的个体或股份制小煤井一如春笋逢雨，至1990年，现灵山镇辖区小煤井一度发展到100多对，从业人员约3000人，年产原煤45万吨左右，产值达2600万元。

这期间，随着开采方式循序渐进，机械化程度逐步提高，绞车、水泵、井下人力推车等现代设备普遍使用开来，随之“做井”

人的劳动强度得到极大缓解，但就其工作环境而言，依然还是高危工种。不过，他们的工资也高，日工资一般在30元左右，超出其他工种许多倍，且井下工作实行6小时工作制。当时（90年代初），其他普通工人的月工资一般都不过区区一二百元。

2004～2005年，按照上级要求，县政府以雷霆手段，关闭了全县所有的乡镇小煤井。

2006年，境内仅剩煤矿2家，即保定市灵山煤电公司一矿及其三矿，分别位于野北村和东燕川村。后因证件到期，遂停业。2008年，两煤矿以其所在地址，更名为保定永安煤业公司野北矿和燕川矿，终未复产。

2008～2009年，取缔灵山镇小煤窑215座。至此，灵山一带1000多年的采煤历史彻底画上了句号。

四、相关煤炭资源的评估、调查与勘探

《新志1》载：煤炭分布在县境北部灵山盆地，东北（注：实则只是其“东”）至通天河，西南至大沙河（实际至镇域西境，及党城乡东境的少数村庄），东北至西南（实则东偏北至西偏南）15千米，西北至东南2～6千米，矿床面积75平方千米。品种分烟煤、无烟煤和褐煤，以无烟煤为主。烟煤和无烟煤产在石炭系、二叠系地层中，地层厚度764～990米，夹15层煤，可采煤层5层。煤层自盆地边缘至盆地中心逐渐增厚加深，最大厚度400米。煤田总储量0.97亿吨，其中燕川煤田0.01亿吨，杏子沟煤田0.11亿吨，灵山五井煤田0.36亿吨，党城乡寨里村煤田0.50亿吨。清末以来多次进行

煤田地质勘探，至1998年，开采量87.3万吨。

（注：以上记载4处煤田分储量合计为0.98亿吨，而非0.97亿吨。）

◇光绪三十年（1904）：（灵）山在三会河之西，灵山镇在其南。山多煤井，为一邑养命之源。（《旧志2》）

◇民国八年（1919），地质界人士李捷（李君似）到灵山煤田进行调查，著有《直隶、易、唐、蔚等县地质》一书。

◇1934年，日本驻华人员对灵山煤田进行调查。

◇20世纪60年代，灵山一带采煤、采石企业渐兴。

◇20世纪90年代，曲阳县在各煤矿建立安全机构，配备安全员和瓦斯员，对井下瓦斯进行定时定点巡查，以增强生产安全性。

第五节　“驮卖砟子”及开煤场贩煤

当地有这样两句俗语：一是“靠山吃山”；一是“一行制百行”。灵山一带出砟子，以图盈利就需要有销售渠道。限于从前当地的路况，灵山小盆地如果想与外界相通，其艰难程度简直不亚于诗仙李白笔下的“蜀道”。且又没有像样的运输工具，实际，即便是有根本也用不上。既然砟子是其“养命之源”，根据“一行制百行”的原则，赶着毛驴“驮卖砟子”同样也就成了当地百姓的一大“养命之源”。

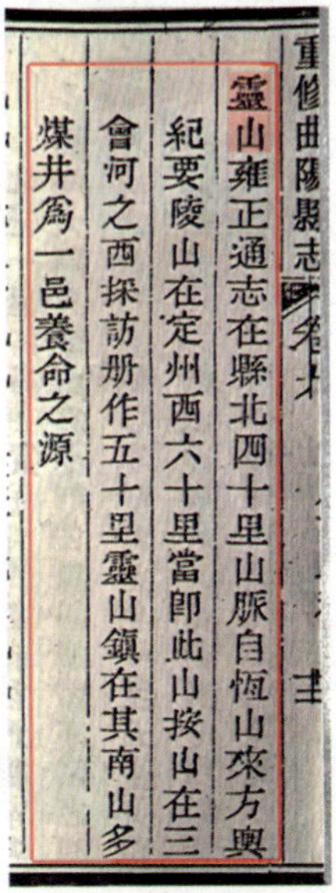
重修曲陽縣志

靈山雍正通志在縣北四十里山脈自恆山來方輿紀要陵山在定州西六十里當即此山按山在三會河之西採訪册作五十里靈山鎮在其南山多煤井爲一邑養命之源

《旧志2》关于灵山产煤的记载（张建成供图）

清代乃至民国时期，甚至新中国成立初期的许多年里，他们踏着泥泞坎坷的乡道、攀上蹭蹬崎岖如同鬼门关似的墁石道，挤出那个小盆地，远走定州、安国、新乐，甚至更远的献县、深泽、安平等地，终日起早贪黑，经常落宿住店，以为获利来养家糊口。

一般长途贩煤，好驴驮200斤，弱驴驮150斤，连带赶驴的人还得随身或背或扛着50斤。俗话说，“狠心不过驮脚的”，实在他们并非只对驴狠心，同样连自己也并不放过！有时所赶着的驴实在走不动了，只要人还行，更且得把驴背上的砟子匀下来一些，增加在自己的背上、肩上。

同时，也有近边处墁石道以南的人跟着干这种营生的。从前，许多人都说灵山的“煤鬼子”们不好斗，想必与其生活环境有关，以致养成了他们亢直、不善与外界交流的性格。不过，据老辈人说，从前到砟子井上买砟子，不管哪个井上都从不缺斤短两，甚至说他们都拿110斤当100斤卖，就这一点而言，换作现在的时髦话语，岂不也着实值得给他们点一个大大的赞？

20世纪60～70年代，通常县城以北大多数的人家，都会在秋后或者初冬，用人力小车到灵山一带的砟子井上拉三五百斤砟子回来，以为冬天取暖、做饭。去拉煤时往往都起得很早，天不明或者就到了井上，因为管账出货的人都还没上班，就需要等着他们上班以后再交钱、过秤、装煤。在这段等待的时间里，大家都知道凌晨的天气特别冷，以致人们都冻得禁不住搓手跺脚浑身发麻。处于这种情况，只要你开口跟值守人员讨要，有时还不用讨要，一般都会给找几个破筐子让你烤火取暖。这种破筐子都用荆条编成，且都沾有砟子面或者小砟子粒，一旦烧着以后火势既耐久又旺盛。

20世纪60年代，自从修通了定（县）阜（平）公路，有了人力胶轮小车，“驮卖砟子”这一行也随之跟进。先是套上小毛驴迈上了“拉脚卖砟子”的新征程，进而一步步发展，逐渐时兴起来用小拖拉机、三轮车、普通货运汽车，以至最终改用大型载重汽车倒卖砟子，实现了彻底的“鸟枪换炮”。从而往日“驮卖砟子”那个苦营生亦便“高大上”起来，从业者从身背黑砟子步履蹒跚，到端坐在舒适的驾驶室里脚踩油门、手把方向盘在平坦的柏油马路上驱驰，发生了质的飞跃，好生让人们羡慕。

据相关统计，截至2008年，全县成规模的运输企业有17家，各类货运车辆4000多辆，多半驻野北、朱家峪、南家庄、灵山等村，绝大多数以煤炭运输为业。尤其野北一个村子就有大型载重汽车1000多辆，为曲阳县荣膺全省著名的运输大县之名起到了骨干作用。

1991～1997年，县燃料公司向城镇居民按指标定价，凭煤票供煤，同时，也向农村供应议价煤。灵山一带煤井直接向当地居民供应生活用煤。及至取消凭票供煤以后，灵山一带的小煤矿多被叫停，旋即形成了如今省道S382河龙线（S241宝平线）公路两侧曲阳至灵山路段庞大的煤炭市场。至2008年，沿路共有大、小煤场400余个，70%以上处于灵山镇辖区。另有上百个煤场分布于今S335蠡野线（原保阜线）公路两侧。货源广泛来自山西、陕西和内蒙古等地，以至成为上述3地煤炭外运的重要中转站。同时，煤炭交易也一度成为镇域经济的主导产业。

这期间，先后成立了朱家峪、南家庄、灵山、小赤涧、郭家庄、崔古庄等煤炭交易中心，包括汽运人员、装卸工在内，共有近2万人参与到了煤炭贸易业务当中。直至2016年，因为环境保护、倡导低碳生活，煤场全部取缔，汽运业务悉数转型。

表3-2　中华民国以来曲阳县煤矿主要事故通报表[①]

矿名项目	发生时间	事故原因	伤亡人数
东燕川柘叶坡煤井	1913年4月	瓦斯爆炸	死亡99人
燕川南柘叶坡下煤井	1917年	瓦斯爆炸	死亡30人
野北老大西洼煤井	1929年	瓦斯爆炸	死亡33人
灵山红土岗煤矿	1937年11月7日	瓦斯爆炸	死亡30人
灵山小西坡煤矿	1949年7月23日	瓦斯爆炸	死亡71人
灵山镇复兴玉煤矿	1955年4月17日	瓦斯爆炸	死亡37人，重伤39人
保定专区灵山煤矿二井	1962年4月18日	瓦斯爆炸	死亡20人，重伤1人，轻伤7人
保定专区灵山煤矿一井	1966年1月6日	瓦斯爆炸	死亡19人，重伤2人
曲阳煤矿（灵山煤井）	1970年10月25日	透水	死亡11人
曲阳县第三煤矿	1976年7月20日	瓦斯爆炸	死亡3人
保定地区灵山煤矿四井	1977年6月10日	塌方	死亡4人
岗北大队煤矿	1978年3月30日	瓦斯爆炸	死亡10人，重伤3人
朱家峪大队煤井	1979年12月14日	瓦斯爆炸	死亡26人，重伤20人
保定地区灵山煤矿四井	1981年1月9日	煤与瓦斯超标	死亡8人，重伤21人
岗北大队煤窑	1982年5月25日	瓦斯爆炸	死亡12人，重伤1人，轻伤2人
东庞家洼煤井	1986年4月21日	瓦斯爆炸	死亡7人
岗北村煤矿	1987年3月13日	瓦斯爆炸	死亡10人
庞家洼57号煤井	1987年4月21日	瓦斯爆炸	死亡7人

① 此表转自《新志1》。

附1：曲阳县史料记载的煤炭管理部门及其工作内容

清代：

◇光绪三十四年（1908），曲阳县成立了煤炭公司，管理煤炭开采。

民国时期：

◇灵山一带的小煤矿，统一归曲阳县国民政府实业科管理。

新中国时期：

◇新中国成立初期，灵山一带的小煤矿，归属曲阳县工业部门管理。

◇1959年，曲阳县人民委员会对矿区开采煤炭进行统一规划。

◇1960年，保定专员公署在灵山成立煤矿建设指挥部，1961年7月撤销。

◇1964年，灵山煤矿抽调8名职工赴峰峰矿务局救护队学习3个月，回矿后成立矿山救护队。

◇1974年，曲阳县革命委员会成立煤炭组，隶属县工业局，具体负责灵山一带的县属煤矿及社队煤矿的生产指导、安全检查、后勤供应等工作。

◇1978年3月，成立曲阳县煤炭管理局，局址设在矿区中心的灵山镇。下设办公室、生产技术股、安检股、经理部。

◇1984年，曲阳县设置煤炭工业公司，与煤炭管理局两块牌子一套人马。当时今灵山镇辖区的灵山、郭家庄、南镇3个乡镇，加上党城乡等4个产煤乡镇，分别设煤炭管理站。由一名副乡长兼任站长，设3～5名工作人员，1986年10月，煤炭管理局改为煤炭工业局。

◇1985年，针对1984年以来乡镇矿井常与国营矿井发生资源纠纷的情况，保定地区行政公署煤炭冶金矿山工业公司作出决定，将部分资源划归乡镇开采。

◇1984年，成立曲阳县矿山救护队，配备救护车2辆，职工18人。

◇1987年，保定地区行政公署签发《关于曲阳县乡镇煤矿整顿的处理意见》。

◇1988年，针对岗北、燕川、南家庄矿区矿井分布过密、安全状况欠佳等情况，对矿区所有煤井进行了整顿，重新划定各级煤矿的开采范围。本着“保护国营，扶持乡镇，限制村办，取消个体”的原则，对乡镇煤井统一编号，实行持证开采，合理开发煤炭资源，严禁乱挖滥采行为。对设备简陋、未经主管部门审批、不符合

灵山煤矿矿部旧址（刘进营拍摄）

办矿条件和超出资源范围的个体矿井予以取缔；对有令不行、擅自开采的矿井由县煤炭工业局组织人员予以炸毁。

附 2：保定地区灵山煤矿

保定地区灵山煤矿（县处级），始建于1955年，隶属保定地区重工业局，矿部设在野北村南。直属单位有老、新两个火力发电厂及机修厂、医院、劳动服务公司、综合加工厂、铁合金厂、碳素厂等。总建筑面积38.3万平方米，鼎盛时期有干部、职工4800余人，1990年生产原煤18.5万吨，产值1174万元，利税21.15万元。

总共经营5个矿井，即：

第一矿井：俗称“南大井”，虽名“南家庄矿井”，实际则处于野北村境。

第二矿井：地处野北村。

第三矿井：地处东燕川村。

保定地区灵山煤矿第一矿井（俗称“南大井”）（刘进营拍摄）

第四矿井：地处东、西庞家洼村。

第五矿井：介于岗北和韩家村两村之间。

1988年，矿区开始建设新发电厂，占地38.35平方千米，投入使用后更名为“保定地区灵山煤电公司”，后随着地市合并遂更名为“保定市灵山煤电公司”，为保定市直属企业。2003年，放归曲阳县管辖。

2006年，仅剩两处矿井，即一矿（地处野北村）和三矿（地处东燕川村），后因证件到期停业。

2008年，两矿分别更名为“保定永安煤业公司野北矿”和“保定永安煤业公司燕川矿”，未果而终。

另外，原矿区医院几经改制更名，现为私企，挂牌“曲阳县第二中心医院”，仍其野北村旧址。

第四章　定瓷

走进灵山，一种朝圣的感觉油然而生——天益地利，物华项背；殚精毓秀，千年定瓷。赖沧桑巨变，亿万年富积宝藏，慷慨涅槃以赴约，领风骚以迴远；幸高人解码，三昧火烧成润玉，从容壤土遂就范，登堂奥而翘楚！

一般人们说起古陶瓷来，言必称“五大名窑”，也就是所谓宋代的钧、汝、官、哥、定等五大古窑场；再提及定窑（定瓷）历史，“始于唐、兴于宋、亡于元”，相信许多人也会张口就来；还有定窑所在范围“东起涧磁村、西至燕川村，中间北至野北村一带”等情况，势必大家也都耳熟能详。那么，你知道“五大名窑”的来龙去脉吗？知道定窑在“五大名窑”中的地位吗？知道还有一个“六大窑系”的学术概念吗？知道“定窑系”在其中所处的地位及其概念元素吗？

燕川村定窑遗址采集的瓷片（赵仲奎供图）

当然，对普罗大众而言，各有各自的生活环境、生活内容，这些东西没必要都知道。但是，作为我们曲阳人，尤其是具体的灵山人，更且与之相关的从业者就不一样了，势必更需要多懂一些这方面的知识，多担当一些这方面的责任。因为我们生活在这片土地上，得益于她的光环照耀，为她引以为骄傲，从中享受了自豪感，甚至收获了她品牌效应的红利。其所担当，既是责任，同时也不失为一份财富——她是我们才华展现的基础，是我们谈吐不俗的资本。借助她，我们才能把深厚的定窑文化传承下来、宣传出去，让四面八方的高朋胜友、嘉宾贵客更全面、更深入地认识曲阳、了解灵山、热爱定瓷，分享我们这份特有的丰盛文化大餐！

第一节　宋代“五大名窑”与定窑

目前，宋代“五大名窑”的概念堪称深入人心，不过，它并不十分严谨，在古陶瓷研究界，其观点并非无懈可击，主要表现在朝代的界定和窑场的规模上，就此讨论如下。

一、宋代“五大名窑”的怀胎与分娩

常言道：夜长梦多。虽然“五大名窑”的实体大致处于两宋时期，但作为理论概念之于它们，则迟得太多了，两者之间须是“亲本”与“本身”的关系。不仅宋代，甚至此后的金、元两代都还没有其受精的征兆。即便“大名窑”这个单晶概念，也只在明代才开始其正式受孕的迹象。高濂《遵生八笺》卷十四《论官、哥窑器》称：“论窑器必曰柴、汝、官、哥，然柴则余未之见……”继而张应文《清秘藏》云：“论窑器必曰柴、汝、官、哥、定，柴不可得矣！”再有明代佚名氏《宣德鼎彝谱》记载：“内库所藏柴、汝、

官、哥、钧、定名窑器皿，款式典雅者，写图进呈。”

据学界考证，《宣德鼎彝谱》一书虽具“宣德”年次（1426～1435年），实则成书于17世纪初，之间相差了一百大几十年。所谓具体内容即，宫廷需要烧造一批御用瓷器，要求职官索骥制图，上报朝廷以备遴选式样，然后下派实施。至此，“五大名窑”方才进入备孕阶段。

晚唐时期的茶臼（定窑遗址出土）
（图片源自《曲阳定瓷谭概》）

鉴于以上三种论述各不相同，前者有“四窑”，其次为“五窑”，再次又“六窑”，其中都包含一个“柴窑”，而前者则缺位定窑和钧窑。所以说，当时的“五大名窑”观点尚不具备已经受孕的前提条件。更且即便是受孕后，其孕育过程实在有点儿长，竟然越过了整个清朝，加持以头前尾后，一共长达300年左右，才听到这个“新生儿”的第一声啼哭，好不难产！

及至民国初期，由于许之衡《饮流斋说瓷》一书面世，“五大名窑”方才出现了临产迹象，却还迟滞于临盆状态。其书称：“宋最有名之窑有五，所谓柴、汝、官、哥、定是也，更有钧窑，亦甚可贵。”可见其尚处于“5+1”的状态，却也算不得“五大名窑”

之具体。

然后，又经许多专家学者关联其时代背景，以及前述柴窑“未之见”和“不可得”的说法，遂提出观点：柴窑新兴于宋朝以前短暂的后周时期，入宋后，不仅绝烧，而且就连窑场、窑炉、窑器，甚至其残渣碎片，一总都梦幻般地骤然消失殆尽了，丝毫不留痕迹。想必这种情况，在当时也只有加持皇权御旨才能奏效。进而推测，想是与宋太祖的“黄袍加身”事件不无关系，出于投鼠忌器，干脆就让其彻底“闭嘴”了。至于后世的柴窑器“青如天、明如镜、薄如纸、声如磬，是薄磁也”一些抽象内容，在很大程度上，基本就是个仅限于书本形式的漏网之鱼了。

钧窑创烧，始于金朝皇帝置钧州，元代继烧。朱明王朝建立后，以匡复汉民族正统文化为要旨，以致上层社会出现刻意拔高宋代建树，而抵触金、元文化符号的现象，于是，便给了钧窑“上位”的机会，恰好补上柴窑之阙，凑成“五大名窑”之数。虽然事已至此，但见清代佚名氏所著《南窑笔记》则另作一种说法，其称：“柴、汝、官、哥、定、龙泉、宣、成、嘉、万，为宋、明十大窑，盖以诸器毕制，命官专督者，俱名官窑。其钧窑、厂官不在大窑之内。”这样一来，钧窑在宋代“五大名窑”中的地位似乎就又有点儿悬了，或者源于此，后世便有一些专家学者对其能否稳坐“五大名窑”之尊位保持了审慎态度。

二、定窑在“五大名窑”中的地位

基于以上分析，若说当时宋代“五大名窑”已经尘埃落定，处于社会意义上的泛泛而谈并无不可，只是相对于科学研究领域的周密严谨，瑕疵毕竟还是有的，来不得半点儿马虎。专家学者们所持的不同观点主要表现在以下几个方面。

第一，除了上述钧窑不在两宋治内以外，且其炫彩流光的窑器釉色体现的是北方游牧民族的审美，完全与赵宋朝廷崇尚庄重素雅的色调理念格格不入。

白釉褐彩卧鹿纹如意枕
（河北省定州市博物馆藏）
（图片源自《曲阳定瓷谭概》）

第二，关于所谓“定窑有芒不堪用”，当令的朝廷遂大砸公帑，从速建汝窑，只可惜烧造窑器的过程，自始至终也不过仅20年左右的时间，岂堪负“大名窑”之重？推测必是定窑为其做了“背锅侠”。实际原因并不在于其表面语言，怎么感觉也像是宋徽宗内在的心虚表现。基于有宋一代总体的迷信思想基础——且看宋朝的“宋”字，一个“木”字冠之以一个宝盖头，套入阴阳学说：五行东方甲乙“木”，“青”色，同于汝窑釉色；反观金朝的“金”字，五行西方庚辛“金”，“白”色，与定窑釉色相同。试将二者同时放在五行“相生相克”理论的背景下考量，分明就是个“金（白）克木（青）”的格局嘛！基于如此情况，怎好大张旗鼓地畅明宣传，所以在其金口玉言的条件下“必然”就“定窑有芒不堪用”了，所以也就必然“弃定用汝”了。结果，还是没有解脱这个魔咒，不多几年，他的北宋朝廷就被金兵给硬生生地端掉了。

第三，至于官、哥二窑，截至目前，一则是，就连它们窑址的确切位置还说不清在哪儿；二则是，它们烧出来的器物也实在少得可怜。即便窑器再怎么精致，若托之以“大名窑”之“大”，岂不也委实牵强了些？尤其就哥窑那小身板，当真把那么沉的一顶大帽子给它戴在头上，想必也着实够它呛！

反观地处咱灵山镇的曲阳定窑，业内所有行家则众口一词，毫无疑义，其实力也！依据常言，是骡子是马，就此不妨咱拉出来遛遛，让大家知道咱所言非虚。

其一，“南青北白”是当前学界公认的唐代窑业格局，南方以越窑为代表，北方由邢窑领风骚。晚唐五代时，两窑渐成明日黄花，及至北宋时期更且坑灰灶冷。于是，北方白瓷便由定窑接力，青出于蓝而胜于蓝。首先，在胎质上的表现更加致密轻薄；其次，釉色进一步晶莹玉润；最后，加持了精美的刻花、划花等装饰。原本邢窑呈色纯白略显干涩，而定窑呈色早期则乳白或纯白，随后呈现牙白是为定局，且更加柔和通透，堪比昆玉，自带温度。

其二，烧造时间最长。基于近期发掘出土的隋代（或者更早）青窑器残片，以其烧造时间算起，历经隋、唐、五代、北宋、金，以至元初，总计达700年之久。这是其他四窑加在一起的烧造时间都远远不能相及的。

其三，其他四窑均以青瓷见长，且釉面均有开片干裂纹；唯定窑以白瓷名世，釉面通透，浑然天成。

其四，窑器品相最丰富，可泰然处之于皇宫帝殿，亦可安分守己于柴门草舍。高品质的如“官”“新官”“乔位”“尚食局”“尚药局”等铭款器皿，清代乾隆皇帝的诗铭珍玩；低档的如平民百姓所用胎色不一、釉面不匀的瓷碗、瓷罐，以及信手捏成的小猫、小狗等小把件，亦名“摩侯罗”，即小孩子们的小玩偶。

北宋至金酱釉印花碗
（内蒙古敖汉旗出土）
（图片源自《曲阳定瓷谭概》）

其五，历史文献记载最丰富，更且获有“天下第一”之美誉。（南宋太平老人《袖中锦》）

其六，出土地区最广泛，涉及浙江、江苏、陕西、四川、河南、河北、北京、内蒙古、辽宁、吉林等18个省、市、自治区，以及印度尼西亚井里汶“黑石号”沉船和东南亚诸国、朝鲜半岛等地。尤其见诸李辉柄先生《白瓷的出现与发展》一文，其称：“在埃及的福斯塔特遗址中，也发现有大量中国唐代青瓷与白瓷，出土的白瓷与河北曲阳定窑窑址出土者相同，因此它们应是定窑的产品无疑。”

就以上六种情况而言，在宋代“五大名窑”这个圈子里，若使定窑自称第二，请问大家：其第一将何以属？

第二节　“六大窑系”之定窑系

一、“六大窑系”

“窑系”理论，于20世纪20年代由冯先铭先生首先提出。其基本内容是，依据我国宋元时期众多知名窑场的主流产品特征，予以系统归纳，各取系统内最有影响的一个窑场名称冠之以为系名，如“定窑系”就用“定窑”的名称冠名。“窑系”的提出，犹如一溪活水，使我国原本死气沉沉的陶瓷学术界顿然生动蓬勃起来，从而研究成果不断涌现。基于冯先铭先生的“窑系”理论，学术界诞生了一个新生概念，即“六大窑系”，分别是：定窑系、耀州窑系、钧窑系、磁州窑系、景德镇青白瓷窑系和龙泉窑青瓷系。

“六大窑系”概念的提出，相对于“五大名窑”而言，既是挑战，又是助攻，两者各有侧重，取长补短，相辅相成，促进了我国乃至世界古陶瓷研究领域的大发展。“五大名窑”侧重于社会属性，关注点在于窑器的精美度和被古代上层社会的认可度，给人一种高不可攀的神秘感；而“六大窑系”则着重于现代研究领域里窑器的物理属性和装饰属性，它朴素而且开放，更利于“旧时王谢堂前燕，飞入寻常百姓家”。

二、定窑系

定窑系以定窑器的品相为标的，麾下各窑着重以烧造白釉刻花、印花瓷器为主，也兼烧黑釉、酱釉、绿釉等少量其他釉色器物。论在“六大窑系”中的地位，定窑系一样以影响面最大、涉及窑场最多而显居鳌头。

定窑系下基本窑场首先有曲阳定窑、临城（内邱）邢窑；其他计有河北省的磁州窑、井陉窑，北京市的龙泉务窑，河南省的安阳窑、颍阳窑、鹤壁集窑、密县窑、登丰窑，辽宁省的缸瓦窑、清源窑，山西省的霍州窑、浑源窑、河津窑、介休窑、阳城窑、平定窑，陕西省的耀州窑，安徽省的宣州窑、繁昌窑、萧窑，江西省的景德镇窑（白瓷）、吉州窑、赣州窑、南坑窑，以及广东省的潮州窑和四川省的彭县（今彭州市）窑，再及境外朝鲜半岛的一些古瓷窑。

晚唐白釉凤首壶
（定窑遗址出土）
（图片源自《曲阳定瓷谭概》）

如今，尽人皆知景德镇是“世界瓷都”，哪道它却是曲阳定窑的直系苗裔！日本学者龟井明德先生说：“景德镇窑生产白瓷，是受到定窑白瓷生产技术以及造型方面的影响而开始的，这种看法是有充分理由可以成立的。定窑是馒头窑，从唐代后期开始在漏斗状（V字形）匣钵里使用垫饼仰烧，而景德镇从五代末、北宋初期开始也使用同样形状的漏斗状匣钵……五代后期，在定窑白瓷生产的基本窑业技术中的装窑技术，可能是因陶工的迁移而被景德镇所吸收。”①

定窑器的高品质不仅在于它本身的价值让一般人望尘莫及，而且许多仿品也都价值连城，甚至能把清朝的乾隆皇帝这样的大玩家忽悠得不要不要的。据说他曾多次不惜劳神费力、咬文嚼字作成诗文，然后诏令工匠镌刻在上面的瓷器都不乏赝品。由此足以证明定窑有着非凡的影响力，同时也说明定窑系有着像是如来佛手掌心一般的把握力。

基于定窑的招牌效应，诸多“蹭热度”的“×定”也纷纷出笼，陆续招摇过市，具体如“粉定”“南定”“土定”和“新定”，一总又统称“仿定”。总之，不管它套路如何，同样也都离不开定窑系这个龙头老大才混出来名堂这一事实。不过，也有将其中的“粉定”说成是定瓷中的佼佼者的。

另外，《格古纪要》云，“土定”即指定瓷中的“质粗而色黄者”。此乃又一观点。

第三节　装饰与款识

当前社会上，尤其是网络上，介绍、评价定瓷的文章几可用“汗牛充栋”来形容。然却基本都是“白如玉、薄如纸、声如磬”“始于唐、兴于宋、亡于元”等一些陈词滥调；稍微深入点儿

① 《中国古代白瓷国际学术研讨会论文集》，上海书画出版社2005年版，第360页。

的也不过“受宠于朝廷”和“领先于世界”等一些泛泛说教，至于“醋是怎么酸的”“盐是怎么咸的”则没多少人屑于关注。就此，且宕开这些话题，直接上点儿不一样的干货。

一、装饰

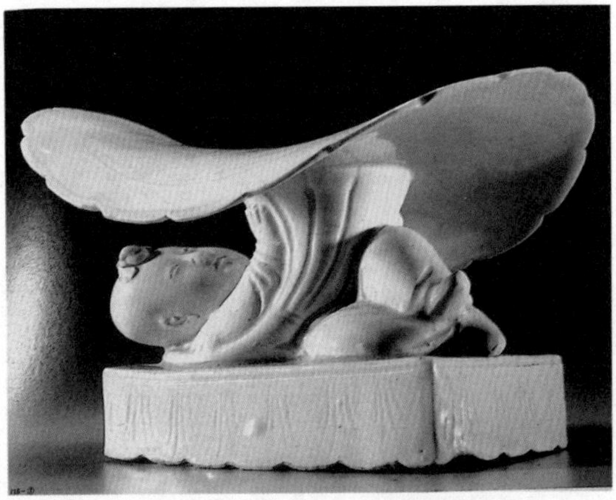
北宋白釉童子持荷枕
（美国旧金山亚洲美术馆藏）
（图片源自《曲阳定瓷谭概》）

定瓷装饰有两种，一是塑饰，基于器物造型，如压型、修边、接贴、切削、镂空等程式；一是面饰，基于器物表面，表面光素无纹饰的叫素面瓷，有纹饰的依仗划花、刻花、剔花、印花等技法而成就。

素面瓷多出于晚唐、五代时期，常与塑饰相伴，尤其通过切割工艺制作出来的花口盘、盏、洗和花口高足盘等式样的器品玲珑秀气，器口多姿多彩：有尖顶花瓣、圆顶花瓣以及大跨度圆弧形、委角方形、舟形海棠等花式；花瓣有三瓣、五瓣、六瓣、十二瓣等。进入宋朝以后，划花、刻花、印花等面饰工艺才渐次滥觞开来。

划花，即在器胎成形后晾干的过程中，把握时机，用针状工具直接在裸胎上划出纹样。因其纹路浅细，整体纹饰显得干涩枯瘦，单独运用则美学价值“稍逊风骚”，不过，若是辅助参与到刻花工艺之中，表现细微部位，则会凸显画龙点睛之妙。

刻花，是用刀具的尖端快速斜刻线条，深浅宽窄变化多端，以致花饰有了立体感，显得俊朗而灵动。有人认为这种技法是受到了本县“曲阳石雕”浮雕技法的影响。

印花，是北宋晚期移植定州缂丝工艺的图案所成就，适于批量生产，尤其盛行于金代。一般图饰繁缛而规致，少量简疏的也井然有序。

剔花技术应用较少，须是受磁州窑主流装饰影响的结果，特点是典雅醒目。

另外，金装定瓷也是定瓷的一个种类，比较少见，进而也有细化类别，分别为描金定瓷和金釦（kòu）定瓷两种。前者是用蒜泥调和金粉，在烧成器上用毛笔描绘图文，然后再入窑以900℃的低温烘烤，最终把金固定在器物表面。后者是以特殊工艺用金箔将烧成器的口沿和足沿包裹起来。亦有铜釦者，非常少见。

一般的说法是，金装定瓷的金永不脱落。实则不然，其藏品描金者原有的金彩，每见因金元素脱落导致图纹缺损或者变模糊的现象。再有出土器的金釦定瓷釦沿，也多有参差断脱者，这与窑场上的制备和烧造工艺无关。

二、款识

款识是指留在器具上的印记，主要是文字，大多数处于器底，也有处于器壁者，大致分以下三种。

一是釉下款，多半在上釉以前划写在器胎上，然后上釉装烧，利用釉层深浅反映的光学反差效应显示文字内容。

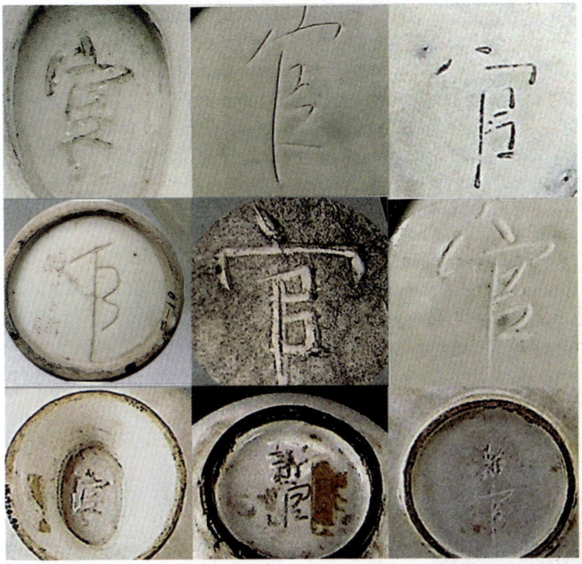

部分定窑“官”“新官”底款组合
（图片源自《曲阳定瓷谭概》）

样板有“官”“新官”“乔位”等器；也有裸釉刻款者，处于半釉器品裸釉部位，字迹反而不及前者清晰，如“朝真”“徐六师记”等窑器，即属此类。

二是釉上款，又分两种，一种是在器胎上釉以后装烧以前刻写铭文；另一种是烧成后用一种叫“砣子”的特殊工具打磨出来字款。前者笔划涩细，字迹模糊，实物有出土于定州净志寺塔基地宫的一件“新官”款花式碗；后者唯见于赵宋朝廷南渡后的宫廷里，及其一些官署里，文字内容繁多，有“皇太后殿”“寿成殿”“寿慈殿”“凤华”“奉华”“慈福”“婉仪位”“才人位”“荣国”“希哲”“彦瞻”，以及“高平郡”“陈押班”“秋押班”……

部分“南款”定窑器底款样本组合
（图片源自《曲阳定瓷谭概》）

三是墨书款，就是用毛笔蘸墨汁书写在烧成器裸釉表面，以定州净众院和静志寺两处地宫出土的实物最为典型。其中一件划花双蝶纹洗，其款“（北宋）太平兴国二年……”

另外还有一些诗文款定瓷器，即一些达官显贵，尤其是清代的乾隆皇帝嗜好附庸风雅，往往命人将自己的诗文满刻于器物的外表面或底面。其中一件北宋印花蟠螭纹缠枝花卉洗，就把乾隆皇帝的一首御制诗满刻于底足之内。

北宋划花双蝶纹花口盘墨书底款
（定州市博物馆藏）
（图片源自《曲阳定瓷谭概》）

上述款识形式，凡是在原窑场临烧以前刻写的字款均称“北款”，相对的那些用工具打磨出来的字款则统称“南款”。北款笔划细且自然；南款笔划宽且憨直，每个笔划都呈现中间稍粗且深、两端较细而浅的特征。南款与墨书款均与定窑烧造工艺无关。

第四节　胎质与釉色

一、胎质

定窑以白瓷见长，所谓“白瓷”的“白”在于胎质，而不在釉色。定窑釉几近透明，原本藏不住器胎基色。正所谓“定州花瓷瓯，颜色天下白”（元刘祁《归潜志》）。

在整个定窑的烧造过程中，单以器质而言，以晚唐、五代时期的最好。其都是在还原焰中烧成，胎质洁白致密；釉色润泽通透，总体呈白色或乳白色，甚至有所泛绿。因为胎质玻化程度高，器壁隐约几可透见人影；壁薄如纸，托在手上轻若无物。代表器品依然以一些“官”“新官”款为佳，尤其西安火烧壁窖藏出土的花边藏品最佳。

同时，定窑遗址区的涧磁村也出土了许多该时期的器物，有塔

西安火烧壁窖藏出土的“官”款定瓷花口器（西安市文保考古研究院藏）
（图片源自《曲阳定瓷谭概》）

式罐、瓷碾、茶臼和委角方盘等。其茶臼不仅器胎坚硬致密，而且瓷锋薄如刀刃，锐利无比。另外，浙江临安水邱氏墓和钱宽墓的金釦器也具有同等品质。

北宋中期定窑的覆烧技术是一项重大创举，主要表现在碗形器物上，它不仅大幅提高了器坯的装烧数量，可以使用垫圈配合匣钵重叠装烧；而且由于器坯在高温窑炉里处于熔融状态的时候，其口

沿相比器足的接触面显然大出许多倍，从而很大程度地减少了在这个关键节点上发生的器体形变及塌胎现象，大大提高了成品率。只是这种窑器的口沿胎质必须裸露在外，处于失釉状态，如此，相对于罩釉部分则显得不那么光滑。或者也就因为如此，才让宋徽宗借以为口实，说“定窑有芒不堪用”，以致诏令“弃定用汝”。其所谓“芒”，即指窑器有所干涩的裸釉口沿。事到如今，咱且也莫抱怨那宋徽宗鸡蛋里挑骨头，过于矫情，只是我们都置身事外，很难感受他心里本来有苦，却又无法尽言的那份煎熬情绪而已！

现代校注本的《景德镇陶录》一书在引用古典《唐氏肆考》的观点时加有按语，其称：“古定器，以政和、宣和间窑最好，色有竹丝刷纹。”想必是其在原来胎质的基础上，加持了刻花工艺装饰方才得出如此结论。“政和”“宣和”两个年号中间还夹着一个“重和”年号，皆宋徽宗赵佶所用，共计15年（1111～1125年）。也就是说，在这15年当中烧造的定窑器，无论在品质上还是装饰上都最为精良。此说相对于前述“定窑有芒不堪用”说法，明显的相互矛盾，这也从一个侧面反映了当时宋徽宗首鼠两端的复杂心理状态。

金代定瓷，主要在继承和光大北宋印花工艺方面表现突出，是时，制作模具至为关键，因为需要频繁使用，除了花式必须精雕细刻以外，还必须具备高强度、高韧度等一些特殊的物理指标。印花工艺适宜批量生产，容易形成规模，从而适应了当时社会日益增长的需求，促使定窑东山再起。只是当地高品质的瓷土原料近乎枯竭，其瓷胎的坚固性、致密程度以及白素色相愈加不如前代，甚至黄褐色、灰黄色的胎体都屡见不鲜。

二、釉色

前文已经说过，当年定窑使用的是透明釉料，以至成品后透过釉层就能看到器胎上的竹丝刷纹。这种刷丝纹是器胎制备拉坯过程中留下的，也有说是使用竹刀和竹制毛刷在拉坯机上修胎时留下的痕迹。由于釉质通透，即便如此细微的痕迹，却也让人能透表及里洞察其骨相，一览无余其洁白无瑕的胴体。此亦即说，主流定窑器所呈现的白色，实际反映的是其器胎本质所固有的色相。

此定盏托（韩国开城地区出土）
（图片源自《曲阳定瓷谭概》）

明曹昭《格古要论》之“古瓷器”条称：“……有紫定色紫，有墨定色黑如漆，土俱白，其价值高于白定。俱出定州。”据此可知，宋代定窑不仅烧制白瓷，而且还烧制一定数量的紫、黑等其他釉色的窑器，且价值更高。另外，经过近代考古又发现了绿色釉和粉色釉的定窑器。前述各种釉色的定窑器分别以“紫定”（酱定、红定）和“黑定”“绿定”“粉定”命名，又统称“色定”。

当前，曲阳业界诸家多以烧造白瓷为主，不乏出类拔萃者，也间或少数行家主攻“色定”研制。尤其定窑遗址文物保管所的马会昌先生乐此不疲，在黑釉领域成就突出，其作品不仅有着色相纷呈的细类，而且釉色无不透着一股贵气——灵动、内敛、含蓄、沉稳，因此有“黑定王”之誉。

截至五代时期以前，定窑基本都用木柴做燃料，以还原焰烧成，故而呈色以乳白或白中泛青为主。入宋以后，逐渐改用煤炭做燃料，在氧化焰气氛中烧成，其呈色便以不同程度的白中泛黄（俗称“牙白色”）为主流，原因是煤炭中的杂质硫元素参与了烧造过程。总之，不管是“白中泛青”，还是“白中泛黄”，也都没有超出“白”色这个大范畴。

除了以上釉色之外，定窑器的淋釉现象又是一大特色。所谓“淋釉”，即器胎上釉后适时入窑烧制过程中，当窑温达到一定高度时器具表面釉层产生的垂淋现象。因其像是从眼里垂坠下来的泪滴，故有此俗名。这种现象的主因，在于定窑器胎质坚致、渗釉性差，而定窑釉流动性又强，如此反差便无法像南方青瓷那样在器物表面形成较厚的釉层，所以淋釉难免。

一般来说，这种淋釉现象应该算是一个瑕疵，然反映在定窑器上却是个反例，因能证明器非赝品，再则有凄艳的传说加持，则显得尤其珍贵了。如明代学者屠隆在其所著《文房清玩》一书中称：（定窑器）“加之泑（釉）水有如泪痕者为上”。

其他关于定窑遗址的发现及其调查、发掘等一些情况，参见本书第六章第一节《定窑遗址》之对应内容。

第五节 定瓷文化书架

鉴于古代定窑烧造时间长、质量精、影响面大，每常成为历代文人墨客以及达官政要们饭后茶余的重要谈资，抑或偶然记录在案，便积累下来大量的历史资料。今且尽量搜罗，大致列表披露如下。

表4-1 与定窑相关的历史文献及其摘要内容表

书目及作者	具体内容	出处
[北宋]钱俨《吴越备史》。该书一说为范垧、林禹合撰	（太平兴国五年）九月十一日，王进朝谢于崇德殿，复上金装定器二千事，水晶玛瑙宝装器皿二十事，珊瑚树一株。	《吴越备史·补遗》。辑入《景印文渊阁四库全书》第464册，台湾商务印书馆，1985年版。
[北宋]苏轼《试院煎茶》	蟹眼已过鱼眼生……又不见今时潞公煎茶学西蜀，定州花瓷琢红玉……	《东坡全集》卷三。辑入《景印文渊阁四库全书》第1107册，台湾商务印书馆，1985年版。
[北宋]苏轼《东坡志林》	真玉须定州瓷芒所不能伤者乃是，尝问后苑老玉工，亦莫知其信否。	明稗海本卷十一。
[北宋]邵伯温《闻见录》	仁宗一日幸张贵妃阁，见定州红瓷器。帝坚问曰："安得此物？"妃以"王拱辰所献"为对。帝怒曰："尝戒汝勿通臣僚馈送，不听，何也？"因以所持柱斧碎之。妃愧谢，久之乃已。	《闻见录》卷二。辑入《景印文渊阁四库全书》第1038册，台湾商务印书馆，1985年版。
[北宋]乐史《太平寰宇记》	定州……土产……瓷器……	《太平寰宇记》第六十二"河北道"，中华书局，2007年版。

续表1

书目及作者	具体内容	出处
[南宋]周密《志雅堂杂钞》	金花定碗，用大蒜汁调金描画，然后再入窑烧，永不复脱。	《志雅堂杂钞》卷六。辑入《四库全书存目丛书》子部第101册，齐鲁书社，1995年版。
[南宋]顾文荐《负暄杂录》	陶瓷自舜时便有……本朝以定州白瓷有芒不堪用，遂命汝州造青瓷器，故河北、唐、邓、耀州悉有之，汝窑为魁……	原书已佚。元代陶宗仪《南村辍耕录》和《说郛》有转载。此据涵芬楼明抄本《说郛》卷一八引。中华书局，2004年版。
[南宋]叶寘《坦斋笔衡》	（同上条）	（同上条）
[南宋]陆游《老学庵笔记》	故都时定器不入禁中，惟用汝器，以定器有芒也！	《老学庵笔记》卷五。辑入《丛书集成新编》第84册，台北新文丰出版公司印行，1986年版。
[南宋]周煇《清波杂志》	煇出疆时，见虏中所用定器，色莹净可爱。近年所用乃宿、泗近处所出，非真也！	《清波杂志》卷五。辑入《丛书集成新编》第84册，台北新文丰出版公司印行，1986年版。
[南宋]太平老人《袖中锦》	监书、内酒、端砚、洛阳花、建州茶、蜀锦、定磁（瓷）、浙漆、吴纸、晋铜、西马、东绢、契丹鞍、夏国剑、高丽秘色……京师妇人，皆为天下第一，他处虽效之，终不及。	《袖中锦》开篇“天下第一”。辑入《丛书集成新编》第87册，台北新文丰出版公司印行，1986年版。
[宋]佚名《百宝总珍集》	古定从来数十样，东京乔位最为良。近者粉色皆不好，旧者多是不圆全。古定土脉好，惟京师乔娘子位者最好，底下朱红，或碾或烧乔字者是也。器物底有蚩虎者多好，如有泪痕者，多是绍兴年间器物，不甚旧。	《百宝总珍集》卷九，北京大学图书馆藏清代抄本。辑入《四库全书存目丛书》子部第78册，第808～809页，齐鲁书社，1995年版。

续表2

书目及作者	具体内容	出处
[金]张暐《大金集礼》	天眷二年（金熙宗1139年），奏定公主礼物，依惠妃公主例。外，成造衣袄器用等物……定磁一千事。	《大金集礼》卷九"公主"条。国家图书馆出版社，2010年版。
[金]张存惠《重修政和证类备用本草》	白瓷瓦屑，平，无毒，主妇人带下白崩……定州者良，余皆不如。（另）经验后方：治鼻衄久不止：定州白瓷细捣研为末，每抄一剜耳许，入鼻立止。	金泰和四年（1204）刻于晦明轩，世称"金刻本"。人民卫生出版社1957年影印本"白瓷瓦屑"条；另见，《四库全书·证类本草》卷五"白瓷瓦屑"条。转自汪庆正《中国古代白瓷国际学术研究会论文集——中国白瓷研究中若干问题的讨论》一文。
[元]刘祁《归潜志》	定州花瓷瓯，颜色天下白。	崔文印点校《归潜志》卷八，中华书局，1983年版。
[元]孔齐《至正直记》	在家时，表兄沈子成自余干州归，携至旧御土窑器径尺肉碟二个，云是三十年前所造者，其质与色绝类定器之中等者。	《至正直记》卷四"窑器不足珍"条。转自《中国古代陶瓷窑址的三大类别》一文。《故宫华诞论文集》。
[明]唐臣《真定府志》	……砂器，煤炭出井陉；瓷器坛、瓶、缸、缶、解钜砂出曲阳，乃特产也。	明嘉靖二十八年(1549)刊本。
[明]许次纾《茶疏》	茶瓯，古取建窑兔毛花者，亦斗碾茶用之宜耳。其在今日，纯白为佳，兼贵于小。定窑最贵，不宜得矣。	《茶经（外四种）》附《茶疏》，浙江人民美术出版社，2016年版。

续表3

书目及作者	具体内容	出处
[明]冯梦龙《古今小说》	一个大金丝罐，是定州中山府窑变了烧出来的。	《古今小说》第三十六回。
[明]李东阳、申时行等撰修《大明会典》	宣德年间题准光禄寺每年所需酒缸、瓶、坛分派河南布政司，除钧、磁二州外，真定府曲阳县酒缸一一七只，十瓶坛四二七四个，七瓶坛六一〇个，五瓶坛六二四〇个，酒瓶一〇三四一个，每年烧造解寺应用。又嘉靖三十二年题准，曲阳县缸瓶共一七七六五件……	明万历十五年（1587）刊本。
[明]高濂《遵生八笺》	高子曰：论窑器必曰柴、汝、官、哥，然柴则余未之见，且论制不一，有云青如天、明如镜、薄如纸、声如磬，是薄磁也！而曹明仲则曰柴窑足多黄土，何相悬也？	《遵生八笺》卷一四“论官哥窑器”。辑入《景印文渊阁四库全书》第871册，台湾商务印书馆，1985年版。
	如兽面彝炉、子父鼎炉、兽头云板脚桶炉、胆瓶、花尊、花觚，皆略似古制，多用己意，此为定之上品。	《遵生八笺》卷一四“论定窑”。
	有孩儿捧荷偃卧，用花卷叶为枕者，此制精绝！	《遵生八笺》卷八“石枕”。
	定窑者，乃宋北定州造也。其色白，间有紫、有黑，然俱白骨，加以泑水，有如泪痕者为最。	“泑”同“釉”。《遵生八笺》卷一四“论定窑”。

续表4

书目及作者	具体内容	出处
[明] 张应文《清秘藏》	论窑器必曰柴、汝、官、哥、定，柴不可得矣！	《清秘藏》卷上“论窑器”条。转自《丛书集成续编》第94册，台北新文丰出版公司印行，1991年版。
[明] 张谦德（张应文之子）《瓶花谱》	古无磁瓶，皆以铜为之。至唐始尚窑器，厥后有柴、汝、官、哥、定、龙泉、均州、章生、乌泥、宣、成等窑，而品类多矣。……官、哥、宣、定，为当今第一珍品。	中国纺织出版社，2018年版，第8页。
[明] 曹昭《格古要论》	古定器土脉细，色白而滋润者贵，质粗而色黄者价低，外有泪痕者是真，划花者最佳，素者亦好，绣花者次之。宣和、政和间窑最好，但难得成对者。有紫定色紫，有墨定色黑如漆，土俱白，其价高于白定。俱出定州。	《格古要论》卷下之“古定器”条。辑入《景印文渊阁四库全书》第871册，台湾商务印书馆，1985年版。
[明] 佚名《宣德鼎彝谱》	……内库所藏柴、汝、官、哥、钧、定各窑器皿，款式典雅者，写图进呈……	《宣德鼎彝谱》卷一。见《景印文渊阁四库全书》第840册，台湾商务印书馆，1986年版。
[明] 谢肇淛《五杂俎》	柴窑最古，今人得其碎片，亦与金翠同价矣……柴窑之外有定、汝、官、哥四种，皆宋器也……	《五杂俎》卷一二《物部四·陶器》。国学文本珍库，民国二十四年（1935）版。

续表5

书目及作者	具体内容	出处
[明] 田汝成《西湖游览志余》	宫中排办挑菜御宴。先是内苑预备朱绿花斛，下以罗帛作小卷……上赏则成号珍珠、玉杯、金器……定窑、官窑之类……	《西湖游览志余》卷三。
[明] 屠隆《文具雅编》	（定窑器）加之泑（釉）水有如泪痕者为上。	清末寂园叟《陶雅》。
〔日〕义堂周信《空华集》（相当于我国明代）	故人送我定窑瓷，中有蛟龙弄水嬉。只恐一朝得云雨，青天飞出碧瑶池。	《定窑白瓷特展图录》，台北故宫博物院印行。七言绝句。作者为日本诗人。
〔日〕虎关师练《济北集》（相当于我国明代）	定州白瓷陶冶珍，纵横细理自然新。扫清仙客闲天地，贮得四时一味春。	（同上条。）七言绝句。作者为日本诗人。
[清] 谷应泰《博物要览》	定窑器皿，以宣和、政和年造者佳，时为御府烧造，色白质薄，土色如玉，物价甚高。	中华书局，1985年版。
[清] 佚名《南窑笔记》	柴、汝、官、哥、定、龙泉、宣、成、嘉、万，为宋明十大窑。盖以诸器毕制，命官专督者，俱名官窑，其均窑，厂官不在大窑之内。	邓实辑《美术丛书》四集第一辑。
[清] 朱琰《陶说》	后周柴窑，柴世宗时烧者，故名柴窑。	（鉴于“宋代五大名窑”的起源，故录之。）
[清] 徐松《宋会要》	瓷器库在建隆坊，掌受明、越、定州、青州白瓷及漆器，以给用，以京朝官三班内侍二人监库。	《宋会要辑稿》册四六《食货》五二，中华书局，1957年版。

续表6

书目及作者	具体内容	出处
［清］乾隆年间《大清一统志》	土产瓷器，《寰宇记》：定州土产。	《大清一统志》卷二十六“直隶定州”。
［清］孙承泽《砚山斋杂记》	彭窑，元时戗金匠彭均保效古定器制，折腰样者甚佳，土脉细白者与定器相似，青口欠滋润，极松脆，称为“新定”。近景德（镇）仿者，用青田石粉为骨烧造，名为“粉定”。	《砚山斋杂记》卷四。辑入《四库全书》子部，杂家类杂品之属。
［清］洪亮吉《乾隆府厅州县图志》	直隶定州土贡瓷器，曲阳。	光绪五年（1879）刊本。
［清］道光二十九年（1849）《定州志》	今见本州所出窑器，粗拙仅供家具。求之诸籍所载，不特无见识者，亦绝无知者。即如缂（kè）丝，本亦定产，今皆江南所出，而定人见之，反如天孙云锦。	《定州志·历纪轶事》。
	《旧志》曰：“定俗近古，无淫巧技作。”然在昔窑器珍于天下，江南好学之家往往蓄之。索诸定，蔑（miè）如也。“维楚有璧，赵实宝之”，是之谓与？	《定州志·风俗物产》卷。
［清］《大清一统志》	直隶定州土产瓷器，《寰宇记·定州土产》；《州志》窑器珍于天下，江南好事者往往蓄之，索诸定，蔑如也。	《嘉庆一统志》卷二十九、卷五十六。

续表7

书目及作者	具体内容	出处
[清]光绪三十年周斯亿、温亮珠等《重修曲阳县志》	曲阳龙泉镇，唐宋以来旧有瓷窑，五代后周尚有磁务税使，宋时有瓷器商人（赵仙）……今废。	《重修曲阳县志》卷九《礼仪风俗考》。清光绪三十年刻本。
	……使押衙银青光禄大夫检校太子宾客兼殿中侍御史充龙泉镇使钤辖瓷窑商税务使冯翱。	《重修曲阳县志》卷一：五代大周显德四年（957）二月《王子山院和尚舍利塔记碑》。
	1. 涧磁岭，采访册在县北六十里。按岭在龙泉镇之北，西去灵山镇十里，上多煤井，下为涧磁村。宋以上有瓷窑，今废。 2. 龙泉镇今俗称南、北镇里。旧有镇使，副（使），瓷窑税使等官。	《重修曲阳县志》卷六《山川古迹考》。
	……灵山一带惟出煤矿，龙泉镇则宜瓷器……黄瓷：盆瓮之属，出恒水左右。白瓷：龙泉镇出，昔人所谓定瓷是也。亦有设色诸式。宋以前瓷窑尚多，后以兵燹（xiàn）废。宜讲求旧法，参以新式，以复其利。	《重修曲阳县志》卷十《土宜物产考·下》。

续表8

书目及作者	具体内容	出处
许之衡《饮流斋说瓷》	吾华美术以制瓷为第一……可分为三大时期：曰宋、曰明、曰清。宋最有名之窑有五，所谓柴、汝、官、哥、定是也。更有钧窑，亦甚可贵。 北定，其质极薄，其体极轻，有光素、凸花、划花、印花、暗花诸种，大抵有花者多，无花者少。花多作牡丹、萱草、飞凤、蟠螭等形，源出秦镜。其研细处几疑非人间所有。乃古瓷中精丽之品也。	《饮流斋说瓷·概说第一》，山东画报出版社，2010年版。
何其章等《定县志》	定瓷为宋代以来至精之品。《博物要览》云：定瓷有划花、绣花、印花之别……《饮流斋说瓷》云：定瓷质极薄，体极轻……而口底多露胎，故器口往往以铜镶之……	《定县志》卷二，民国二十三年刻本。
吴仁敬、辛安潮《中国陶瓷史》	当时（宋代）瓷艺，既精进如斯，故官窑辈出，私窑蜂起，其间出群拔萃最著名者，有定、汝、官、哥、弟、钧等名窑。	《中国陶瓷史》第36页，商务印书馆，1936年版。
叶麟趾《古今中外陶磁汇编》	（关于定窑遗址的发现。）	文奎堂书庄，1934年。
〔日〕小山富士夫《宋磁》	（关于定窑遗址的发现。）	日本聚乐社，1943年。

表4-2　近代学者关于定窑（瓷）研究的专著简表

专著名称	作者编者及其单位	出版社及出版时间
故宫宋瓷图录（“定窑、定窑型”分卷）	台北故宫博物院	日本学习研究社，1974年
中国陶瓷全集9·定窑	上海人民美术出版社	日本美乃美株式会社，1981年
中国陶瓷史	中国硅酸盐学会	文物出版社，1982年
定窑白瓷	日本根津美术馆	日本根津美术馆，1983年
中国陶瓷·定窑	中国陶瓷编辑委员会	上海人民美术出版社，1983年
“官”和“新官”字款瓷器之研究·中国古代窑址调查发掘报告集	冯永谦 辽宁省文物考古研究所	文物出版社，1984年
定窑白瓷概说·定窑白瓷特展图录	谢明良 台北故宫博物院	台北故宫博物院，1987年
陶瓷美学与中国陶瓷审美的民族特征	熊　廖 景德镇陶瓷学院	浙江美术学院出版社，1989年
辽陈国公主墓	内蒙古自治区文物考古研究所、哲里木盟博物馆	文物出版社，1993年
五代王处直墓	河北省文物研究所、保定市文物管理处	文物出版社，1998年
中国陶瓷	冯先铭 故宫博物院	上海古籍出版社，2001年
定瓷艺术	穆　青 河北省文物局	河北教育出版社，2002年

续表

专著名称	作者编者及其单位	出版社及出版时间
中国古代白瓷国际学术研讨会论文集	上海博物馆	上海书画出版社，2005 年
中国出土瓷器全集	张柏 国家文物局	科学出版社，2008年
河北陶瓷	李恩佳、常素霞 河北省文物局	科学出版社，2010 年
中国陶瓷史（增订版）	叶喆民 清华大学	生活·读书·新知三联书店，2011 年
定瓷雅集：故宫博物院珍藏及出土定窑瓷器荟萃	故宫博物院	故宫出版社，2012 年
中国定窑	北京艺术博物馆	中国华侨出版社，2012 年
北白流觞	陈建欣、陈华运 河北省收藏家协会	河北美术出版社，2014 年
故宫博物院八十七华诞定窑学术研讨会论文集（上、下）	故宫博物院古陶瓷研究中心	故宫出版社，2014 年
宋代五大名窑科学技术国际学术讨论会论文集	史宁昌、苗建民 古陶瓷保护研究国家文物局重点科研基地	科学出版社，2016 年
曲阳定瓷谭概	张建成 中国作家协会（会员）	线装书局，2019 年

（注：本章文字所谓“窑器”“定器”“定窑器”均为学术界通用术语。“窑器”所指为古代瓷窑烧制的器物，也可以说是产品和艺术品；“定器”“定窑器”以及上表中的一些“定州”则特指古代定窑烧制的器物，即

现在通常说的“古定瓷”，因曲阳县宋金时期隶属于定州，所以代称。）

附：《曲阳定瓷谭概》简介

定瓷文化博大精深，除了上述一些内容，还有好多东西需要介绍，由于本书篇幅所限，无法一一展开备述其详。好在笔者此前写过3种关于曲阳“三大文化”（石雕、定瓷、北岳庙等）的普及读物，其中一本《曲阳定瓷谭概》（线装书局2019年版）是专门介绍定瓷文化的，内容比较全面。尽管揣陋抱浅，却被好些资深专家学者高调认可，且披露一二，以就教于大家。

首先，我国著名古陶瓷专家、故宫博物院馆员李辉炳老先生在为该书写序的时候，即直接以“一本普及定瓷文化的优秀读本”给予定调，且其文称：“书稿还真让我有点刮目相看的意思，写得很专业，也很系统……虽然篇幅算不上恢宏，但信息量却异常丰富。”随后又说：“更且原因传统的五行学说，提出‘弃定用汝’乃是北宋朝廷潜意识表达的形而上学观点，很是新颖独到，值得学术界关注。”

其次，著名古陶瓷收藏家赵仲奎先生，辗转得到该书便爱不释手，一气连读数遍，喜不自胜。是故通过本县的一个朋友联系到我，多次表达观点，以至我深感惭愧。以下选录他的两则微信留言，略作笑耳。

（1）“昨天晚上拜读老兄关于五大名窑的分析，有理有据，语言精当，论证的语言风格学术性很强，高屋建瓴，真有傲视群雄之感，读来过瘾！”

（2）“《谭概》一书观点独到，语言精练，通篇没有一句废话，而且信息量很大，真可与叶麟趾先生《古瓷窑汇编》媲美！”（笔者注：以上《古瓷窑汇编》乃赵仲奎先生即时口语，其原书实名《中外古今陶瓷汇编》。）

第五章　风物与风情

走进灵山，车子行驶在曲阳县东部宽敞的旅游大道上，像一条肩负使命的小鱼，随着路况忽上忽下、弯弯绕绕，一直向着前方游弋而去。转眼到了一个山间隘口，隘口以下就是非常著名的熳石道了，至少它是宋、明两代真定府治（今正定县城）通往北境长城边塞倒马关的必经之路。

几度峰回路转，大致过了该路段一多半的时候，眼界豁然开朗，近水远山、蓝天白云历历在目。兴之所至，立马就想寻找一些合适的字眼把这种感受固定下来，反映于笔墨、报答于此行。巧的是思想乍到，耳畔便传来天籁之音："天气澄和，风物闲美……"是谁？先且道出来我的所思所想？遂冷静下来仔细辨别，声音像是从东侧的深沟里传出来的。

香风拂面，脱然出来一个古装老人，挺排场的国字大脸，除了皱纹较多点儿外也还算白净，丹凤眼、悬胆鼻、唇厚口方，颏下一缕美髯再加嘴边两撇八字胡须，好一副堂堂相貌。转眼来到我的面前，开口就说是专程来迎接我的，可是把我搞糊涂了。心想，莫不是您老走累了，想坐一程我们的顺风车吧？见我迟疑发怔，他则"哈哈哈"地朗笑开了……

我乘坐的小汽车转眼不见了踪影，路途也早已面目全非，反倒是他领着我走在了原本真正的熳石道上。沟深路窄，兔走鸦噪，再加一阵山风扑面而来，凉飕飕的，令人毛骨悚然。

第一节　东、西墁石道

一块块巨石大小不一地墁铺在泥泞的路基上，有长达1米多的，也有短至半米左右的，或者随机更短些的；一般宽度约40厘米，厚则也皆在30厘米以上，其中以大块石料为绝对主流，重量总有好几百斤。尤其还都不是就地取材，因为附近的山石隔层太多，难以开凿出来大块石料。熟悉附近地理地貌的当地牧羊人留心比对，认为这些大块石料至少也来自3千米开外的山场，更有一些须是从50千米开外的地方运过来的。以其块大量重，墁砌在路基上不容易被山洪冲跑为原则，从而不得不舍近求远。

尽管如此，却也禁不住年久失修，屡遭山洪暴刷，以及牛马驴骡的铁蹄掌践踏、大花箍碌车的铁辋车轮碾压，许多地方早已缺皮没毛，像一个长满疥疮的瘦驴；缺牙断齿，像从前的耄（mào）耋（dié）老人张口说话时给人的印象。当时，像是才下过雨，脚下接二连三缺失了墁路石的地方，不是泛起了泥浆，就是聚积了水汪，有的大石块表面竟被大牲畜的铁蹄掌踩出来半尺多深的坑臼，像一个个盛满了清水的小脸盆。即便那些依然不忘

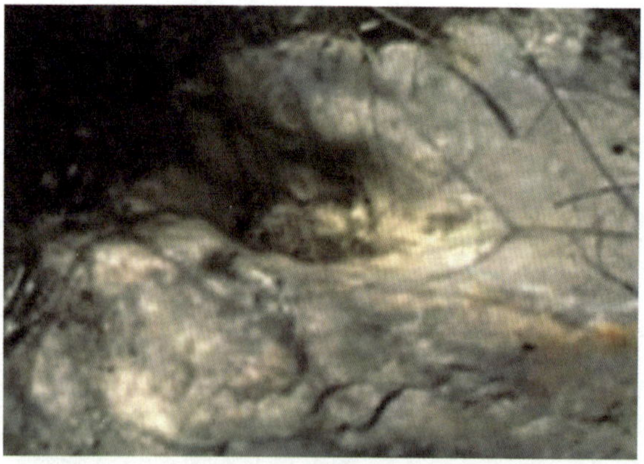

东墁石道被马蹄长期踩踏成的石臼
（苑林霜供图）

初心的岗位坚守者，也无不被风雨恒久地抚摸以致成了光溜溜的和尚头。的确，这样的路径怎么可能通行小汽车？

曲阳县固有两处叫墁石道的路段，以上说过的一处，相对而言地处东侧，便俗称其为“东墁石道”。还有一处位于省道S382河龙线与省道S241宝平线并轨路段的灵山镇崔古庄村至孝墓镇东口南村之间，古称“大荆口”，相对而言，此处的路段即“西墁石道”了。两者大致处于同一个纬度上的同一列山之两端，相距约9千米。

相比以上东墁石道的难走程度，这西墁石道就得加上一个“更”字，因为它不像东墁石道那样所墁的路面石自上而下顺着斜坡一墁到底，从而不容易被山洪冲刷出深坑、聚积成大水汪，而是分成了两个梯段墁砌的，除了与东墁石道有着同样的弊端外，特别中间一小段比较平坦的地方，由于山洪暴虐，反倒成了一只罪恶的拦路虎，经常保持着一个大水汪，几乎常年积水，也只有春天雨水稀少的时候，或者冬天结了厚厚的冰层以后才能通车行人，除此以外，路人至此只能望洋兴叹！于是，人们才又在大荆口西侧的山口凿通了“小荆口”，坡度更加陡峭，勉强可以行人、过牲畜，但就连小独轮车也难以通行。处于这种情况，即便是从前习惯了吃苦耐劳的老一辈人，一旦提起过墁石道来，也无不打心眼儿里发怵。

至于从前的老百姓如何应对这般天堑，根本没人关注，且拿清朝末年曲阳知县周斯亿亲身经历的一件事举例，就知道当年的西墁石道具体是怎么个情况了。当年在周斯亿与其继任者温亮珠一同编纂《旧志2》的时候，听说王子寺里有一块王处直立的石碑，便想将其碑文摹拓下来，结果见于他在《旧志2》中这样记载：“……斯亿因命工拓之三次，弗获。而覆语参差，尤疑不实。最后属友人偕儿子湛元绕道唐县境（原书注：由县治至王子山院，车不能行）亲至其地访之，始知此碑已佚矣。”由此足见当时的西墁石道处于完全断行状态。其中所说“绕道唐县境”，应该走的是东墁石道，因为当时横河口村尚属唐县，1942年方才划归曲阳县。东墁石道中段旧有石碣，上刻“唐县境”，新中国成立后界石尚在，后不知所终。

《旧志2》实写西墁石道：窟窿山“以西为大荆口，又西为小荆口……山口石道仅容单骑，为达阜平至五台要路”。

两个墁石道皆临渊靠壁、蜿蜒曲折，且陡峭幽深，路面平均斜度约30°左右，个别地方甚至超过40°。创修时间不可远追，唯有因此演绎出来的神话故事长传不衰：说是天上的二郎神与三圣母两兄妹因故打赌，仅用一个夜晚的时间，就分别把两处墁石道给修成了。

东墁石道摩崖石刻（苑林霜供图）

倒是经过多番探访，得知东墁石道中段陡峭的半坡西侧原有摩崖石刻，记录的是明代的一次大修过程。言明替补了许多严重残缺的路基石，一并镌刻了相关功德人士的身份和姓名，有宗教人士、商贾善者，以及附近的乡贤等。落款为“大明成化四年（1468）三月初六”。今石刻仍在，只是近些年两度重修，因大幅加宽路基、抬高路面的需要，把它深埋在了地下。幸而有唐县十八渡村一苑姓贤士，完好地保留了此前一张照片，从而才得以让我们能够目睹该石刻之端倪。

第二节 “山北里”及其典型民俗

从前，曲阳县有个地名叫“山北里”，从古至今，尽管人们经常都挂在嘴边，却一直没机会“上纸墨”（曲阳方言“墨”，音mèi），因为它“俗”。如今，恰好它“俗”，我也“俗”，正好“俗”味相投，不妨助一把力，让它也略登一番“纸墨堂奥”！

相对于现代地理学概念，“山北里”大概相当于扩大化了的灵山盆地。介入政区属性，即目前县域北部山区的灵山镇、党城乡、北台乡、郎家庄乡和范家庄乡等“四乡一镇”的全部辖区，亦即从前灵山区的领属范围。再换言之，亦即东、西两个墁石道以下（以北）所有曲阳县的地面。

处于曲阳县其他地方的人们往往也别称“山北里”为“北缘儿”，相对“北缘儿”这个名词概念，“山北里”这个地名则是可逆、彼此通用的。亦即说，无论地处“山北里”的人，或者其他地方的人都适用这个地理概念，而“北缘儿”则仅适用于他称，即“北缘儿”的人不自称其居家之地为“北缘儿”。

因为从前墁石道路径十分难走，再加封建社会有个“皇权不下县”说法，在某种意义上“山北里”就有了点儿小“独立王国”的意思。因为旧社会的读书人都不屑于记载民俗文化知识，许多老早以前的事至今已经没人能说得清了，即便是晚清至民国这一段的事，虽然还没有远去，却也只给我们留了个“背影”，仅能凭着老辈乡贤们的传闻、记忆，叙说出来个大概，实在也无法一览其真容。

相传，“山北里”出过个“杨二知县”，学名杨向东，号老向，晚清秀才，朱家峪村人。由于他熟谙当地民情，善断民间纠纷，且与官府有一定关系，一般当地出点儿什么大事小情，经他的手基本都能搞定。

其他被人们经常挂在嘴边，且冠以“山北里”这个地域名称的文化符号大概有：

（一）山北里的“四大名医”——朱家峪村杨世珍、野北村刘喜仓、横河口村苑老喆、郭家庄村王老更。

（二）山北里的驰名画匠朱家峪村杨秋兰。

（三）山北里出砟子。

（四）山北里枣树多，打（收获）枣儿多，道径儿不济卖不出去，就用枣儿造酒，因此缸坊（酒坊）也多。

（五）因为造酒得用大量蒙糠（谷糠）制曲，所以，秋后收（购）蒙糠的基本上也都是山北里的（人），尤其以小赤涧村的人为主。

（六）顶数山北里的玩意儿（民间花会表演项目）好看。

（七）山北里有个独特的“放羊节”，即每年农历七月十二。

（八）山北里上坟的习俗与本县主流地域也有差异——除清明节与其他地方相同，都是在其节日的前10天中任意一天实施外，其余中元节（农历七月十五）和寒衣节（农历十月初一）都须在节日当天施行。本县主流地域的习惯分别是中元节的前5天和寒衣节的前10天，就其方便选择其中任意一天实施。

灵山镇是“山北里”的天选骄子和龙头老大。鉴于上述许多人情世故基本也都以灵山镇这个核心区域为代表，事关本书之要义，以下且将“山北里”的概念范围加以浓缩，换之以灵山镇辖区来体现。

灵山镇文化艺术底蕴深厚，从前有好些村办剧团，如灵山村、朱家峪村、郭家庄村和燕川村都曾有过自己的专业剧团，并且广泛流传着跨地区、跨省区远负盛名的演出成就。由此还编成了顺口溜，经常挂在人们嘴边儿，如：“郭家庄（剧团）有旧底儿，灵山（剧团）有小喜儿”。相传郭家庄村剧团的根底，源于五代时期后唐庄宗李存勖皇后刘大昱为避宫廷政变，带着宫廷戏班一路出逃到曲阳县北部窟窿山北麓建立村庄，然后世代相传一事；灵山村剧团的根底在于其中有个叫“小喜儿”的刀马旦，貌美艺绝。

再有，燕川村剧团以武戏见长，流传下来张老雪的“形意八卦拳”，至今为保定市“非遗”项目，后继有人。

当年，朱家峪村高腔剧团曾远走河南，一举唱红叫响，反倒深受其累，被当地豪绅挟持起来，长时间不能罢演返乡。幸亏遇上一个丐帮帮主，因为当年落魄讨要到朱家峪村时受到过班主的周济，从而出于报恩之心聚众相助，剧团方才得以脱身。

至今朱家峪、郭家庄、燕川村的戏楼尚有迹可查。尤其郭家庄村的河北梆子剧团，在20世纪“文革”期间东山再起，不仅编排了好几部现代样板戏，而且还自编自演了多种类型的文艺节目，从而受到了省市文化部门的高度重视。一方面利用报纸和广播电台广泛宣传、大力表彰他们的先进事迹，一方面还组织全省各市县代表团赶赴郭家庄村召开现场会，推广他们的先进经验。

西燕川村古戏楼（刘进营拍摄）

相传，从前有山西一名孀妇，因为许愿在曲阳县地面修建了72座石拱桥，其中灵山镇地面有9座。

（详情参见本书第一章第五节《“桥儿”和“阁尔”》）

另外，灵山一带的方言也与主流曲阳方言有所区别。从前，曲阳主流方言都管母亲叫“姆”（音mó），孤岛现象特别突出；而灵山一带则管母亲叫“娘”，反倒“大陆性”显然。不过，在其他个别词语上则显得更加“岛外之岛”，如其经常在一些话语前面冠上一个语气词“唛”，表示质疑或不大情愿等的一些概念。在表意远指代词“那、那个”的时候，就更有意思了，别看地方不大却有两种表现形式：一是东部涧磁及南、北镇等村一带表现为“乜（niè）、乜个”；换作镇政府驻地灵山村等中西部一带，其表现则为“尼（nì）、尼个”。

第三节　大幡和擎阁

除了上述独特的乡土民情外，灵山镇各村绝大多数还都会在年节期间办（闹）玩意儿（即民间花会），许多能走动的玩意儿也都先在本村演出过后再串村表演，不仅己乐乐，而且又众乐乐。其中以锣鼓队最为普遍，具体的锣鼓数量有多有少、型号有大有小，且鼓点也多姿多彩、有同有异。其他节目有跑旱船、拉鼓车、踩高跷、灯笼会、二鬼扳跤和武术表演等，基本都用以渲染年节期间的欢乐气氛。这些玩意儿当中尤其以灵山、野北、韩家村等村的大幡和擎阁两项最受欢迎。此两项表演技艺源于拜神朝山而兴起，所朝之山乃我国北方的道教名山——清虚山，处于唐县境内。

大幡起源有二：

（一）野北大幡，其一说始于唐代。当年李世民御驾东征，在曲阳地面偶遇不测，幸得附近一武僧出手力敌群寇，把他救到现在野北村行善寺所在的一座小庙里将息调养，方保龙体万安。事后，因其救驾有功，李世民诏令给他修建了当初的行善寺，并赐给他半朝銮驾。当地百姓基于其中的引路幡挺好玩儿，就有人依着它的套路不断加大增高，最终衍变成如今这般高大威武的表演道具，并且倚仗着它被有心人逐渐玩出了许多高难度的花样，最终成为普

野北村所藏“半朝銮驾”遗物（张建成供图）

罗大众都喜闻乐见的花会表演节目。另一则说，源自清代朝山时路遇乾隆皇帝，受赐半朝銮驾，得益于其中的一面杏黄幡（杏黄旗）发展而来。

（二）韩家村大幡，相传起源于清代，说法略同于野北村的“另一说”。只是他们属于另“一道会”，跟野北村并无瓜葛，他们“一道会”的杏黄旗在辉岭村一方。采访资料显示，他们那道会叫“三八会”，某一年在清虚山下遇到了乾隆皇帝，同样赏了他们半朝銮驾。到底杏黄旗（一说为“蛟龙幡”）为什么落到了辉岭村却没人能说得清。

擎阁起源于求神许愿，详见本书下编《韩家村》之相关内容。

农历三月是清虚山大庙会，清末民初尤其兴盛。届时，周边县市各路花会齐聚山前一处好几十亩大的开阔地里，计有数十“道”花会争先恐后踊跃入场，各显神通，一决雌雄。及于现在灵山镇辖区，当时主要有两道花会每年都前赴参加，一道是由野北村挑头的联村花会，另一道是由韩家村参加的联村花会。为了赴会期间停息方便，野北村、韩家村等还都分别在当地买了地，5～10亩不等。

据说，直到现在当地村民还承认有其产权，只是时过境迁，早也认不得地块儿了，具体什么产权不产权的，不过说说而已。

赴会的队伍除了擎阁和大幡是主要表演节目外，每道会还都辅以锣鼓队烘托气氛，敲击起来撼天动地；炮仗手把持三眼铳开展场面，时不时地就“砰、砰、砰”三声巨响，吓你一跳，以排斥向前拥挤的人山人海，保障节目的正常演出。这种“赴会”现象一直持续到当地抗日战争爆发。

然后在20世纪70年代初再度复兴。然其目标却从当年的“东征”变成了后来的“南下”，由本县文化部门组织全县各路花会队伍，统一到县城进行文艺汇演，届定元宵节末的农历正月十七为期。每年每的，一旦大年初一吃过了饺子，所有参会者便都紧锣密鼓地进入备战状态，单等着进县城以决高下。

荣登中央电视台《乡村大世界》栏目的韩家村大幡表演（苑林霜供图）

灵山镇的三支表演队伍（加持了灵山村花会）总是不负众望，一般前三名也只在他们三者之间决出。这种结果无不得益于其擎阁、大幡两项节目表演难度高，技艺纯熟，深受广大群众喜爱。由此，他们当中就难免有人心生骄矜，霸气外露，以致常常酿成斗殴事件，反倒被其他地方的人们忌惮起来，久而久之便落下个“好打架”的名声。

不过，些许瑕疵并不能掩其瑜华，不能不承认他们的表演确实精彩，数十面七八米高的大幡在一个个艺人手上不停地旋转腾挪，在他们身旁忽前忽后，花样百出；一架架玲珑的擎阁，由一个个壮汉撑持擎举，以至高高在上的戏装儿童或单个或三三两两，依着传统戏剧中特定的场景、特定的人物造型演绎得多姿多彩，好不令人拍手叫绝、唏嘘不已！

再加“威风锣鼓”敲起来，响声雷动，惊心动魄；地蹲炮、三眼铳“砰砰”炸响，震耳欲聋……那阵仗、那气氛，直教人既爱又怕——挤到前头怕吓着，稍微靠后又唯恐看不周全！

届时，县城的每一条大街几乎都人头攒动，尤其擎阁和大幡表演队临近时，人们前拥后挤，犹如拍岸的潮水翻来覆去、无休无止，简直要把大街挤爆！

擎阁和大幡两项节目，一时间不仅在当地风头无两，并且凭着岁岁年年都利用整个冬闲季节勤学苦练，积攒下非凡实力，以至于成了坐着飞机吹喇叭——声名远扬的角色，屡屡出战省城、进取津门、胜出于首都北京的央视艺术大舞台。

第四节　山脉

我与前述脱然而出的那个古装老人时而一前一后，时而一左一右，一边絮絮叨叨，一边顾顾盼盼。忽然一面巨大的屏幕从天而降，把我二人齐生生隔开，屏幕半透明状态，上面有一行大字，写着“机械化时代之界”。我们相互对视，隐隐约约，都显现出来一副相见恨晚、别离恨早的怅然状态。当我出手试图掀开这面屏幕想与其再续前缘的时候，哪道所触及者，却像是冷冰冰的一面铁幕。接着又有一面同样大的屏幕徐徐落下，上面也有一行大字，上写“信息化时代之界”。我急忙躲闪，才没被压在下面，心想，这下完了，有了这两层半透明屏幕的叠加，“隐”便是彻底隐了，然其所谓“约”终归是再也无望了。

他是谁？他是谁？我原本应该先问清他的来龙去脉、姓甚名谁，何曾料到天机竟然开起来这样离谱的玩笑！好多需要说出来的话到如今也都难以追悔了，一脸茫然过后，他走了，我不得不回到现实，继续我此行的任务。

不多时，“天气澄和，风物闲美……”，他高声朗诵的那些词语又在我耳畔萦绕开来，好熟悉的内容，我在脑海里翻箱倒柜，寻找其出处。哦，对了，应该出自陶渊明《游斜川》的诗序之中，那么，刚才别去的就非“他”老先生莫属了。

这里地势低洼，四面环山——东有铧子山等峰岭，南缘窟窿山诸冈峦，西界将军寨山连绵叠嶂，尤其北缘的香岩列山更像一面铜墙铁壁，逶迤耸立。引入现代地理科学概念，目及之处显然就是一个“小盆地”，不错，这里正是灵山镇所在的灵山小盆地。且托以春风正坐、暖阳当头之气候背景，岂不分明妥妥的一幅“天气澄和，风物闲美”的自然画卷吗？

这里的山虽然不高，海拔都不过几百米，但类型不一，或长于气势磅礴，或长于形势险绝，抑或以肖物像生而著名，抑或辅之以灵泉玉液而制胜，更且有不少兼而有之者，略述如下。

首先，以形势险绝者有——

锯解石（刘向阳拍摄）

（一）锯解石，位于庞家洼村东北部王子寺后面，一座从东侧向西突出的舌状山冈之西端，薄薄一具片石高约数十米，脱冈而自处，耸然以壁立。一说是由百工祖师鲁班仙人用大锯开解而成；一说为隋炀帝之妹三皇姑显神通剥离。远眺虽摇摇欲坠，近观犹顷刻即倒，然其却亘古依然。

（二）将军寨山，位于镇域西侧，西北部与寨地水库为邻，西南边缘当空而立，绝对给人一种上摩云端、下临无地的感觉。湖波荡漾动以销魂，腿脚发软悚然落魄。山以“寨”名，人文必盛，不是古代兵家战略要地，就是当初绿林啸聚所在。

铧子山（刘进营拍摄）

（三）铧子山，以其西侧隆起的山脊远看像是传统犁地农具三尖铧头，故名。其是套里村与朱家坡村的界山，顶部有个通透的山洞，因此洞早年住满了野鸽子，遂名“鸽子洞”。单就洞内斜坡陡峭、碎石遍地而言，人若涉足，不仅须步步为营，更要提心吊胆。尤其东北侧的洞口以外，全然绝壁深谷，令人毛骨悚然——阴风嗖嗖，如同鬼泣；烟岚徐徐，怕是命索！

其次，肖物象生者如——

（一）凤凰山，位于东、西燕川两村的村北，以其在王处直墓地处眺望回眺，直似一只展翅欲飞的凤凰而得名。自古被奉为神山，山顶有古刹“奶奶庙”。

（二）磨子山，位于磨子山村通天河以东部分之北侧。

（详见本书第六章第二节之相关内容）

（三）卧虎山，地处南家庄尔村东北，以其从套里村方向远眺唯肖卧虎，故名。其山腰有个洞穴，因洞口像是人们用手掰开撕裂的一个竖缝，故称“擗拉缝”，名称虽然低调，然却是个“金玉其内”的佼佼者。洞内千奇百怪的岩溶地貌，大有与已经声名远播的旅游景点——聚龙洞相比肩的意思。

笔架山（刘进营拍摄）

（四）笔架山，位于南家庄尔村的通天河西岸，形似一个文房必备的大笔架，故名。山上有洞，形势玲珑，多面通透，相传唐代苦吟诗人贾岛出仕前，曾在此修行，因此唤作“贾岛洞”。

（五）狐子岭和大象山，二者位于南镇村南，虽然仅为丘陵，因外形酷肖所名之兽者，也颇耐人寻味。

（六）窟窿山，位于大荆口（今西塅石道）东侧，因山顶有一通孔（直径约5米），于数十里外便可遥睹其风采，故名（又名“孔山”）。引《旧志2》转载：元太祖十四年（1219）“张柔攻破贾瑀于孔山”，即此山。另外，不知道哪位现代高人以其孔圆如满月高悬天际，又雅称其为“明月山”或“月明山”。再则因于此

“孔”还演绎出来多种版本的“二郎担山”的故事，自然与人文相得益彰。

（七）马脑山，亦名马头山，位于东、西庞家洼之村北，为近来网红、主播们的热门打卡地。

（详见本书第六章第二节之相关内容。）

（八）灵山，即聚龙洞所在之山。

（详见本书第六章第一节之相关内容。）

第五节　河流、水文

本节主要介绍三会河和通天河两条河流流经镇域的情况。至于“水文”一项，皆因两条河流一总汇入唐河，在于上位概念同属于唐河流域，然其却不能全面反映灵山镇辖区的水文情况，所以将“水文”引入该节标题，一总涵盖关于“水马槽”的一些情况。

灵山镇绝大多数村庄的自然水都归属唐河流域，只有其西南部的大、小赤涧和崔古庄等3村，以及郭家庄村的一支自然水则是另一般走向，大致向南流入大沙河，从而其属大沙河流域范围。

（一）三会河。因其有三个源头，故名。三个源头最终于郎家庄乡仁景树村会齐，再经葫芦汪村，然后于本镇磨子山村北境流入。径穿磨子山村后，继续南流至灵山村东，进而东折过境韩家村、涧磁两村村南，再东汇入通天河。

三会河在镇域又有一个支流，发源于西燕川村西北境，经燕南沟村东折至南家庄村，继续东流过境朱家峪村北后注入三会河。该河原本无名，只在21世纪之初南家庄村进行“空心村”改造时，以其上游为原称“燕南沟”，遂名“燕南河”。不过，其虽以“河”称，平时却只在燕南沟村以上地段有所流水，以下地段基本仅在雨季发挥泄洪作用。

据老辈人说，别看它就一道不起眼的干河沟，但遇山洪则异常凶猛，往往因为有人赶路心切，想在潮头到来之前，或者水头尚且微弱的时候抢时间过河，从而丢财丧命。原因是，一则上游涉及面广大，潮峰不知猝发于哪个瞬间；二则因为其南岸土坡较陡，一旦遇雨势必路滑，尤其是赶着驴车通过时，很难保证绝对安全。

（二）通天河，旧名恒水、横河（横河口村河段）、恒阳溪等，发源于神仙山（古北岳恒山，又称大茂山）南麓，然《旧志2》则“曰‘北谷’”为其发源地。该河自南家庄尔村西北入境，于南镇南村村北及其北村村南并北镇村南纳三会河进而注入西大洋水库。1958年修西大洋水库以前，其与三会河相会后继续东南折，于横河口村北出境入唐河。

以上两河皆季节河，时而断流，尤其是三会河。另外还有一个怪异现象，即其分别在磨子山和南家庄尔两村村北潜入地下，只在汛期泄洪时方才通过地面河床呈现明流。因于当地的地下岩溶地貌特征所致。另据《新志2》记载，三会河地下潜水或有投入大沙河流域的情况。

（三）水马槽。实则一硕大的名胜泉池，《旧志2》乃至清代《定州志》都有记载。《旧志2》曰：“泉自涧磁村南发源，南流入三会河。”其又引《大清一统志》文称：“一名漱玉泉，突出地中溢而南泻，折而东入唐县界，注唐河，有灌溉之利。”又，清代《定州志》称：“土人置水磨以营利，转折而东与滱水（唐河）合，即龙泉镇河也。入恒水，始入滱水。”以其曾“置水磨以盈利”说，则又名“水磨槽”。关于“置水磨”的事，在20世纪中后期的“大跃进”时期重见。关于其溢流方向，原本向南，只在“大跃进”时由人为改向东流，从而先与海子河交汇后方才一总南流。

所名“水马槽”者，源于一则神话，说其中有一匹水马，泉源由其所致，故名。同时说海子河的源头是一只水鸡，两相近邻，经常偕伴嬉戏，因为被一个南蛮子盯上，并招来同伙试图一起盗走水鸡和水马，不过，并未得逞。

水马槽（苑林霜供图）

另外，它还有一个非常“高大上”的名字，叫“龙泉”。起因在本书第一章里已经介绍，此略。基于此“龙泉”，晚唐五代时期由于当地瓷窑业高度发达，从而建镇即以“龙泉”为名，称“龙泉镇”，为今之南、北镇4村所共同的前身。

根据现代的专业地质考察，其泉水实乃上游三会河（一说包括通天河）所潜于地下之水复出者。具体水马槽位于宽阔的三会河谷北侧，与今北镇村及南镇村北岸呈犄角之势。泉池大体呈圆形平底盆状，面积半亩以上。相对地平面下陷1米左右，常年水深60～70厘米，从不干涸，水质甘甜凛冽。底部均为白色细沙，随着从地底下不断喷吐出来的众多连珠水泡，时而被带到不同的高度，甚至于水面，转而自然落下，于是，底面崩而即弥，犹如众多的乐符在欢快地弹跳，美妙的天籁在频频放送。尤其那些连珠水泡到了水面以后，就更显得放肆了，也不管听人不听人地，就挤挤挨挨、搂搂抱抱地开始打情骂俏了。

可惜这一方千古胜景，却因西大洋水库大坝近期的增高加宽，以致水位上涨，从而将其收服在了水晶宫里，无法再与才子佳人“相看两不厌”！

再有传说，早年清朝历代皇帝以其定制，每“逢五见十”都要西去五台山降香拜佛，所有路途上的用水唯三处是取：始发取自北京玉泉山，中途加持以此“龙泉”，终于五台山圣水；回程始终倒挂，中途加持仍于“龙泉”。

第六章　旅游文化橱窗

走进灵山，任谁都会有些目的，即便说是漫无目的，其实本身就是目的，除非其人毫无自主意识。所谓目的，不外乎两种：一是办事，一是散心。关于“办事”这点，因为人各不同，心各相异，万千类型，难以概论，所以就先不论吧；反而“散心”这一点比较单纯、容易论道，那么，咱且就从此入手说道开来。所谓“散心”，在我的认知范围内，不外乎就是“旅游”这个概念的抽象意义，“旅游”须是“散心”的外在行动，重点在于地理目标；而“散心”则是“旅游”的内在动因，要义在于内心世界。旅游的目的，以“高大上”的说法堪称“陶冶情操”，但归根结底也就是个“散心”的意思！

其实玩文字也不外乎就叙事和抒情两重意义，不管你怎么玩，一方面必须把事情说清楚，一方面尽量把心情表达到位。基于这本书的定位，且尽量就要在“把事情说清楚”这个基本点上多费些笔墨。同时，也不能完全把抒情性拒之门外。叙事性固然是本书的烹饪主材，却总不能“白水煮白鱼”，不加点儿作料吧？如此，抒情性便有了起味作料作用，有它才好激活受众舌尖上的审美味蕾，调动胃口，以极大的兴趣来饱尝我们这般“秀色”。

第一节 著名旅游景区和国家级文保单位

旅游对象包括自然景观和人文建树两大类型。其中人文建树，一般会与文物保护单位的开放区间相兼容，抑或许多自然景观也时常受到人文因素的干预，所以，很难将旅游景区和文保单位两者完全割裂关系，以下遂将辖区的国家级重点文物保护单位，与其自然旅游景区（点）归纳为一节，打包介绍给大家。

一、聚龙洞

聚龙洞，即灵山村东北之灵山上的一组裂隙式溶洞景观群，由亿万年前的地壳不断嬗变而成。基于早期发现的一个溶洞，其内部

灵山聚龙洞大门（张建成供图）

钟乳石发育成熟，广如花海，争奇斗艳，遂取名“花儿洞”，又叫灵山溶洞。改革开放以来，我国旅游文化事业迅速升温发展，在原“花儿洞”的基础上，通过进一步开发，便成就了如今闻名遐迩的一方旅游胜地——灵山聚龙洞。2008年1月，聚龙洞获批国家AAA级旅游景区。

聚龙洞从东北端的洞口进入，陡然下行，一并崎岖蹭蹬，宽窄错落，高3～6米不等，深达百米以上。洞口原嵌石门，上刻“洞

府”二字，乃明朝万历年间遗迹。鉴于1989年当地村民在山上采石时，在“花儿洞”西侧又发现了另一地下溶洞，长2000多米，分别为4个洞室，总面积约4000平方米。洞内场面堂皇，仪态万方，钟乳交错，剔透琳琅。但闻流水淙淙，天籁爽耳；倍感神秘兮兮，幽冥障目，实在既令人惊喜而欲速往，却又不得不蹑手蹑脚以防失魂落魄。然后经人工将两洞凿通，使之互为一体，遂成就了一座规模

聚龙洞一景（聚龙洞景区供图）

浩大的地下宫殿。基于后者洞内的钟乳石多具各种龙形姿态，故取“聚龙洞”为名。

聚龙洞景区由猿人古洞、聚龙大殿和地下迷宫三部分组成——

猿人古洞：为一隅古猿人栖息的处所，仅其所余灰烬沉积物就长达12米、厚约3米、深2米左右，足见其居住于此的生活时间之长。洞壁深处一并发现了26万年前绝迹的古动物化石堆积物，尚不知其具体动物的名称。另有“蓬莱”两个大字点睛于洞壁上端，传

为宋代大文豪苏轼的手书墨宝。

聚龙大殿：即聚龙洞的核心部分，场面气势恢宏且奥妙无穷；景观富丽堂皇而形象自然——莲花、葡萄、灵芝纷呈贡献；盾牌石、月奶石、卷曲石争待用度。似灵蛇者遂出迎宾，聚龙壁间岂甘落后？设下龙门邀鱼跃；潜入仙户盗胭脂。偷闲水晶碧波潭；更衣翡翠胭脂宫。洞开天窗，恰好龙潭日出；小抄三峡，谨慎珠宝舟行。告知以孙行者，定海神针不复外借；知会予龟丞相，龙王口谕传檄水国……左是龙、右是龙，聚龙大殿聚群龙，龙子龙孙龙祖宗！

地下迷宫：曲径回廊，一条主洞提纲挈领，众多支洞交相响应。一提溜一串，一攒故一片。活脱脱一方神仙天地，奇观百出；喜恰恰一个童话世界，异象纷呈。

二、定窑遗址

定窑是我国宋代“五大名窑”之一，故址东起涧磁村，西至燕川村，长约10千米，南北宽1～2千米，总面积约10平方千米。突出表现为3处不同的窑址特征，划为3个分区，自东向西依次为涧磁区、野北区和燕川区。涧磁区规模最大，进而细化出北镇、涧磁岭、涧磁村西等3个小区。其次燕川区，再次野北区。3个分区均发现多处窑址作坊遗迹，以及瓷器（残器、碎片）和窑具标本。

其中以涧磁岭小区范围内的原貌保存最完整，地上地下到处都是窑址作坊遗迹，更且瓷片、窑具和炉渣等废弃物俯拾皆是，有的地方堆积物竟深达近十米。目前保存完好的“瓷片堆”犹如小山丘者13座，皆编号存档。最大的一座周长约百米，高10米左右。

目前，学术界公认该遗址由叶麟趾先生于1934年首先发现，并因此著作《古今中外陶磁汇编》一书，引起世界轰动。其实，曲阳县清朝末年先后两任知县周斯亿、温亮珠早在光绪三十年（1904）的《旧志2》中就曾写得明明白白。该志书有多处事关定窑的记载，且转录于下。

其一："涧磁岭……在县北六十里……龙泉镇之北，西去灵山镇十里，上多煤井，下为涧磁村。宋以上有瓷窑，今废。"

其二："白瓷，龙泉镇出，昔人所谓定瓷是也。亦有设色诸式。宋以前瓷窑尚多，后以兵燹废。"接着又说："宜讲求旧法，参以新式，以复其利。"由此可见，前番两位封建社会的士大夫亦尚不乏生民之心。

其三："龙泉镇今俗称南、北镇里。旧有镇使、副（使）、瓷窑税使等官。"

鉴于上述志书记载，足以说明首先发现定窑遗址的应该还是我们曲阳人啊！只是疏于传播途径，未尝达于众听而已。

20世纪中后期及21世纪初，相关古陶瓷研究单位陆续3次在遗址区进行调查和发掘，发现、出土了大量上自晚唐，下迄金、元时期的窑器、窑具及残件、残片等。而且还发现并清理了数以百计的窑炉、灰坑、作坊、灶址等遗迹。尤其第三次出土的"官""尚药局""尚食局"和"东宫"等铭款残片弥足珍贵，把古定瓷的品质及其文化品牌提到了崭新的高度。

事后，均将所发掘的探方予以回填复貌，现仅留涧磁岭一处金代窑址供人们参观。其窑址约为正方形，边长40米左右，西南角

定窑遗址一瞥（图片源自《曲阳定瓷谭概》）

突出一座残炉，其中尚存积炭，并显见由于过烧从而粘连在一起的窑具和残器等实物。窑址整体覆盖以简易大棚，室内四周留匝道，供人游观。展棚坐东朝西，大门北侧设展厅，陈列多种制瓷原料标本、窑具标本和制坯过程中的动态泥塑人物形象，以及其所用的一些工具等。

1988年，涧磁村定窑遗址由国务院公布为全国重点文物保护单位，并设定窑遗址文物保管所，负责遗址区的保护和管理工作。2000年以后，相继修建了定窑作坊遗址展馆和定窑遗址博物馆；2007年，在定窑遗址设置定瓷研究室。

另外，文物保管所现藏弥足珍贵的两通石碑，两碑不知什么时候倒伏被埋，从而导致当年周斯亿遣人携子访碑未果，枉然白跑了一趟。

（具体两碑参见本章第二节《王子山院》之相关内容）

三、王处直墓

王处直墓，位于西燕川村西北的仰盘山（一名坟山）腹地，为五代时期义武军节度使王处直的归葬墓穴。1995年7月，由河北省文物研究所会同保定市文物管理处、曲阳县文化局、曲阳县文物保管所组成联合考古队，对该墓进行了抢救性发掘，历时4个月，所得结果代为转述如下。

该墓坐北朝南，由墓道、墓门、甬道、墓室等几部分组成，青石间或青砖砌筑。墓门至后室全长12.5米，包括前室、东西耳室和后室。室内除有《奉侍图》和《散乐图》两幅壁画外，还有一些山水、花鸟、云鹤等画幅，总面积达100平方米。同时出土《王处直墓志》1方和 “十二生肖浮雕人物造像”8件；另有一批瓷器、铜器、铁器、金银器、石器等陪葬品同时出土。墓穴发掘后即作回填保护，目前现场略有一些残损的砖石零落于四下，已无观瞻意义。不过，其四面山景不仅幽邃秀丽，而且大有讲究，值得一游。

墓穴早年多次被盗，最后一次在1994年，所盗两件石雕“彩绘武士像”尤为珍贵，曾流失国外，其中一件在美国拍卖行现场拍卖时，由于我方出面干预遂被叫停，然后回归国内；另一件，先由美籍收藏家安思远先生购得，后无偿捐献回国。现其二者均以国宝身份入藏国家博物馆。鉴于它们曾经有着被盗出国门又复回国的经历，遂又有“归国天王”之称。此二者为一双，曲阳汉白玉材质，长方形高浮雕形制，高113.5厘米、宽58厘米、厚11.7厘米。武士像身穿铠甲、手持宝剑，分别站在牛形鹿角卧兽的脊背上，显得十分威武霸气。武士像在墓穴里须是以门神的身份存在的。

2008年10月，王处直墓被省政府公布为河北省重点文物保护单位。2013年3月升格，由国务院公布为第七批全国重点文物保护单位。

彩绘浮雕武士石刻（王处直墓出土）（和海龙供图）

第二节　省级文保单位和新兴（潜质）旅游景点

灵山镇辖区内，现有两处省级重点文物保护单位，均为千年古刹。一是二位一体打包在一起位于野北村的行善寺及罽（zōng）假（gé）楼，一是位于庞家洼村东北方向深山里的王子山院（含寺院遗址）。其余一些文化底蕴原本厚重的自然景观，随着近期新农村建设的推进，从而被重新认识、适当开发，也便迅速成了人们乐于前往的打卡地。

一、行善寺及罽假楼

行善寺及罽假楼位于灵山镇野北村的同一个大院内。大院中间隔一堵南北走向的界墙，此二者分别处于界墙的东西两侧，东侧为佛教场所，西侧乃道教规制，各占一半。之所以有这样的建筑，传说皆缘于规避封建社会时期朝廷钓鱼式执法的需要，说不定哪会儿就“灭佛杀僧”，或“禁道驱徒”，于是，原本同一班人马，遇“灭佛”则西迁穿道袍做道士；逢“禁道”便东就穿袈裟为僧侣，以为左右逢源。

大院东西向总长65.05米，南北向长53.45米，总占地面积3476平方米，大致规模仍其旧。现存建筑物，计有山门、西庙门、便门（界墙上开的门）、佛殿（大雄宝殿）、罽假楼和太清宫等。除大雄宝殿和罽假楼为古建筑物外，其余皆毁于20世纪70年代的“文革”时期，今之所见者均为21世纪后所重建。

大雄宝殿，俗称老佛殿，位于界墙东侧，坐北朝南，始建于唐初，历代多次重修。建筑法式为单檐悬山布瓦顶，砖木结构，四角脊低翘，显得古朴，中脊为鸱吻口吞透龙宝剑造型，施彩绘。殿身面阔三间，进深两间，高5.5米，建筑面积150平方米。梁架进深六椽，双步梁，下用驼峰，施斗拱，各补间2垛，四铺作单昂制式；柱网呈减柱格局，省却前檐金柱以使内部空间敞达，共用柱12根，计前后檐及后金柱各4根。明间前檐出露2金柱，置隔扇门；两次间设槛窗。内部梁架原有彩绘，均已脱落。廊步高出地面60余厘米，门前设条石台阶。2016年，修缮再新。

所谓黢假楼，实则一座戏楼，也就这名字有点儿眼生，会让许多人感觉一头雾水。“黢假”义即“精诚祭祀”，祭祀对象自然非神祇莫属。戏楼位于界墙西侧南部，始建于明代，跟院落北部坐北朝南的道系太清宫对面，一并与上述佛殿隔墙斜对冲，坐南朝北。

其台基高1.8米，面阔三间长9.45米，进深两间10.2米，通高5.5米，建筑面积96平方米。其进深之中间由花式格栅墙隔断，前台演出，后台化妆，中央设槛窗，两次间为隔扇门，以便演员出入。后台3间，3面青砖围墙，后墙上部各设一圆形小窗，装饰简易木格花棂。戏楼顶部建筑非常别致，为前卷棚歇山后硬山式勾连结构，并设脊兽、风铃，显然规格较高。

前台3间通透无遮拦，前檐唯四根八棱汉白玉石柱力为撑持，且四柱皆不在明间，以为中间腾出来一个特大开间。其中除两根边柱外，另两根石柱也不过只在两次间的中位处。石柱下附石抱鼓并

行善寺佛殿及酘假楼（刘进营拍摄，张建成组图）

覆盆状石础。当中两石柱正面阴刻对联：“唱几句忠孝廉节歌，无非劝世；演数条奸淫邪盗事，只为戒人。”

佛殿法式古朴，戏楼造型别致，两相呼应，相得益彰。目前一并为曲阳县境内同类古建筑之唯一法式者。2001年2月，两者打包被省政府公布为第四批河北省重点文物保护单位。2003年和2016年两度对霰假楼加固维修。

二、王子山院

王子山院，俗称王子寺，位于庞家洼村东北的山谷深处，距村约4千米。寺名源于东侧的王子山。相传商朝末年箕子避纣于此山，以其为王室子孙，故名。王子山院始建于唐开元年间，有上、

王子寺旧貌（刘向阳拍摄）

下两院，上院仅存遗址和五代《奉为国令公修王子山院之记》碑1通，缘于碑文由乡贡进士马夔撰写，又称《马夔碑》，即前文所谓周斯亿所访未得者。《马夔碑》与另一通《大周王子山禅院长老和尚舍利塔记碑》文物价值极高，为探索、研究龙泉镇的建置以及定窑文化的伟大建树，填补了资料空白，提供了实证帮助，以至许多苍白的历史脉络复苏了流动的血液，恢复了丰满而鲜活的体貌。此

二碑不知何时被掩埋，重新出土于20世纪中叶后期，现保存在定窑遗址文物保管所。

王子山院遗址总面积795平方米。今下院占地400平方米，新建正殿3间，建筑面积90平方米，坐北朝南，单檐歇山式砖木结构，琉璃瓦顶，屋架广施彩绘；青砖铺地，门前廊步台基前沿施以条石，比较讲究。另有耳房数间、东西厢房各9间。

现在的王子寺（邓旭姣供图）

据文献记载，寺内原有后唐天成元年（926）碑刻、金正隆六年（1161）石经幢，以及清乾隆四十年（1775）、四十一年（1776）和民国二十年（1931）时的多通碑刻。现仅存乾隆四十一年（1776）《重修王子寺碑记》1通。

另一说，下院即龙泉镇之法兴寺，原址在今北镇村西南，三会河谷的北岸，与岸下稍东的水马槽互为邻居。因无确证，且存疑俟考。

2008年10月，王子山院（王子寺）被河北省人民政府公布为第五批河北省重点文物保护单位。

三、慧炬寺

慧炬寺，位于燕南沟村西南、将军寨山东北麓的一处山坳台地上，县级文物保护单位。该寺前身名柏林院，初创于北齐天保年间

慧炬寺现状（刘进营拍摄）

（550～559年）。荡毁后于唐代中期（约750年左右）由智力禅师主持重建，唐代宗李豫赐名“慧炬寺”。现仅存遗址及古建所余砖瓦石块，一并碑碣残件等。遗址所存经幢残体及《唐恒岳故禅师影堂纪德之碑》和《慧炬寺常住山塔土田记》2碑，移至县城北岳庙内，现藏于其西碑廊。尤其前碑学术价值尤大，基于碑阴衔名，对

研究灵山一带的民俗文化弥足珍贵，特别对于定窑的断代史研究具有决定性意义。

另外，灵山一带的民间花会表演项目，多源于该寺佛事活动仪式，尤其是西乐会，几乎直接照搬其声乐表演。

21世纪以来，由附近善众倡导周济，在原大殿基础上复建了佛殿，然大不如前，非常简陋。不过，尚保有原水井1眼，并20世纪特征明显的铁辘轳1架，及铁皮水桶等物。

相传原来的柏林院因其所在地柏树成林，故名，如今尽无。现在有洋槐等树，均近期新植，也足以连荫，差池蔽日，不失为夏日避暑乘凉之佳境。

四、庆都沟和尧母洞

庆都沟和尧母洞是相互关联的一组潜质旅游景点，自然景观和人文底蕴互补并茂。庆都沟长约2千米，杏子沟村缘其沟口始立，初名“庆都沟”，相传上古帝王唐尧之母庆都曾经于此安度晚年，为纪念这位伟大的母亲，遂名以沟并及村名。可惜清朝中后期的时候，由于当地文化人很少，不明“庆都”之就里，仅因为村北的山沟里长了几株杏树，连带村名一起即便就改叫了“杏子沟”。

庆都沟上段为野北村地界。山沟将近北尽头处之西侧基部有一个山洞，洞口呈下弦半月形，其名“尧母洞”。尧母洞是个盲洞，洞内气候冬暖夏凉，洞前原有涧泉长流，非常适宜人类居住，相传此即尧母晚年具体的栖息地。初进洞口便敞开一个高而不大的“客厅”，高6米左右，迎面顶部有一具摩崖石雕女像，怀抱一个婴

尧母洞口(右上方)及其内部迎面的摩崖石刻尧母造像(张建成供图)

儿，慈眉善目，传为尧母尊容。尧母雕像南北两旁各有2个支洞，总体呈现4个手指叉开之格局。靠近尧母像北侧的一个支洞幽深不知尽头，大约进深五六米的样子，再有一个次级支洞居于南侧高处，洞口距离地面约3米，仅容人蹲行以入，再次唯匍匐续进，以至呈牛角状进深渐狭。相传尧母曾闭关于此。

尧母洞往南约百米，山间小路的东侧有一6米多高的大土岸，名“教子岸”，相传是尧帝西出平阳称帝与其母依依惜别的地方。临别前尧母送尧帝至此，谆谆教导以勤政爱民之策，所以得名。

五、马脑山

马脑山，亦名马头山，《旧志2》作“莲花山”，地处东、西庞家洼二村村北。当地人以其形势如同一具马头，故名。马脑山与马头山同义，因为曲阳方言习惯将“头”说成“脑袋”，实则“马脑山”即“马脑袋山”之简称。

马脑山为灵山盆地北缘香岩山系之主峰，虽然海拔只有614米，却因其险峻挺拔，动辄危崖千尺，并不逊“会当凌绝顶，一览众山小”之气派。东侧悬崖最险，摄魂炫目，不堪下视；西瞰千古名胜磨子山，不过一个小不点儿。尤其山中三眼山泉，前山居其二，一曰“姑姑泉”，位于上山道路不及半途的东侧谷底；一曰“姑姑源”，隔一道小山梁位于姑姑泉东侧另一条山谷的谷底。当地人说两处泉源乃两只水鸡从不间断地吐水所致，且说两厢还有暗

马脑山姑姑泉（邓旭姣供图）

道相通，所以从不干涸。

由于姑姑泉濒临上山的道路，得益于受关注程度很高，加之以经常外溢成溪流，因此，近期被辟为独立景点：摆设起雪浪巨石，榜以名称，施以朱漆；镌其故事梗概，铭上歌谣文字；并辅以大型群雕——《水鸡戏水图》，着实清凉小世界！其中水鸡大小不一，姿态各异，纷呈于淙淙流动的活水池中，争相抖擞着精神、散发着魅力，专注于收获八方来客的回头率。歌谣曰：

姑姑泉、姑姑源，
马脑山上两眼泉。
治百病，美容颜，
摸摸鸡头挣大钱，
摸摸鸡背活百年，
一生一世活神仙。

另外，山后仍有一泉，以其名称“白莲庵”，岂不令人顿时生发出来一种灵秀幽静的感觉。实则泉址并无任何人文建筑，反倒锅碗瓢盆常年摆设在那儿，据说是白莲仙姑的修行道场。

马脑山近期修筑了上山的水泥路，并配置栏杆以保证安全。目前，自驾小汽车可直接盘桓登高，到达接近顶峰的一处小广场。如此一来，极大地减缓了人们登顶远眺、驰目骋怀的体力消耗。同时，还在沿途修建了6座样式各异的凉亭，以备大家随时停憩下来浏览沿途风景。此一登山路“肘折之回”，千曲百转，或者哪位大牌网红毕竟数了数它的弯曲数目，恰与孙大圣的变数相合，敢情就将其冠在了“马脑山”名之前，果然“七十二拐马脑山”一经传开，便立马人气爆棚，走红网络，登上热搜，以至无论春夏秋冬马脑山上总也游人如织、络绎不绝。因有诗一首，以娱情怀，曰：

弯弯曲曲曲弯弯，一炮走红马脑山。
游客提心惊路险，车轮惬意代人艰。
抬头蛇走三千尺，折肘龙行七二旋。
接踵风云常忘返，着迷日月共流连。

停车小广场往上再及峰顶，就需要徒步登攀了。倒是现在的路途也都修筑了石台阶，共计486级。一旦登临极顶，那光景便由不

马脑山七十二拐登山路（鸟瞰）（苑林霜拍摄）

得你不彻展胸怀，放飞眼界；肉体油然若举，心境飘飘欲仙，只要你没有恐高症，就尽情地享受那般步入天堂的乐趣吧！

另外，山路偏上的半途中向东南旁出一岔道，通往小广场东侧另一险峰，名柏岭山，此山犹如一面迎风飘展的旗帜，若使及其顶端也需舍车上攀131级台阶。

小广场向下西北行，至一急转弯处，其南侧的绝壁根部即“白莲庵”仙境。

其北侧亦皆峭壁悬崖，远远望去，犹如许多神龛镶嵌其上，名称“万仙崖”，传说民间所有的神仙都在此享有行宫。万仙崖往东下行就是上述介绍过的千年古刹——王子寺了。

环王子寺东侧北行约1.5千米，便是又一处名胜古迹——锯解石。

六、磨子山及其亦步桥

毕竟情商与智商，人文造化两非常。
从来石磨遵盘古，不朽口碑奠窦王！
夹岸民居交日月，中流河水润村庄。
且悬铁索疏天堑，亦步金桥乐滥觞。

开篇一首诗，基本道出了磨子山村目前的村容村貌。却说如今磨子山村的村落格局，几可与魔都上海大有一比：彼有黄浦江穿境，分别浦东、浦西两大板块；此有三会河中分，成就了河东、河西两个部分。东岸屋舍紧凑圆融，如朝日东升；西岸顺河拉开阵势，似月牙初露，总成日月交辉之象。河东部分首先立村，紧靠磨子山之前。虽其山高不过200多米，却因三重规制的巉岩叠置在一起，酷肖一盘巨大的石磨，故名磨子山，以及村名。

石磨受体于盘古开天，自当与人事无涉，哪道却经不起神话附会，不由得就着了“将军犯地名”的道儿。所谓“窦（豆）”就“磨”而碎，致使人们心目中标杆式的帝王——隋朝末年的大夏王窦建德因此落败。

与磨子山相对应，三会河西岸的台地上有座“窦王坟”，为县级文物保护单位，传说是窦建德的墓葬所在。

磨子山北麓有一深涧，深逾千米，东西走向，进而愈高，达于上述马脑山的山腰里。沿途9道分岔，每有涧泉溢流，从而两侧山峰又合称“九泉山”。磨子山于其涧口南侧扼守，东北麓底部的一处泉源最盛，纵使天年酷旱从不干涸，乃早期立村之根本。但遇丰

磨子山（刘进营拍摄）

水时节，则九泉合流，从容下泻，然后漫布于沟口坦荡且平缓的青石地面，如此这般，“清泉石上流”的诗情便活化成为天然美画图。

2021年，磨子山村获评河北省“省级森林乡村”。2022年新架一座横跨三会河的铁索吊桥，长70米、宽2米，对接东、西岸。

西岸坦缓，东岸则峭壁如垒，孤傲不群。传说当年窦建德曾在东岸布兵拒敌，设岗于紧靠河边兀然独立的一个小山冈上，故其名曰“哨崖”。从哨崖东侧下去不过两三米，进而缘路向东北方向上行，亦“肘折之回”之石阶小径，共500余级，以至一座建有六角凉亭的小山包上。此处地势较为平坦，传为当年窦建德的前敌营寨，由此得名“前寨”。然后，继续沿着一个叫“鱼儿背”的小山梁北上，时而爬上跳下，加之路径狭窄，只可用“险象环生”来比喻。尤其西侧每呈悬崖倒挂之势，稍一卖眼即便头晕目眩脚脖子发软，势必可得小心点儿。前寨往东跨越另一道叫作“泡儿梁”的小

磨子山亦步桥（张建成供图）

山梁及其再东的沟谷，继续往上就是马脑山了。

“亦步桥”取“亦步亦趋”之义，所“步”者，“美丽乡村建设”之成功样板也！是其借桥以明志，表明要老老实实地学，当好“小学生”；脚踏实地地干，以图早登彼岸，以至美丽乡村建设的宏伟愿景早日变为村民们的现实生活。

七、南镇村临渊观水

南镇村“临渊观水”乃是灵山镇又一崭新景点，又名“忘情崖”，位于南镇南岸之村北，一面石壁长约300米，上面石崖倒挂，下临百尺深渊，中间石隙间或荆丛棘刺探头探脑，且时不时地就有一二鸟雀从中惊飞，突然“扑棱棱”吓人一跳，令人倒吸一口冷气，出一身冷汗，保不定还得起浑身的鸡皮疙瘩。不过，只要过了这道槛儿以后，就可以尽情地享受此一番“视觉大餐”了，活脱脱演绎了一场先兵后礼的待客之道！

想必三会河与通天河一个投怀、一个送抱，早就约好了在这里相会。坦荡的河谷像是特地给它们安排好的婚房，西大洋水库用浅水给它们铺上了“红地毯”，没承想原本扎根在河滩地里的杨柳树却先行纷纷跳了进来……霎时间，这些原本陆生的朴素村姑，就都变成了水长的俏丽美娇娘了，任凭她们风头出尽，喧宾夺主，强占了主场。

北面不远处的香岩山群峰，自古以来也只会隔岸观火，如今却也都耐不住寂寞了，一股脑跑过来把身形儿投入其中……“想干吗？”天籁无声断喝，它们才不得不安下心神，任凭着大自然随心所欲地把它们调和成诗画素材，进而描绘成一幅画卷在人们面前徐徐延展开来——

密密麻麻，浑似当年三国赤壁鏖战前的场景，枪林阵列，整装待发；屏声敛息，杀机四伏。

南镇村临渊观水（邓旭姣供图）

星星点点，犹如夜晚旷野里的几许篝火，在暗示诡谲；亦似万里晴空中三五云朵，放松了神经。

断断续续，瞬间把人们带回了少年时代，俯拾几许些小片石，顺着水面抛出去，一连串的水花便逐渐荡漾开来。

更有一些单株独立的顾影自怜，八九不离十的抱团取暖，即便是零零落落的，想必也都不乏各自的诗和远方……林林总总，好不惬意！

转念又有一种感觉油然而生，莫不会这许多的杨柳树竟都是铆钉，恐怕这美画图被风吹走，所以才用了这许多把它铆定在这里，以为久长之计。

着眼处，道不尽万千气象，都是秀色；驻足间，陶醉了近水远山，无不可餐。水波澹澹，暗送恋人眉眼；杨柳依依，总是那不舍之情。有诗为证：

此景无须放眼量，凭栏俯拾即风光。
远山投抱争娇宠，绝壁销魂秀恐慌。
严布枪林骄赤壁，斩平水波庆周郎。
焕然几簇奇杨柳，铆定丹青水一汪。

附：地方小吃

人生在世，首先是吃。从前人们条件差，凡是能入口的什么都吃；现在生活条件好了，吃的随之也就讲究起来。尤其人们出游四方，除了饱享美景以外，顺便尝尝各地的特色美味，也自是一项惬意内容。灵山镇驰名的风味小吃有“缸炉烧饼”和“朱家峪驴肉”。

1.灵山缸炉烧饼

灵山缸炉烧饼，闻名全国，外形长方近似正方形，边角略翘，夹层中空，色泽微黄，正面满布芝麻粒。一般由精麦粉（也有用小米粉的）、芝麻仁、纯净水为原料，辅以香油、食盐等佐料制成。因其初始于窑厂，用当地烧造的粗瓷大缸做炉体烤制而成，故名“缸炉烧饼”。相传，北宋年间宋辽交兵的时候，杨八姐负责押运粮草，在为前方将士筹备军粮时特制此物，颇受欢迎，一度被将士们誉为“八姐饼”。

灵山缸炉烧饼（刘进营拍摄）

灵山缸炉烧饼的特点是“酥、香、薄、脆”，且“久置不缓、风干不硬”，除了直接食用外，也经常以“韭菜炒烧饼”的方式助餐、佐酒，其香味缠绵、不绝如缕。时下，一般来曲阳做客的朋友，几乎尝过鲜后都会捎带几箱回去馈赠亲友，既经济实惠，又不失体面。

2.朱家峪驴肉

朱家峪驴肉（刘进营拍摄）

俗话说，天上龙肉，地上驴肉。朱家峪驴肉以祖传秘方配置佐料，兼具且腌且炖、急火慢烧等一系列关键程序制作。成品特点是肉质红润鲜嫩，肉丝虽细却历历在目；肉筋软糯有嚼劲儿，色泽金黄透若明胶。吃着顺嘴流油，过后唇齿留香。吃法因人而异，可以蘸蒜汁、裹火烧、炖烧饼等。

第三节　县级文保单位

曲阳县开发较早，至少在战国时期即为一方名邑，秦代置县，尤其辖下灵山镇更因自古产煤、烧造定瓷而声名远播，人文建树丰富多彩，卓尔不群，于此且就入选曲阳县重点文物保护单位者分别介绍如下。

一、西燕川戏楼

西燕川戏楼位于现西燕川村党群服务中心院内，始建于清代。根据当地产煤区的民间风俗，推测这座戏楼须是专为致祭太上老君建筑的，民国时期因年久失修，对面的老君庙遇暴雨塌毁，现仅存戏楼。2010年5月21日，曲阳县人民政府公布其为县级重点文物保护单位。

该戏楼坐西朝东，面阔三间9.5米，进深两间8.1米，卷棚硬山顶，出墀头铃铛排山，搏缝板上有铁质箍钉；内部有中柱，前台和后室均有改建、修缮过的痕迹。戏楼整体颇具地方特色。

二、灵山村三官庙

灵山村三官庙位于灵山村向东路与中兴路交叉路口的西北侧，始建年代不详，现存为清代重修法式，保存部分原建构

灵山村三官庙（张建成供图）

件。2010年5月21日，曲阳县人民政府公布其为县级重点文物保护单位。

该庙坐北朝南，面阔三间9.66米，进深两间7.2米，硬山墙，前出廊，青瓦布顶，正脊砖雕龙凤图纹，已残损。前檐带状滴水，形制古朴，须为原始构件。两侧铃铛排山，山花精雕灵芝、萱草等图纹，美观大方。后部设冰盘沿。前壁彩绘图画，其中一部分呈现明代风格。

三、朱家峪老君庙

朱家峪老君庙位于现朱家峪村内广场的西北角，坐北朝南，创建于清代嘉庆二年（1797），始建时的汉白玉石碑尚在。2010年5

月21日，曲阳县人民政府公布其为县级重点文物保护单位。

该建筑物别具风貌，两进格局，平面呈前方后圆样式。一说，后部建筑时间早于前部。其前部分如平常神庙，面阔三间8.9米，进深一间4.6米，五檩卷棚硬山顶。前面经过装修已非原貌（现已复修），两侧铃铛排山，后檐为冰盘沿，出墀头。整体格局规整，用材也比较考究，局部砖雕精细美观。

其后部分为一攒尖顶硬山建筑，内部浑圆穹隆顶，全体均无木质构件，顶部皆层层抽减由青砖围砌而成，俗称“无梁殿”。该建筑外部面阔4.17米，室内底部直径3.65米。东西各设一窗，面南开券门，与前部建筑物的明间相通，局部有砖雕、石雕构件，图纹亦精。

该建筑前后互为表里，珠联璧合，此种法式于今县境内唯此一例。

四、南家庄过街门楼及水神庙

南家庄过街门楼及水神庙地处南家庄村中部，始建于清道光年间。2010年5月21日，曲阳县人民政府公布其为县级重点文物保护单位。

所谓过街门楼，实际就是一座阁楼，即俗称“阁（gǎo）尔”者。下层石券洞为东西通道，上层阁楼彩绘水神画像，故称“水神庙”。由于前些年“空心村”改造，路面抬高，下层大半被填埋现出露部分高1.75米，其中石券高1米，间隔2.4米。上层门楼（楼阁）青砖垒砌，面阔一间、进深一间，前后出廊，五檩起脊硬山布瓦顶；下层券洞通道全部石砌，面阔5.63米，进深6.46米。上层楼阁顶部为现代新修，保存了原建风格。

五、吕氏民居

吕氏民居，即郭家庄村吕俊杰老宅，始建于清末或民国初期。现存者为一座小四合院，包括门楼、北房、南房、东西配房等原始建筑。2010年5月21日，曲阳县人民政府公布其为县级重点文物保护单位。

郭家庄村吕氏民居内院及其门楼（右下角）
（刘进营拍摄）

该民居坐南朝北，石木砖坯浑然一体。北房正中为过道，东西耳房各两间；大门上方临街外饰门楼，大门后缩预留门洞，门槛两端下设带抱鼓的汉白玉石门墩，抱鼓上凸雕驰鹿，形态劲健。过道内屏门两侧又有精美的砖雕芝兰仙草等，皆栩栩如生。南房5间为正房，其中央3间堂屋敞通；窗户木雕祥云样式，线条流畅生动。东、西配房各5间。大门、屏门、堂房门均在同一条中轴线上，其他建筑亦皆左右对称。且托以诗证：

出乎挤挤与挨挨，躲过沧桑自古来。
户对通衢房对屋，砖铺田地石铺台。
数竿翠竹滋清韵，一树香椿复老莱。
暮浴月儿朝浴日，栉风沐雨守情怀。

六、朱家峪杨素盼民居

该民居位于朱家峪村南部，原为本村地主杨徙义的老宅，始建于民国初期。1937年，杨徙义主动捐献老宅给晋察冀边区政府作为村公所使用，新中国成立后至1978年为村办小学校址，后由现宅主杨素盼购得。2010年5月21日，曲阳县人民政府公布其为县级重点文物保护单位。

朱家峪杨素盼民居大门（左下角）及后院（刘进营拍摄）

民居坐北朝南，两进院落，前院北房6间，面阔16.76米，进深一间6.21米。屋顶为前坡瓦面，其后平顶，俗称“海清房”。明间及两左右次间前出廊，廊道居中偏西1间，其余东挎屋2间，西挎屋1间。另有西房3间。所有房屋全部装饰板门槛墙，并配步步锦花式格栅窗，十分讲究。

后院正房坐北朝南，面阔五间14.38米，进深一间5.87米，明、次间前出廊，两端皆为挎包屋。另有西方3间，总体格局略同前院。

院落虽经局部翻修，但基本保持了原来的形制和特色。

另外，室内摆设非常考究，许多古色古香的老家具皆完好。亦有诗证：

风摧日月雨摧年，胜出陈廊二十间。
款款檐楹浑素朴，般般家具老稀罕。
花雕蝙蝠翩萱草，纹饰锦鳞映牡丹。
茂楮一株荫满院，琳琅滴露好清闲。

七、灵山古墓

灵山古墓，俗称“王子坟”，位于灵山村西北600米处，地理坐标114° 37′ 27.5″ E，38° 47′ 32.5″ N，海拔187米。经专家勘定须为汉代古墓。2003年5月19日，曲阳县人民政府公布其为县级重点文物保护单位。

古墓南北长38米，东西宽30米，封土高10米，断面夯土层

5～20厘米。原墓顶部塌陷，现已填平，保存基本完整。

八、磨子山古墓

该古墓位于磨子山村西北300米处，地理坐标114° 38′ 16.2″ E，38° 40′ 11.8″ N，海拔187米。据相关考证认定为隋代古墓。2003年5月19日，曲阳县人民政府公布其为县级重点文物保护单位。

古墓以东隔三会河与磨子山对冲。民间传说，此即当年因“将军犯地名”被磨子山“磨”杀的窦（豆）建德之墓。

磨子山古墓（张建成供图）

该墓封土形制不规则，南北长13米，东西宽14米，高6米。原墓顶塌陷，出露一洞，已填平。文物部门曾经做过勘探，于封土顶部下打3孔，穿过坚实的夯土层，分别于4～6米深处触及石块。当地人称，封土周围曾发现铁犁、方砖和箭头等，其中一块方砖刻有文字“银百两”。

九、南镇古墓群

南镇古墓群位于南镇村西2千米处，地理坐标114° 41′ 08.5″ E，38° 47′ 15.4″ N，海拔145米，为宋代古墓群。2003年5月19日，曲阳县人民政府公布其为县级重点文物保护单位。

该墓群于1974年由村民打井不意发现。其墓顶距地表4米，出土部分器物。1976年文物部门对其进行全面调查，结果显示：古墓直径2.5米左右，墓室有假门并装饰砖雕构件等；墓砖长35厘米、宽17厘米、厚6厘米，砖面有粗绳纹。并出土白釉直口瓷碗、荷花盘、注壶、白釉罐、白瓷壶等6件瓷器。随后又另外发现并打开了3座古墓，其中一座墓室内部有壁画。现保护范围内共有10余座古墓。

十、野北惨案遗址

1941年8月6日凌晨，盘踞在灵山据点的150多名日伪军突然包围了野北村，把来不及转移的干部、群众逼迫到 西野北村（当时野北村一分为三）的3个院子里。四周布满岗哨，大门口架起机枪，然后开始点火烧房，用机枪扫射人群。顿时，喊声、骂声乱作一团，尸体纵横，血流成河。随着“打倒日本帝国主义”和“跟日本鬼子拼了”的呼喊声，人们像潮水般扑向敌人。

挤在屋子里的李春保等搭上人梯，用头顶穿屋顶，爬上去将房顶上的鬼子摔倒，带领6名群众串房逃脱。村党支部书记李占子抄起一把铁锨，劈开正着着火的窗棂，冲出房屋同敌人搏斗，中弹牺牲。李老非被子弹击破肚皮，鲜血直流，死后手里还紧握着两块本欲砸向敌人的石头。16岁的李六尔搬起一块大石头，砸向一名日军，然后，惨死在敌人的刺刀下。搏斗中，鬼子踢倒刘宅子的妻子，将她怀中的孩子夺过去，随手摔死在地。接着又如法炮制，接连摔死了9个婴儿，并且用刺刀挑开4名孕妇的肚子，致使将要出生的婴儿一并惨死。

当时，邻居院子里的牲口棚里藏着30多名乡亲，其中党支部副书记庞福祥之妻怀里抱着一个尚在哺乳期的婴儿，以防其大声啼哭招来鬼子，便用奶头死死地堵住他的嘴，以婴儿窒息身亡的代价换得了乡亲们的生命安全。

此一惨案，共有干部、群众164人惨遭杀害，其中9岁以下的婴幼儿10名，杀绝8户，烧毁房屋107间，掠走大牲畜9头。

“野北惨案旧址”现存西房3间，已破败。2003年5月19日，曲阳县人民政府公布其为县级重点文物保护单位。

第四节　其他知名古代遗迹选录

一、南家庄观音庙

南家庄观音庙位于南家庄村西侧，面阔三间7.44米，进深一间5.62米，五檩起脊硬山建筑，铃铛排山，前出廊，台基高0.80米。现前部加装廊步，顶部现代翻修，内部梁架仍旧清代法式。

二、郭家庄戏楼

该戏楼位于郭家庄村一个十字路口的西南角，坐南朝北，面阔三间，进深两间，悬山海清布瓦顶，前部铃铛排山脊，后部施檐柱。中间横向砌墙，将整体分隔成前台和后室。现已残破不堪，唯前台两根汉白玉六棱石柱勉强撑持着旧时风韵，上刻类似楹联的两句格言，右为“格外文章圈外注”，左为“有同德焉斯为美”，落款为“光绪甲辰桐月中浣穀旦”。由此知该戏楼建筑于清末光绪二十八年（1902）农历三月中旬。

三、辉岭村观音菩萨庙

该庙位于辉岭村中部，坐南朝北，面阔三间6米，进深一间5.22米，硬山海清屋顶，前出廊，梁架较简单，顶部现代新修。现存3通古石碑，证明该庙始建于清雍正年间，道光、同治年间两度重修。

四、朱家峪遗址

该遗址位于朱家峪村西500米处，地理坐标114°37′35.2″E，38°46′26.9″N，海拔172米，面积约20,000平方米，采集遗物有板瓦、罐、盆等残陶片，还有唐、宋、金、元等时代的瓷片，有黑、白两种釉色。推测为唐代遗址。

五、小赤涧遗址

该遗址位于小赤涧村西20米处，地理坐标114°36′36″E，38°45′48.3″N，海拔193米，面积约15000平方米，现已辟为耕地。文化层不明显，地表散落泥质灰陶板瓦及素面陶罐、陶盆等残片。推测为唐代遗址。

六、灵山村遗址

该遗址位于灵山村南一处近似方形的台地上，地理坐标

114° 37′ 53.6″ E，38° 47′ 12.4″ N，海拔165米。台地西侧断面中上部发现文化层，主要有大量筒瓦、板瓦残片，及少量陶器、瓷器残片，并有少量冶炼矿物质的模范残件。台地西北部发现3座残窑，窑壁青砖砌筑，附近发现大量筒状和板状瓦。须为古代烧制瓦件的窑场。台地北缘发现大量残碎的砖瓦片及琉璃瓦片。并发现两个碑座，一为方形，一为残头赑屃（bìxì），应该是附近庙中遗物。据以上残存物件推测，其庙当初建于明清时代，毁于抗战时期。又，根据在其文化层采集的白釉瓷碗、卷沿盆等残片推测，窑址应创始于宋金时代。

七、朱家峪古花庵遗址

该遗址位于朱家峪村东南部，地理坐标114° 38′ 24.9″ E，38° 46′ 30.5″ N，海拔170米。遗址坐落在紧邻断崖的一个土岗上，原庙坐东朝西，面阔三间15米，进深一间10米，已毁。20世纪80年代于原址重修，新庙规模较小，坐北朝南。

朱家峪古花庵里的柏树(张建成供图)

庙前两通石碑，其中一通碑首衔名《重修古花庵记》，青石质，通高1.65米，宽0.7米，厚0.18米，碑首切角方形，额题“万世名垂”，碑首两侧浮雕云龙戏珠图案。碑文文字15行、540余字，记述修庙事件，年款为“大清道光十三年（1833）”，字迹清晰，行文流畅。碑阳两侧阴刻竹、菊图纹。碑座长方体，长0.93米，宽0.47米，高0.41米。

另一通石碑移至原庙址北侧一座新庙前，题名《古花庵记》，大致讲述了初建古花庵的缘起与经过，碑文漫漶，不易通读，年款为“大明万历九年（1581）”。碑体石灰石质，通高1.9米，宽0.8米，厚0.2米，碑首圆角方形，阴刻双龙戏珠图案；碑座长方体，长0.9米，宽0.53米，高0.20米。由此《古花庵记》碑知古花庵始建于明嘉靖年间（1522～1566年），万历九年不过重修而已。清乾隆年间再修。庙前另有一石香炉残部。

八、灵山村墓群

该墓群位于灵山村村南100米处，地理坐标114°37′53.6″E，38°47′12.4″N，海拔165米。墓群分为两个区域，一个位于高岗顶部，一个位于高岗东北部的半坡里。

其高岗北部发现1座砖砌墓室，有竖井盗洞直达墓室上方，以致顶部暴露。墓室青砖穹隆顶，下部有一层花沿砖，以上逐层叠涩卧砌丁砖；砖皆素面，长约32厘米，宽16厘米，厚5厘米。地表发现宋金时期的瓷片，并一块绳纹砖残部。高岗东北部下方墓群亦发现墓葬盗洞，地表有散落的青砖残片。根据上述情况推测，须为宋金时期的古墓群。

表6-1　保定市政府挂牌的古树名木表

所在村庄	树种	树龄	编号	科属	保护等级	备注
崔古庄村	槐树	350年	13063400099	豆科槐属	二级	/
朱家峪村	国槐	400年	13063400227	豆科槐属	二级	/
野北村	国槐	500年	13063400230	豆科槐属	一级	/
洼子村	国槐	500年	13063400224	豆科槐属	一级	/
大赤涧村柏树越	侧柏	/	有名牌，无编号	柏科侧柏属	一级	共31株
南家庄村	槐树	/	13063400225 13063400226 “槐二姐”编号不详	豆科槐属	三级	“神槐三姐妹”。抗战时期“槐大姐”曾罹难日寇战火，后死而复生。
保护单位：曲阳县人民政府　　监督单位：保定市自然资源和规划局 挂牌单位：保定市人民政府　　挂牌时间：2019年9月						

野北村（左）、洼子村（右上）和崔古庄村（右下）的大槐树（张建成供图）

朱家峪村大槐树（上）和南家庄村神槐三姐妹（张建成供图）

表6-2　河北省城镇古树名木表

所在村庄	树种	树龄	编号	科属	保护等级
野北村	柏树	150 年	13063403343 ～ 13063403362	侧柏	三级
监护单位或个人：野北村委会、曲阳县文物保管所					
监督单位：曲阳县文化广电和旅游局					
说明：共21株，分布于该村行善寺院内。其中一株13063403357无标志牌，另有两株标志牌均为13063403358。					
河北省住房和城乡建设厅　　保定市人民政府监制					

行善寺柏树群（大部）（刘进营拍摄，张建成合成）

第七章　灵山人物

走进灵山，史海茫茫，世事纷沓，着实令人困惑，毕竟从何着落？倒逼我一方面学会了只身独坐，喜欢上了享受寂寞，埋头于善本史书，寄情其字里行间；一方面不得不搜罗于旧宅古道，遍访于乡贤遗老，收拾起他们的只言片语……忽然间却来了精神，有了头绪，似乎感觉到了先辈贤达们浩然的呼吸，甚至与其深邃的目光开始了对视，历史的天空豁然开朗了，一个个鲜活的面容似乎又都“飞扬”在我的面前了。其中有百业才俊，有党、政、军各界的精英，也有许许多多为广大人民谋福祉、为新中国的建设事业抛头颅洒热血的革命烈士。

第一节　百业才俊

一、杨世珍

杨世珍（1907年11月～1991年2月），朱家峪村人，生前与野北村刘喜仓、横河口村苑老喆和郭家庄村王老更并称“山北里”（灵山一带）的“四大名医”，擅治不孕不育症。

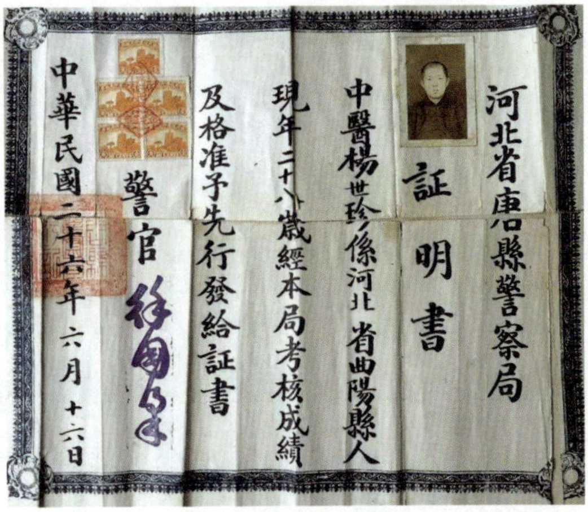
河北省唐县警察局
証明書
中醫楊世珍係河北省曲陽縣人
現年二十八歲經本局考核成績
及格准予先行發給証書
警官
中華民國二十六年六月十六日

杨世珍考取的行医资格证
（张建成供图）

杨世珍家学渊源，祖父杨向东为清末秀才，因明理善断，在灵山一带民间名望颇著，有“杨二知县”之称。可惜本人命运多舛，7岁丧母，14岁丧父，幸亏有四个姐姐共同扶持接济，方才长大成人。或者正因为如此，更加坚定了他力求上进的志向。

他天资聪颖、博闻强记，16岁时在祖父的帮助下开始学医，苦志10年，勤勉有加，一则通过啃书本谙熟药性病灶方面的理论，一方面通过临床实操积累实践经验，不仅赢得了当地群众的高度认可，以至登门求医者络绎不绝，而且创下了倒背如流《黄帝内经》《脉经》《本草备要》和《傅青主女科》等经典医药学著作的奇迹。

民国十六年（1927），通过保定府的相关考试，获取初级行医资格证书。

民国二十六年（1937）6月，河北省在唐县警察局院内设点考试中医晋级资格，他以全省第二名的成绩通过考试，获得证书。

1979年，杨世珍已是72岁高龄的古稀老人，虽为伏枥之身却仍不损其志，但闻“文革”以后百废待兴、医界乏人，因此，省卫生部门派人下乡摸底，搜集民间中老年医术精湛者的消息，便毅然决然地奔赴省会石家庄应试。考试由北京中医研究院的专家主持，他顺利地通过考试，以高分拿到了高级中医执业证书。

当考官们听闻他能倒背许多古典医书后，便临时起意把他单独叫到一个房间里，随即从书架上拿出来一本新版的《黄帝内经》，任意翻开一页，选择其中一段的开头读道：“食气入胃，散精于肝，淫气于筋”，然后便停下来，让他接着背诵下文。面对这突如其来的招数，他从容地说：“许多年不背了，请容我几分钟时间想想。”大致过了三五分钟，遂接道：“食气入胃，浊气归心，淫精于脉；脉气流经，经气归于肺；肺朝百脉，输精于皮毛；毛脉合精……”如此他一连背诵了11页，才被叫停，专家们无不惊其异能，啧啧称奇。几位考官想必都是北京中医研究院的领导，有一定的决策权，当时，互相递个眼色，即凑在一起稍作合计，回头便问他愿不愿意去北京中医研究院工作。他的回答自然是肯定的，巴不得呢！

可惜由于家庭成分（上中农）问题和年事已高，且受派性影响，以致在回籍开具人事关系时途径不畅，惹得他白欢喜了一场。然后，仍继续恪守在村中为乡亲们把脉瞧病，以至终老，享年85岁（虚岁）。

杨世珍生性平和、乐善好施，一生看病从不计报酬，并不论当乡本土、远近亲疏，一概随叫随到，加之医术精湛，举凡三头五十里范围内的人们提起他来，无不交口称赞。自然，乡亲们一般也都不好意思让其徒然劳顿，每常答谢一些稻米、挂面和饼干等吃的东西，碍于盛情难却，不拘多少也便照单收下。以其说法是，之所以要收下，为的是不致大家感觉亏欠于他，从而再不便开口求诊，反倒会贻误治病救人的机会。

二、杨秋兰

杨秋兰，约生于1906年，朱家峪村人，革命烈士。生前与本县段砂侯村段老通并为当地的著名画匠。他不识字，所以经常找杨世

行善寺民国时期的石碑
（红框中左下角涂红底者
即画工“杨秋兰”的名字）
（刘进营拍摄）

珍在其画幅上题字。当年附近灵山、野北、燕川以及大、小赤涧等许多村庄，年节期间挂在大街上的彩绸吊子上的戏装古代人物画，一多半都出自他的手笔，无不都是彩绘。其中，也时常与段老通联手合作。

从前，基本所有村庄都有寺庙，甚至一些较大的村子竟多达10多座。处于“山北里”一带，甚至唐县东北部和阜平县西部的一众乡村，免不了都经常有新建或翻修寺庙的情况，其中神像、画幅等彩绘事宜一般也都聘请到他。其他如石碑上的图纹装饰、富户庭院的影壁等一些装饰，以及大幡幡面、擎阁服饰等花会表演道具上的彩绘也基本都由他承担。比如，现存于野北村行善寺的《创修西庙门并栽柏树碑志》所落款的“画工杨秋兰”，即其人。其碑保存完好。

杨秋兰除了是“山北里”的著名画匠，还是一名革命烈士。抗日战争时期，受地下党组织委派，一度担任日伪军炮楼上的报道员。因为一次敌人计划好了的围剿抗日游击队的行动落了空，怀疑是他透露了消息，惨遭杀害。

三、陈文增

陈文增（刘进营供图）

陈文增（1954年9月～2016年6月），北镇村人，中共党员，河北省第六届党代表，河北省第十届人大代表。国家级非物质文化遗产（定瓷烧制项目）代表性传承人、中国工艺美术大师、中国陶瓷艺术大师、中国宋代五大名窑真品暨仿品专家委员会委员、全国劳动模范、享受国务院政府特殊津贴专家。曾担任中国诗词学会和中国楹联学会理事，且是中国书法家协会会员，以及中国陶瓷工业协会定窑研究院院长、河北太行书画研究院副院长、河北省曲阳定瓷有限公司艺术总监。也曾受聘担任河北师范大学、武汉理工大学、燕山大学、河北传媒学校等多所大专院校的兼职教授或客座教授。

陈文增出身贫寒，勤奋好学，一生在陶瓷、诗词、书法等多方面成就昭然。同时，他还是一位乐于策划、善于组织的活动家，能把认准的事情做到极致。如其就“游目骋怀·陈文增自作诗词书法展”一项内容，就曾先后四次举办活动——2011年2月，中国书法家协会、河北省文化厅、河北省文联在北京国际会议中心为此举行新闻发布会，此其一；同年3月，该展在中国美术馆正式开展并举行盛大仪式，此其二；及至11月，“游目骋怀·陈文增自作诗词书法展作品集首发式暨研讨会”在保定秀兰饭店召开，此其三；再则其四是，2012年2月，“游目骋怀·陈文增自作诗词书法巡回展”在省会石家庄河北宾馆举办。

他8岁开始练习书法，24岁崭露头角，以其特长入职保定地区工艺美术定瓷厂，从临时工做起，继而合同工、正式工，从而在定瓷艺术界站稳脚跟，后更使现代定瓷在曲阳这块土地上得以浴火重生。并且创举了“瓷、诗、书三联艺术·大世界吉尼斯之最”。

在制瓷工艺上，陈文增的拿手戏是刻花，一件坯胎抱在手上，手起刀落，三下五除二，不到三两分钟，大的轮廓、小的细节一并和盘托出。刻划刚中带柔，图饰活灵生动。其作品深受收藏界青睐，仅得国家级收藏单位收藏的作品就多达数十件，略计有：

《“四海呈祥”云龙雕花瓶》入藏北京人民大会堂，《刻花莲纹盘口瓶》入藏中南海紫光阁，《“六合同春”瓶》入藏国家博物馆，《有节刻花瓶》入藏国家知识产权局，《梅花口刻花瓶》入藏国家文物局，《清风峻节刻花瓶》入藏中国美术馆，《刻花小口瓶》入藏中国工艺美术馆，《刻字大腹瓶》入藏中国工艺美术馆，《白釉刻花盘口瓶》入藏历史博物馆。再有《孩儿枕（仿宋）》《梅花口刻花瓶》《“天下归心”印花碗》等入藏故宫博物院；《莲纹刻花盘口瓶》被美国前总统乔治·布什收藏。

其作品在全国各种比赛活动中所获奖项更是不胜枚举，另其本人亦曾获“2009中国收藏界十大人物”和“2012年度最受收藏界欢迎艺术家”等荣誉称号。

陈文增一生著有《陈文增诗词》《定窑研究》《陈文增定瓷作品精选》《定窑陶瓷文化及其造型装饰艺术研究》《陈文增丛稿》及《陈文增艺术馆藏品图录》（定窑卷、书法卷）等书；并受聘主编《中国定窑》（河北美术出版社）、《河北省工艺美术书画联谊会精品集》等大型图书。其中《定窑研究》《定窑陶瓷文化及其造型装饰艺术研究》《中国定窑》等书相继荣获省级乃至国家级大奖。

第二节　党政精英

一、庞子英

庞子英，乳名庞喜子，生卒年月不详，大致生于1910年左右，庞家洼村人，为今灵山镇辖区最早的中国共产党党员之一。1928年9月，就读于保定第二师范学校（红二师）时，经同学贾良图介绍加入中国共产党。

然后，相继在本校和河北大学附属中学内发展曲阳籍青年学生张靖、张鸿儒、田里夫、王银科（又名方涛、王德润）、高宗昆等人加入中国共产党。继而又利用假期回乡的机会，在县城发展业余就读于燕南民众学校的县度量衡检定所职员河西铺上村辛振尧、山北郎家庄村张增祥入党；并且在本村发展庞子杰和庞二喜，以及相邻岗北村的庞绥荣等人入党。他的积极工作为灵山镇一带乃至曲阳县西北部地区的早期党建工作播下了火种，为此后灵山区及其以北的本县山区地带的党建工作奠定了坚实的基础，从而使灵山成为曲阳县抗日战争时期“打不垮的战斗堡垒”。

相传著名作家梁斌所著的长篇小说《红旗谱》中的庞子英，即以其为原型。

二、和士珍

和士珍（1906～1980），本县下河镇下河村人，1937年加入中国共产党，先期任曲阳县农会主任兼锄奸队队长；1942年抗日战争进入深水区，转任曲阳县抗日民主政府灵山区区长；1946年，察哈尔省在野北村创办“灵山小西坡煤矿”，首任矿长；1949年7月，任察哈尔省油脂化工厂厂长；1952年，任河北省重工业厅副厅长；1961年初，转任中华人民共和国农业机械部（八机部）驻华北局办事处（正厅级，驻天津市）主任。1968年底，下放河南省新乡地区中央“五七干校”学习；1969年退休回乡，一度任贫下中农代表，参与下河中学的管理工作。1980年病重后，作为老革命干部，原本有省市级别的高端医疗单位供其选择就诊，然其坚持仅住条件简陋的原灵山煤矿医院接受治疗，以示其不忘初心，永葆对当年抛头颅、洒热血艰苦奋斗过的地方的眷恋情怀，直至生命的最后一刻。

1938年，鉴于日军侵华战争蔓延，曲阳县城沦陷，和士珍遂受命带领锄奸队在县城东北部的嘉山一带与敌人周旋，经常伺机骚扰敌人，铲除汉奸，从而对敌占区所谓的“大东亚共荣”局面造成了极大威胁，以致日伪政权对他怀恨在心，一度在县城张贴告示，悬赏500大洋换其人头。面对这种情况，他仍然出生入死，曾两次险些落入日本鬼子的魔掌。

一次，县委领导正在嘉山北麓康家庄村的一个堡垒户家中召开秘密会议，为锄奸队布置行动任务，忽然得到报告，说日伪军入村来偷袭了。

和士珍让同志们先走，有的夺门而出，有的跳过墙头逃脱，唯他自己必须将文件烧毁后才好脱身。文件销毁了，敌人已经逼近了大门口，他见旁边放着一辆老式铁轮大车（俗称“大花轱辘车”），“哧溜”一下钻到大车下面，仰面朝上，用手指抠住木制车厢下面的横档，悬吊上身，双腿穿过大车轴，撑起下半身，将身体紧贴在车厢底部。他咬紧牙关硬挺着不使手指松脱，直至敌人一无所获灰溜地走了以后，他绷紧的神经稍一松弛，整个身体便重重地摔在地上！

又一次，不知敌人怎么得知他因闹肚子跟组织请了假回家换衣服的消息，遂派人前去包围下河村。幸亏他一路上肚子难受，时而需要躲在路旁即时方便一下，因此耽搁了好些时间，且他架山走的小路，鬼子走的却是大道，结果当他将进村的时候，发现了村里情况不对，立马绕道下河村东的一条大沟里。即便如此他也没有仅顾自己脱险而忘了乡亲们，是故便从怀中掏出手枪，朝着村子的方向放了两枪，把敌人引开后才放心去了附近的铺上村，随便在一个亲戚家找了件衣服换上，就归队了。

1942年，县委实行“精兵简政”，和士珍调任灵山区区长。当时区政府名义上驻灵山村，实际因灵山村为日军核心据点，为避其锋芒区政府实驻南家庄村，西距灵山村1.5千米。这样一来灵山一带实际即是与敌人短兵相接的地方，可想他这个区长当得是何等不容易，每时每刻都需要绷紧着神经，枕戈以待旦。

1945年抗战胜利后，遂转入组织当地农民开展重建家园的工作，并领导实施了初期的土地改革运动。

1946年，晋察冀边区政府和察哈尔省在野北村境开办国营小西坡煤矿，和士珍首任矿长，直接领导和参与了煤矿的草创工作。当时曲阳县尚属察哈尔省管辖。

1948年4至5月间，党中央迁驻阜平县城南庄，和士珍与其他几名曲阳县北部山区的基层领导干部受邀前去，受到了聂荣臻元帅等边区（军区）领导的亲切接见，以示对他们长期为党工作的嘉奖。

1949年7月，小西坡煤矿因瓦斯爆炸事故下马，和士珍赴张家口市任察哈尔省油脂化工厂厂长。

1952年，察哈尔省撤销，曲阳县划归河北省，赴保定（河北省省会）担任省重工业厅副厅长。

1958年4月，随省会迁驻天津市工作。

1961年，国民经济计划调整初期，转任国家农业机械部（八机部）驻华北局办事处（正厅级，驻天津市）主任。

1966年，办事处工作瘫痪。

1968年底，去河南省新乡地区中央“五七干校”学习。

1969年退休回乡。赶上学校“复课闹革命”，遂任贫下中农代表进驻下河中学参与学校管理。

1977年，贫下中农管理学校使命即达，遂赋闲在家，直至逝世，享年74岁。

另外，和士珍退休回村后，从未忘记初心，经常背着一个粪筐出现在街头巷尾和田间小路上，完全一副老农民的形象。

再有，在农业学大寨高潮时期，他利用原在张家口市工作过的关系，为本公社及大队争取到了一些替换下来的农业机械，有力地帮助了农田基本建设的快速进展。其中包括两台大型拖拉机及配套的犁地机械、1台蒸汽机（俗称“锅特机”）及若干电动机等。尤其那台20英寸的黑白电视机可是赢了人了，那是该村第一台电视机。在长达两年多的时间里，每到晚饭后，都会有二三百人拿着小板凳集中到大队部的大院里，凑集成密匝匝一片，目不转睛地瞅着放在高台桌子上的电视机荧屏，无论播放什么节目都一看到底，直至节目终止。那时的电视台很少，且一般到夜里11点钟都会停播。

三、和恩堂

和恩堂（1924年2月～1999年7月），和士珍长子。1937年，加入中国共产党，1939年2月参加工作。先后担任华北军区印刷局四厂厂长，保定专区工业局副局长，中共曲阳县委常委，保定地区灵山煤矿党委书记、矿长（正县级）等职。1984年8月离休，1999年7月9日因病逝世，享年75岁。

和恩堂
（和淑敏供图）

四、孙玉惠

孙玉惠（1903年～1974年10月），本镇南家庄村人。幼年家境贫寒，11岁时即在西邻的燕川村煤窑当童工。

1920年，赴唐山开滦煤矿赵各庄矿做工，开始接受新思想。1933年，转至浙江省长兴煤矿做工，从而参与并组织工人罢工运动。

1935年，返回本籍；次年，再赴唐山赵各庄煤矿。

1937年10月加入中国共产党，从而结识了当时全国著名的工人运动领袖节振国，参加了1938年初由节振国直接领导的开滦煤矿工人大罢工。

1938年夏天，转至晋察冀边区政府做工会工作。

1945年抗战胜利后，边区政府投资3000万元边币（晋察冀边区钱币）与涿鹿县武家沟兴华煤矿合营开办矿业，孙玉惠担任边区政府方面的代表。这期间，积极组织工人恢复生产，支援前线。

1946年，任张家口市宣化区矿山工会主席。

1950年，赴秦皇岛上庄坨全国煤矿工人速成中学学习。

1951年起，相继担任全国总工会煤矿工会劳动保障部副部长、部长和工会副主席等职。

1952年10月，受察哈尔省政府派遣，率工作组回故乡，慰问1949年7月灵山（野北）小西坡煤矿瓦斯爆炸中遇难的矿工家属，并予抚恤；11月1日，主持立碑，以示对该事故中遇难工友的永久悼念。今碑尚完好。

1957年，率领全国煤矿工会代表团访问匈牙利。

1958年，至平山县温塘疗养院带职（任副院长）休养。

1964年退休还乡，兼任保定专区灵山煤矿党委名誉副书记。这期间，多次向当地青少年讲述当年工人运动的故事。尤其还不顾年老体弱，经常深入井下体验生活，撰写了一些关于矿区地质情况方面的调查材料，对当地储煤区的建井规模、开采方式及安全生产提出了很多合理化建议。

1974年10月6日，孙玉惠病逝于家中，享年71岁。

五、岳志坚

岳志坚（1918年7月～2004年8月），大赤涧村人。1937年10月参加革命，1938年2月加入中国共产党。抗日战争时期，历任曲阳县青年救国会副主任，完县（今顺平县）青年救国会副主任，晋察冀边区三分区青年救国会副主任、主任，晋察冀边区抗日救国会副主任，晋察冀边区抗日救国联合会组织部部长等职。

1946年，调任旅大（今辽宁省大连市）地委直属党委组织部部长。然后当选共青团中央候补委员，遂转任铁道部团委副书记。

新中国成立后，历任铁道部机务局局长、铁道部科学研究院党委书记兼副院长、中共哈尔滨市委农村工作委员会副书记、国家科委副主任兼科技干部局局长、中国科学院代秘书长、国家标准计量局局长、国家经委副主任兼标准计量总局局长并党组书记，以及国家经委交通组组长等职。“文革”后历任国家计委第二咨询组成员，中国交通运输协会第一、二届常务副会长，中共中央质量管理协会第一、二、三届顾问，并当选中国共产党第十二次全国代表大会代表。

其中，在担任国家标准计量局局长期间，曾率团先后赴日及欧洲一些国家参观考察对方的国家标准与质量管理模式。回国后，结合我国实际情况，出台规范了国家标准及质量管理评定办法，为中国标准化管理做出了重要贡献。

1990年12月，岳志坚离休；2004年8月12日，在北京逝世。

六、邓茂生

邓茂生（1909～1997年），套里村人，排行老四，终生自强好学。20岁出头，即在妹夫冯双禄（革命烈士冯九鼎的侄子）的影响下，加入了陈漫远、王平领导的抗日武装游击队，队长是刘文斌，频繁在曲阳、唐县、涞源、阜平一带与日寇周旋。

先时，邓茂生跟随大哥邓分生、二哥邓长生、三哥邓越生一起到唐山赵各庄煤矿做矿工。这期间，接触到了马克思主义，弟兄四人相继加入中国共产党（入党介绍人为胡志发，时任开滦煤矿党支部书记，曲阳县宿家庄村人），随即成为节振国领导的工人纠察队队员。因为有文化基础，受到器重，担任节振国的文书。在节振国领导的开滦煤矿大罢工前夕，受命化装成当地农民，用菜篮子为暴动队伍成功转运了盒子炮（手枪）18支，壮大了革命队伍的武装力量。之后，加入工人抗日游击队，跟随抗日联军李运昌部，屡次参加打击日伪军各种形式的战斗。

这期间，大哥、三哥相继在抗日战争中牺牲，骨灰多年以后才运回老家安葬。

二哥邓长生受党组织委派回乡，一边参加农业劳动，一边暗地里发展党员，并让二嫂王桂絮（1940年秘密入党）和妯娌们与村上的妇女代表张国英一起，动员乡亲们为支援前线日夜不停地赶做军鞋、军衣，并筹粮筹款。因4个儿子及儿媳均积极参加抗日活动，鬼子得此情报，便将邓茂生母亲陈秀玲抓到灵山据点，极其残忍地用擦床儿（擦萝卜丝的工具）连续拍击其头部，致其头皮肿胀如斗后，硬生生拔光了她所有的头发，可怜这位英雄母亲至死再也没能长出来一根头发。

1937年冬，晋察冀军区第三军分区成立，陈漫远任司令员，王平任政委。为便于开展工作，不久司令部便移驻套里村，王平及其警卫员就住在邓家胡同的邓茂生家里。

当时，八路军的兵工厂也在套里村建有分支机构。另外，独立四团也曾在该村的东山坡根下驻扎；然后，鉴于该部野北突围失利，一些伤员也被转至该村，在二哥邓长生家调养。后被鬼子闻讯，遂发动大队日伪军进村围剿，所幸伤员提前转移。日本鬼子捕人未果，即便放火烧房，以致邓家房屋悉数烧毁，所余仅大门前一棵烧掉半边的黑枣树和一张烧掉一角的单人床。

如此更加坚定了邓氏兄弟的杀敌决心，邓茂生在前线杀敌，二哥邓长生在后方一方面负责组织并武装群众，配合正规军打击日寇，一方面协助兵工厂制作弹药供应前线，尤其在“划拉沟战斗”和“庞家洼阻击战”中贡献突出。

1940年，邓茂生任游击大队队长。在山西盂县的一次战斗中，身上多处负伤，尤其下颚骨被弹片炸掉，因伤势过重，被当地群众隐蔽在一个山洞里疗养，每天仅靠被灌食的一个生鸡蛋坚强地活了下来，痊愈后即奔赴延安。其事迹在新中国成立后被中央电视台《太行之子》栏目采访报道。

1945年抗战胜利后，邓茂生跟随八路军部转战到阜平县城南庄，执行保卫党中央的工作。新中国成立后，历任中国人民大学马列主义学院书记、新闻系党总支书记，及其出版社党总支书记（正厅级）等职，曾参与小说《节振国》初稿和电影《节振国》剧本的编写修改工作。编修期间，节振国的孙子多次到其家中拜访，示以爷孙之礼。1997年因病于北京去世，享年89岁。

第三节　革命烈士

一、许佩坚

许佩坚（1908年～1939年1月），河北省饶阳县寺岗村人。家庭条件殷实，生就一副侠肝义胆，自幼立志做一名济善惩恶的英雄好汉。在读小学和初中的时候，就曾多次帮助穷人，甚至不惜得罪官府，当场把欺负老百姓的国民党警察打得跪地求饶。进入青年时代，渐渐懂得，面对黑暗社会，到处都是欺压百姓的贪官污吏，岂是一己之力能够改变的。于是，尚不满20岁的他便毅然离家出走，只身到北平（今北京市）寻找救国救民的根本途径。他一边继续求学，一边挤时间打工养活自己，这期间他当过小工、做过脚行，虽然饱受艰辛，却明白了一个道理，那就是团结起来闹革命。

1928年秋，他投笔从戎，因为有文化，不久便升任国民党陆军第84师3团的一个连长。

1930年，许佩坚在北平结识了中共保属特委负责人张化鲁和曹承宗，开始参加党的地下工作，第二年由黄敬介绍，秘密加入中国共产党。“九一八”事变后，接受地下党组织派遣，回原籍组织学生，开展抗日救亡活动。

1933年，加入冯玉祥、吉鸿昌等人组建的察哈尔抗日同盟军，利用尽可能的机会宣传抗日思想和开展兵运工作。

1934年10月，为掩护中共北方局领导黄敬同志安全转移，在突围中不幸被捕，1936年“西安事变”，方得保释出狱。

1937年“七七事变”，日寇全面侵华战争开始，许佩坚接受党组织指示回到饶阳县组建起“饶阳县抗日义勇军”。由于组织能力强、领导得法，部队在对敌斗争中快速成长壮大起来，不过数月，即从开始的800人左右发展到了3000多人。

当年秋天，红军某部团长孟庆山奉毛主席和周副主席之命，从陕北辗转来到冀中地区组建抗日武装。许佩坚闻讯，即通过地下党组织与孟庆山取得联系，9月份赶赴高阳县与孟庆山会面。孟庆山详细询问了他手下部队的情况，心生喜悦，当即决定将部队编入我党领导的河北抗日游击军，更名为“游击军第一路军”，任命许佩坚为总指挥，田同春为副总指挥兼参谋长。

1938年初，许佩坚率部收复被日军占领的河间县城，缴获了大批枪支弹药和军用物资。入夏，进一步将部队改编为晋察冀军区独立第4团，仍由其任团长。年底，为拱卫边区抗日根据地，奉命开赴曲阳县灵山、野北一带，担负监视并阻击敌人的进攻任务。

这期间，正是日寇对我游击区进行疯狂大“扫荡”的严峻时期。为反“扫荡”，他指挥该团先后在曲阳县的西堤石道、武家湾和阜平县五丈湾等地与敌人进行了30多次战斗，均获胜利，被当地群众誉为“铁军第4团”。

1939年1月26日，许佩坚率部在野北村北部的山中接到换防命令，还没来得及动身，不知如何走漏了消息，突然被日伪军包围了。情况万分危急，他便命令团参谋长田同春带领主力部队突围，自己则负责指挥警卫连进行掩护。在连续打退敌人多次冲锋后，终因弹药不支，不得已被敌人逼到附近韩家村村南的一座小山包上，展开了肉搏战，最终身负重伤，壮烈牺牲，时年31岁。

此次突围，除少数警卫连战士撤至野北村时被村民设法保护起来外，一般的说法是悉数殉国，委实令人痛惜！但根据套里村的老辈人说，尚有几个伤员事后被救起，转移到套里村养伤，伤好后投奔了大部队。另外，所有烈士遗体也都转移到套里村，由乡亲们暂时掩埋。后来，大多数被其原籍来人所认领。

二、杨新正

杨新正（1920年～1943年9月），朱家峪村人。1941年秘密参加八路军，任晋察冀边区三分区四十二团情报员，公开身份则是朱家峪村服务于日伪军据点（炮楼）的报到员。

1943年9月3日，他利用公开身份到灵山炮楼报到，见鬼子们都在屋里睡大觉，感到反常，随即从与其做饭的大师傅口中获得了敌情，原来是做准备要夜袭郭家庄。于是，赶紧退出据点，给上级做了汇报。

我方就计立即派出部队，初夜时分在通往郭家庄村的路旁择地设下埋伏。直到天将明时，敌人进入我军的伏击圈。此伏击战，致使敌人死伤30余人，并且损失了许多枪支弹药，最终不得不落荒而逃。当鬼子探知是杨新正走漏了消息后，当晚便到朱家峪村去抓他。因为没抓到杨新正，便气急败坏地一气抓走了该村123名百姓，以为人质。扬言抓不到杨新正就把这些人全都活活饿死，果然一连四天，没让他们喝一滴水、吃一粒米。

9月9日，杨新正回到了村里，得知情况后深感愧疚，即刻在家里盘起大锅，做了满满的两大水梢（木制水桶）小米水饭，用扁担挑着从容地去了鬼子据点。临进炮楼前便高声向鬼子们喊话，说自己前来自首，要换乡亲们回去，一切后果由他一个人承担，随便他们要杀要剐都行。只是有一个条件，得让他看着让乡亲们先把他担去的水饭吃了，等他们有了点儿力气再放行。如果可以就让鬼子们先把自己绑了，否则，就再给他们拼个死活。

敌人见他这样说话，佩服他是条汉子，就同意了他的条件，随即杨新正被五花大绑起来。为了震慑村民，鬼子们决定将他押到他本村当众行刑，结果几个押解他的伪军良心发现，在走到路旁的一块玉米地时，故意跟他拉开距离，给了他逃跑的机会，他乘机猛然闪进玉米地里。遗憾的是，因为他双手被绑在身后，行动不便，结果没跑出去多远就被走在前面的鬼子发觉，不多时把他包抄了回来。于是，原本暴怒的鬼子小队长便更加兽性发作，像疯狗一般冲上前去，端起刺刀立马刺开他的肚皮，以致内腹都暴露于体外，实在惨不忍睹。然后，又命令下属将尚有知觉的杨新正拖到路旁的大树下，直立着架起他的身体，用大铁钉子钉在了大树上，然后又派人日夜坚守了多日。最终当鬼子的看守撤走后，乡亲们才将其尸体解脱下来，予以安葬。

三、魏万吉

魏万吉（1922年～1946年4月8日），小赤涧村人。抗日战争胜利后国共两党重庆谈判时期，震惊世界的黑茶山空难事件中的“四八”烈士之一。

魏万吉石雕造像（刘进营拍摄）

魏万吉出生在一户贫苦的农民家庭。当地抗日战争爆发初期，尚处于少年时代的他就积极参加抗日活动，然后在党组织的领导下，该村成立了抗日儿童团，由他担任儿童团长。1940年4月参加八路军，历任连队通讯员、首长警卫员。1941年，参加平山战役立下战功，遂加入中国共产党。然后，被派往延安中央党校学习。因为表现突出，调任王若飞同志的副官。

1945年8月28日，以中国共产党赴重庆和平谈判代表团成员的身份，随从毛泽东、周恩来、王若飞等中央领导前去参加国共两党的和平谈判。

1946年4月8日，代表团成员王若飞、秦邦宪和叶挺将军等中央领导乘机飞回延安，不幸飞机在途经山西兴县黑茶山时遇险失事，机上人员全部遇难，魏万吉即在其中。噩耗传到家乡，全县人民悲痛万分，县委、县政府在北岳庙为其举行了规模巨大的追悼会。

附录：灵山镇其他精英人物简报

◇ 吕铮，生于1915年2月，卒年不详，郭家庄村人。1937年10月参加八路军，50年代赴朝参加抗美援朝战争，回国后任解放军沈阳通信兵学院公务部部长，1955年9月授上校军衔，并荣获“三级独立自由勋章”和“三级解放勋章”，1988年7月荣获“独立自由功勋荣誉章”。离休后享受正军级待遇，于中国人民解放军石家庄干休所安度晚年。

◇ 王生堂（1927年12月～2003年），南庄家尔村人。1935～1943年读书，1943年3月加入中国共产党并参加革命工作。先是担任岗北村抗日小学的教师兼该村党支部宣传委员。1946年4月任曲阳县农会文书；1948年1月起，先后担任中共繁峙县三区、满城县一区和三区区委宣传委员；至1950年6月，先后担任唐县六区秘书、区委常委、唐县纪检委书记、唐县县委秘书、县委委员、县委宣传部副部长。1952年10月，调任河北省委办公厅秘书，继而担任《河北建设》杂志编辑；1956年7月，任河北省政府办公厅第二办公室副主任、河北省委办公厅办公室副主任；1969年7月，任河北省革命委员会政治部办公室负责人、秘书组组长、党委委员；1973年5月，任河北省委组织部副部长、党委委员、副书记；1977年6月，调任上海市委组织部副部长；1981年12月，回任石家庄地区行署副专员。1990年11月离休。2003年于石家庄病逝，享年74岁。

◇ 庞天仪，生于1927年2月，卒年不详，灵山村人。1941年参加革命，为晋察冀中共北方局战士；1942年转至晋察冀军区工业部化工厂工作。1944年入党，遂任晋察冀军区工业部兵工厂工会主席。1948年，赴大连化学厂学习工厂生产管理；1949年3月，赴山西太原参与接管西北化学厂，历任145厂制酸股技术股长、硝化棉车间主任等。为支援抗美援朝战争，他革新工艺流程，为提高火药生产质量和数量做出了积极贡献。1951年起，连续3年获评山西省劳动模范。1954～1955年，赴苏军基药厂学习，回国后参加了我国845厂的建厂工作。1960年调任中华人民共和国第三机械工业部805厂副厂长，兼总工程师。1962～1977年，任援助罗马尼亚R701、R7010项目专家组组长；1977年回国，担任国家五机部援外专家组组长及其部属设计研究院院长。1982年，任国家兵器工业部副部长、研究员，并当选中国兵工学会第二届理事。1991年离休，定居北京。先后受聘为中国神剑协会副主席和中国企业文化研究会副理事长。

◇ 吕宝基（1921～1987年1月），灵山村人。1933年10月入党。1937年“七七事变”后参加八路军，历任晋察冀军区第一、三军分区连指导员、营教导员和团特派员等职。解放战争期间，先后任陕甘宁晋线联防军教导旅保卫科长、第六纵队后勤部政治处主任、第一野战军十六师政治部组织科长。1950年4月调任公安部工作，相继担任人事局直工科科长，政治部组织处副处长、处长，及干部处处长。1958年9月，任公安部机关党委专职书记。1965年，任公安部政治部直属工作部部长。1978年，任公安部政治部副主任、机关党委副书记。1982年离休。1987年1月18日，因病逝世于北京。

◇ 李振国，1937年10月16日生于套里村（时属唐县）。1955

年于曲阳县中学（今曲阳县第一中学）毕业，1957年考入西安交通大学。1961年毕业后，入职内蒙古交通厅汽车一队任技术员，不久升任汽车队党支部书记兼队长；后调任汽车二队、四队党支部书记。1980年，升任巴彦淖尔盟汽车大修厂党委书记（县级）。1982年，任该盟交通局党组副书记，并兼运输公司党委书记及总经理。1987年，转任盟交通局局长兼党组书记。1989年3月，任副盟长兼党组书记、副专员。退休后享受正厅级待遇。

◇ 李斌三，套里村人，抗战初期参加革命，曾任唐县抗日民主政府县长。新中国成立后任内蒙古自治区副主席，曾为曲阳县化肥厂的建设支援钢材。离休后生活在呼和浩特市。

◇ 陈焕文，北镇村人，原中国人民解放军某师副师长。

◇ 和雪贵，涧磁村人，原中国人民解放军某师政委。

◇ 苑立家，横河口村人，原中国人民解放军某师副师长。

◇ 李满圈，套里村人，原四川省成都军分区副司令员。

◇ 王天印，南家庄尔村人，原南京市公安局局长。

◇ 王孟忠，南家庄尔村人，原国家建设工业部总工会主席。

◇ 马锡范，辉岭村人，原山西省政府副省长。1971年，在其担任山西省建委主任时，从太原重型机器厂调拨了必要的球磨机，为曲阳县水泥工业的起步给予了大力支援。

◇ 王炳煜，野北村人，原我国驻英大使馆商务代表。

◇ 庞吉喜，东庞家洼村人，原中国人民解放军某师副师长。

◇ 庞玉儒，东庞家洼村人，抗战时期曾任晋察冀边区财经委员会主任。

◇ 庞焕州，灵山村人，原中国社会科学院离子物理研究所党委副书记，激光研究所所长。

◇ 杨胜奎，灵山村人，原中国人民解放军新疆生产建设兵团某师副师长。

◇ 刘鹏飞，野北村人，原中国人民解放军沧州军分区司令员。

◇ 庞忆昔，庞家洼村人，抗战初期参加八路军，新中国成立后曾任北京军区后勤部正师级干部，离休后享受副军级待遇。

◇ 孙振池，南家庄村人，20世纪80年代，曾任中国驻阿根廷大使馆商务参赞和中国粮油进出口总公司副总经理。

◇ 马英民，辉岭村人，原中国博物馆常务副馆长。

◇ 王彦六，郭家庄村人，原曲阳县抗日后援会主任，1941年牺牲在香岩寺。

◇ 刘淑贞，灵山村人，抗战时期任山西省山阳县委书记，1944年殉职任上。

附表7-1　灵山镇革命烈士英名表①

籍贯（村）	烈士英名
石岭庄	张星尔
岗 北	刘红喜　庞长军　杨更尔　王沙旦　庞授荣　庞义法 王便民　王二黑
西庞家洼	庞三印　庞香法　庞小月　刘献国　庞和尚　庞立坤 庞洪旗　庞增田
东庞家洼	庞五山　庞金海　庞更义
东燕川	李占六　张小眼　张彦起　张俊宽

① 此表根据《新志1》相关内容摘编而成。

续表1

籍贯（村）	烈士英名
韩家村	宋丁占 田耕新 韩老青 韩立金 韩鸿彬 王四子 韩海义
野 北	刘小旦 李秋勋 刘三完 李荒尔 刘增尔 武进秋 刘二货 刘俊香 李光武 刘大占
王家村	王立占 王汉臣 王彦起 王忠亭
燕南沟	刘小四 张进科
南家庄	孙小五 葛大京 郝庆印 孙墨生 孙树香 孙小占 南二印
杏子沟	冯秋成
西燕川	赵四女 张常现
灵 山	刘小年 冯五海 刘小连 吕照全 庞刚尔 庞国银 吕正文 庞春法 杨贵荣 庞二洲 杨如山 李振九 庞振祥 冯金亭 庞瑞行 冯丙录 方有才 冯东起 庞永祥 刘淑贞 庞振池 杨生财 冯登科
洼 子	杨四兵 杨占奎 夏占顺 夏增尔
西 坡	杨丙义 齐义狗 杨开立
大赤涧	董凤德 傅占起 甄生尔 傅银臣
小赤涧	魏万吉 杨周义 魏六成 魏文江 魏春秋
崔古庄	崔汉臣 牛海录 牛平安
魏古庄	王青奇 王小旦 李甫林 王三更
辉 岭	马占宗 马全周 马进仓 马振成 马金立 马仓林
套 里	张二更 邓振义 马东立 李辰发 邓全保 邓二白 邓瑞增
朱家坡	庞来子

续表2

籍贯（村）	烈士英名
树　沟	崔慈民　李章尔　崔志强
铁岭北	王五尔　王信主　崔贵子
涧　磁	董安信　韩新安　翟米山　陈小旭　陈彦生
南家庄尔	王小富　王大致　赵东生　王三庆　王立泉　王振生 王干台　王慢刚　王世荣
南　镇	王立文　王振喜　王振铎　何开立　杨二造　杨双喜 陈小月　陈立刚　何江义　杨文义
横河口	苑小元　苑金海　苑老货　苑占明　苑灵尔　苑四顺 苑兵行　苑士贤　苑同顺
北　镇	陈三旦　石东立　陈小进　陈东占　王满仓　傅良尔 陈振五　贾登云　刘春元
郭家庄	王丙义　吕作功　吕老墨　吕生银　吕如周　吕同杨 王成珍　吕如寿　王彦群　王文考　王改义　王贵生 王进宝　王彦六　王丙雪
朱家峪	杨庄尔　杨贵经　杨墨书　杨小五　杨全立　杨新正 杨进财　杨立增　王庄林　杨进才　杨仓尔　杨喜宗 杨振来　杨才义　杨各尼

第八章　驻镇企业选粹

一、曲阳金隅水泥有限公司

（一）公司基本情况

曲阳金隅水泥有限公司（以下简称“金隅水泥”）作为北京金隅集团股份有限公司的子公司，依据相关法律，由曲阳县人民政府和北京金隅集团共同签署《关于建设曲阳县大水泥项目之合作协议书》从而立项，2008年12月12日正式成立，落户于曲阳县灵山镇野北村境内，是保定市工业西进重点项目之一。公司所在地交通非常便利，距离保阜高速灵山北路口约7千米，并有省道S335蠡野线、S241宝平线和S382河龙线于附近交会。分别距离曲阳县城22.5千米、保定市区110千米、石家庄100千米、北京260千米。

曲阳金隅水泥有限公司厂区（刘向阳拍摄）

公司拥有一条先进的4000t/d新型干法水泥熟料生产线，配套12兆瓦余热发电，包括1台Φ4.8m×72m回转窑、2套Φ4.2m×13m+TRP140/140联合粉磨系统，同时建有年处置3万吨的水泥窑协同处置危险废物项目，注册资金3.5亿元。

2010年上半年，完成熟料生产线建设项目；2010年底，完成水泥粉磨站及余热发电的全部工程建设项目；2016年底，完成危废处理工程建设项目。2022年工业总产值6.44亿元，固定资产8亿元，现有职工250余人。

（二）技术水平及产品

该公司4000t/d熟料水泥生产线由天津水泥研究设计院设计，生产工艺、环保设施具有国际领先水平，从而保证了安全生产、工艺装备、环境保护、能量消耗等各项国家标准的贯彻落实。目前公司年产熟料145万吨，水泥200万吨，处置危险废物3万吨；配套建设12兆瓦纯低温余热发电机组，余热年发电量6300万千瓦时。公司主要生产高质低碱熟料及水泥产品，水泥强度分别为42.5#和32.5#两个等级。

其中42.5#水泥产品又分普通硅酸盐42.5#、低碱普通硅酸盐42.5#和复合硅酸盐42.5#；32.5#水泥产品亦分道路基层用缓凝硅酸盐水泥和砌筑水泥。产品水溶性Cr^{6+}<10mg/kg，放射性检测合格，被评为河北省绿色环保产品。

公司产品生产严格执行国标GB175-2007和GB/T35162-2017中的各项规定，始终把产品质量放在第一位，秉承“讲信誉、重品质、敢担当、共发展”的原则，以“互惠共赢、协同共进”的理念，抓生产、搞管理、办企业，以求取得经济效益和社会效益的双丰收。

鉴于金隅水泥拥有丰富的矿山资源，矿山储量约6500万吨，且矿源均为低碱石灰石，氧化钙含量在48%以上，碱含量在0.2%～0.3%之间，氧化镁含量在2.8%～3.0%之间，因此能较便捷地保证所有产品的高品质标准，熟料全部为低碱熟料，碱含量在0.5%左右，从而大大提高了产品在市场上的竞争力，一举中标参与到雄安新区的建设当中，成为雄安集团旗下雄安容西混凝土有限公司（以下简称“雄安一号站”）指定的水泥供应商。截至目前，“雄安一号站”所使用的全部水泥均为该公司提供的低碱水泥产品。

（三）产品质量管理

金隅水泥自成立以来，一直严格按照《水泥企业质量管理规程》的要求组织生产、开展各项经营活动，产品质量非常稳定，全部达标优等品水准，实现了出厂水泥合格率100%、富裕强度合格率100%、袋重合格率100%的质量控制目标。在历次国家、省、市产品质量抽查中，均得以顺利通过。

之所以能够取得这样优异的业绩，得益于其中的先进仪器设备起到了关键作用：首先，生料配料在线分析仪、飞利浦荧光分析仪实时对原料进行一分钟一分析，确保了原料成分稳定、熟料质量稳定；其次，在水泥磨上装备颗粒级在线分析仪，随时分析水泥的颗粒级配比情况，确保水泥成品的质量稳定；再次，在生产过程控制中，增加“磨专家”系统、质量管理系统，从源头控制质量稳定；

最后，在矿山输送带上装备石灰石在线分析仪，同样对石灰石实施一分钟一分析的质量检测，以保证产品质量的稳定性。

目前，该公司持有中国建材联合会颁发的《化验室合格证》，并通过ISO901质量管理体系认证、能源管理体系认证、职业健康管理体系认证、环境保护管理体系认证和水泥产品质量认证。公司产品销售已经覆盖保定市几乎所有县（市、区）及其周边地区的广大市场。尤其水泥产品广泛用于京雄高铁、津兴高铁等站房，以及涞曲高速、京雄高速、京德高速、荣乌高速新线、保定军用机场、保定乐凯大街等国家及省、市重点工程项目，深受广大用户的青睐和好评。

（四）安全生产和环境保护

安全生产是保证公司立足和发展的先决条件，环境保护是人类社会赖以持续进步的基础。金隅水泥积极贯彻落实“安全第一，预防为主，综合治理”的工作方针，持续强化抓基础、抓基层、抓生产一线的“两基一线”安全管理理念，以及与之匹配的“2+4”专项工作内容，从不懈怠地执行日常监督检查制度，结合工作实际，将安全责任落实到人，通过培训学习和日常管理来增强公司全员职工的安全意识，近年来全员共计排查并整改完成安全隐患538项，安全隐患整改率95%以上。近两年内从未发生人身伤害、消防、职业卫生、特种设备及交通安全事故，亦未发生行政处罚和负面通报现象，为实现公司“零伤害、零事故、零污染”的“三零”安全环保管控目标做出了积极贡献。

2012年11月，金隅水泥完成烟气脱硝工程项目，并通过省环保厅验收。公司废气排放浓度均达到国家规范标准要求，所有污染物排放点均设置收尘效率高、技术可靠的先进设备，经过除尘处理后，各排放口的废气含尘浓度全部符合国家标准。

2022年5月，完成SCR脱硝改造项目，达到超低排放标准。

另外，公司以建设花园式厂区为目标，自建厂以来，车间与车间之间和道路两侧均以绿植覆盖，厂区绿化率达到90%以上。厂区道路通过适时吸尘、适时洒水和对进厂车辆车速进行严格控制的办法，以避免扬尘发生。2020年，该公司所属矿山获评“国家级绿色矿山”称号，为河北省唯一一家荣获该称号的矿山企业。

金隅水泥集“经济、社会、生态”为一体，寻找到一条效益协调发展的路径，给现代化同类企业提供了借鉴方向，相信他们会在以后的工作中更加努力，在保证自身发展的同时，也为曲阳县以及灵山镇的经济发展起到更好的带动和促进作用。

（五）经营情况

金隅水泥经营情况良好，2022年公司总资产达到89,030.96万元，资产负债率37.32%，银行信用等级AA+。近三年公司经营情况见表8-1。

表8-1 金隅水泥近三年经营情况

年度	总资产（万元）	销售收入（万元）	利润总额（万元）	净利润（万元）	资产负债率（%）
2020	96, 671. 37	76, 697. 79	26, 473. 93	20, 906. 38	36. 92
2021	90, 323. 37	70, 974. 40	10, 365. 86	7, 669. 87	44. 98
2022	89, 030. 96	65, 116. 90	8, 131. 36	6, 098. 88	37. 32

附：企业所获荣誉

1. 2017年，水泥回转窑蒸汽节能燃烧系统改造项目荣获“济大杯”全国建材行业技术革新（技术改造类）三等奖。

2. 2020年，通过河北省科学技术厅认证，获颁《河北省科技型中小企业证书》。同年，荣获中国建筑材料企业管理协会“和谐建材企业”称号；获评2020年度河北省节水型企业、环渤海地区建材行业最具影响力企业、河北省建筑材料工业协会2020年度河北省建材行业统计工作“先进单位”、中国建筑材料企业管理协会2020中国最具成长性建材企业100强单位，以及被河北省科学技术厅、河北省财政厅、国家税务总局河北省税务局联合授予“河北省高新技术企业”称号。

3. 2021年，通过河北省工业和信息化厅认证，成为河北省工业企业研发机构（A级），获颁证书。同年，荣获河北省科学技术厅“河北省科技小巨人”称号。

4. 2022年，荣获《智能制造能力成熟度标准符合性证书（2级）》。同时，成为河北省发展和改革委员会、河北省科技厅认证的“河北省企业技术中心”；荣获河北省卫生健康委员会2022年河北省“健康企业”称号；荣获河北省工业和信息化厅“河北省创新型中小企业”称号，及“河北省绿色供应链管理企业”称号。尤其还荣获“中国3·15诚信企业”称号。

5.2023年，公司更是收获满满，喜报连连，所获荣誉达10项之多，分别如下。

其一，河北省科学技术厅针对“水泥企业能源计量审查规范”和“SCR脱销超低排放系统”两项科技成果同时分别颁发《河北省科学技术成果证书》。

其二，蝉联“环渤海地区建材行业知名品牌”“环渤海地区建材行业技术创新型企业”“环渤海地区建材行业诚信企业（AAA级）”等三项殊荣。

其三，被河北省工业和信息化厅认证为“河北省专精特新中小企业”，被工业和信息化部授予“国家级绿色工厂”称号，公司生产运行部荣获河北省总工会“工人先锋号”称号。

其四，河北省工业和信息化厅颁发《河北省绿色设计产品》证书；研发项目被国家建筑材料工业信息中心认证为“建材行业工业互联网示范项目”。

二、河北爱德斯蒂尔材料科技股份有限公司

河北爱德斯蒂尔材料科技股份有限公司为前进控股有限公司下属的全资子公司。前进控股有限公司总部位于河北省廊坊市下属的霸州市胜芳镇，其前身是河北前进钢铁集团有限公司，20世纪后期，顺应我国改革开放的大潮而创生。原来只是一家单纯的钢铁企业，经过多年的发展壮大、开拓转型，于2016年1月28日注册今名，成为一家综合性民营控股实业公司，注册资金20亿元。公司业务除分布于国内的北京、天津、新疆、河北等地，还在新加坡、澳大利亚等国家设置了分支机构，共有81家分公司。运营方式包括资产收购、资产管理、资产处置、资产重组，以及资金的合理运用；经营项目分别为钢铁冶炼、钢材加工、国际贸易、金融投资、房地产开发、高分子材料生产及研发、矿业开采，还包括一些酒庄、康养、智能仓储、物流园区等方面的业务。

董事长马西波是一名出色的企业家，先后荣获“全国钢铁工业劳动模范”和“全国劳动模范”称号；并当选河化省冶金学会第三届理事会副理事长，以及河北省人大代表。同时，公司也曾荣膺“全国五一劳动奖状”。

公司总经理刘洪滨一并荣膺“河北省五一劳动奖章”，以及荣获“河北省优秀（创业）企业家”和“全国钢铁工业劳动模范”荣誉称号；并当选廊坊市政协常委。

河北爱德斯蒂尔材料科技股份有限公司（曲阳区域公司）（刘进营拍摄）

（一）公司简介

作为前进控股有限公司的全资子公司，河北爱德斯蒂尔材料科技股份有限公司相对于总公司内部又称“曲阳区域公司”。2010年6月与曲阳县政府签订协议书，作为招商引资重点企业入驻曲阳，落地灵山镇树沟村高家峪，宣告成立并开始投资建厂，注册资金5000万元。2015年，公司被保定市列为重点企业，至2022年底，已完成投资约3亿元。2023年6月，在河北股权交易所（河交所）成功上市。

公司坚持高新技术产业发展之路，依托曲阳县丰富的石灰石矿产资源优势，秉承“尊重资源，精炼价值”的核心使命，着力打造钙基新材料产业基地。现公司已经形成矿山生态开采、超高活性石灰生产、纳米碳酸钙研发制造为一体的碳酸钙高附加值产业链条。

（二）要素资产

1. 石灰石矿山。公司标的矿山储量为1800余万吨，为曲阳县储量第二大矿山。主要为高钙石，是生产纳米碳酸钙产品所需的优质原料，碳酸钙含量高达96%以上。年开采量17万吨，交纳资源税460万元。

2. 年产20万吨的麦尔兹双膛窑。该项目总投资1.1亿元。麦尔兹窑为当前世界最先进的竖体白灰窑，具有自动化水平高、能源利用效率高、产品质量稳定、生产过程环保等优异特性。2020年营业收入1.08亿元，纳税679.82万元。

3. 纳米碳酸钙试验线。该项目总投资1亿元，建设纳米碳酸钙工业化应用实验生产线三条，可同时进行三种不同晶型和改性要求的纳米粉体材料的制备。年产2万吨窄粒径纳米碳酸钙和5万吨高比表面积氢氧化钙。

4. 该实验生产线于2016年底完成建设并进入试生产调试阶段。一旦试验成功，产品即能填补国内空白，替代进口产品，应用到吉利汽车表面、青岛海尔家电外壳，以及多家国内知名品牌产品所必需的油漆制品当中。目前，其产品销售价格在4000元/吨以上，为石灰石的高附加值利用探索出了一条可行性道路。

（三）经营现状

2017年，集团的钢铁冶炼业务全面退出，实施产业转型，曲阳公司同步停产。面对新形势，集团公司对原有纳米碳酸钙+石头纸的发展战略进行重新评估，在华夏基石、中信证券、东北大学、国家超细粉末研究中心等多家单位的各相关战略咨询、科研技术及产业分析机构的大力帮助和支持下，确立了以纳米碳酸钙为基础的功能性材料发展战略。2020年，恢复了麦尔兹窑的正常生产，以其为

河北爱德斯蒂尔公司产品标本（刘进营拍摄）

纳米碳酸钙产品供应稳定材料。2023年上半年，公司在业已成熟的纳米碳酸钙生产工艺的基础上，进一步自主研发出高比表面积氢氧化钙生产工艺，并进行了工业化试生产。产品经国家权威部门检测，已达到国内先进水平，从而使填补国内60cm^3/g以上比表面积氢氧化钙产品空白的宏伟愿景成为现实。经过一年左右的市场开拓和应用推广，可吸纳就业人员60人，实现营收9000万元，利税2000万元。

目前，该公司在矿山、活性石灰窑、纳米碳酸钙全面投产的条件下，年纳税可达4460万元。

（四）发展规划

随着国家“双碳”目标的提出，一并对新材料领域的高度重视

和重新布局，必将对纳米碳酸钙行业产生重大的积极影响，将公司带入发展的快车道。新形势下的塑料行业、装配建筑行业和密封胶行业无不都依据新要求、遵循新标准，进行升级换代，纳米碳酸钙作为其必需品（油漆）的必需原料，自然会前途一片光明。

另外，纳米碳酸钙产品除了具有上述用途外，还是塑料、橡胶、造纸以及太阳能（风能）新能源设备等工业产品的重要辅材。基于其在众多工业链条中都是不可或缺的存在这一先决条件，公司总部遂抓紧机遇，适时举措如下。

1.恢复2万吨纳米碳酸钙生产线并建立研发中心

2022年，在集团公司的年会上，董事会将纳米碳酸钙项目列入集团重点发展项目，直接投入2亿元人民币作为专项资金，对基础设施进行技术改造；并决定建立专门机构——纳米碳酸钙技术研发中心。

同时，明确定义：研发中心为一个开放式、国际引领性的创新研发平台，具有产品检验、下游产品开发、项目孵化、对接投资等四项功能。开拓纳米碳酸钙延伸产品，主要方向是太阳能辅材、造纸、塑料母粒、橡胶母粒、环保涂料、油漆、轮胎等多个目标。目前公司已完成对生产线设备的评估、调试工作，以及完成对核心碳化烘干系统、自动包装系统、全流程自动化控制系统升级改造方面的立项工作，即将进入采购流程、设备安装及试车程序。

2.20万吨纳米碳酸钙项目

在2万吨纳米碳酸钙试验线已完成不同应用领域纳米碳酸钙工艺技术开发、应用推广初见成效的基础上，公司将进一步提升纳米碳酸钙的产能目标，以至20万吨。

该项目总投资10亿元，占地300亩，可进一步解决500人的就业问题，预计年产值8亿元，实现利税总额2亿元。

纳米碳酸钙产品在下游产品中的占比一般为30%左右，也就是说，20万吨纳米碳酸钙可以为下游70万吨左右的产品提供原料支持。由此可见，石灰石高资源利用率、高附加值产品的天地大有可为。

3.打造专、精、特、新“小巨人”科创板上市公司

出于总部谋划，该公司计划按照专、精、特、新“小巨人”和科创板上市公司的标准规范运营，利用3～5年时间，将公司打造成“小巨人”上市公司。新公司由集团公司企业发展部监管，财务由集团公司财务部监管，完全按照上市公司的要求操作运转。

目前，公司已经申报并通过创新型中小企业和科技型中小企业的专项审核。2023年6月，在河北股权交易所（河交所）成功挂牌上市。

（五）公益事业

公司入驻树沟村，不仅给该村甚至相邻村庄注入了经济活力，而且经常给树沟村提供一些资金帮助和日常生活方面的服务。如，优先招聘当地村民入职，为其提供工作机会；承担树沟村的打井费用、全村的日常消耗电费，以及提供所有村民家庭和公共场所的电气维修服务，只要出现故障立马派出电工到场维修。另外，每年还向树沟村的困难老人、贫困家庭及其学生们提供捐款资助。

再则，公司考虑让其员工深度融入当地的文化生活，每逢树沟

村庙会，公司都会出资帮办文娱活动，如唱戏或者其他形式的文艺演出。总之，每年捐资都在20万元以上，受到当地群众的普遍好评。

附：企业所获荣誉

2021年，被当地政府定性为规模以上企业。

2021年、2023年，蝉联两届“河北省科技型中小企业”称号。

2023年，荣获“河北省创新型中小企业”称号。

2023年，在雄安新区河北股权交易所（河交所）挂牌上市。

三、月明山建材集团公司

河北月明山建材集团有限公司，是一家独资民营企业，于2009年注册创办，注册资金2390万元，地处曲阳县灵山镇崔古庄村，占地约10亩。

（一）业务定位和发展方向

公司集建材生产、研发和销售为一体，秉承保护环境、尊重资源、合理开发利用的原则，主要从事石子、沙粒、混凝土砖的生产与销售等方面的业务。在做大做强企业的基础上谋求进一步发展，逐步向精细化、低消耗、高附加值方向转型，以期为社会提供更多的就业岗位，为政府提供更多税源，更有深度地融入当地的经济建设事业当中，为当前“美丽农村建设”的宏伟目标多贡献一点绵薄之力。为此，公司运营伊始，就购置了具有国内领先水平的生产设备和完善的技术检测设备，建筑了标准化的生产厂房和装备了规范化的生产流水线。具体实施情况如下。

1.破碎生产线，包括锤式破碎机、制砂机、除尘器、振动筛、污染防治除尘器机组、气体压缩机、提升机等。

2.水洗生产线，包括带式浓缩脱水一体机、细砂回收脱水机、四槽洗砂机、水储藏罐等。

3.制砖生产线，暂处于转型升级的改造状态。

（二）原料来源和环境保护

公司的生产原料主要源自本县以及周边县的一些原矿山开采后所余留的矿尾沙石、河道淤沙和项目废弃石料，还有一些是高速公路修建过程中产生的废弃渣料等。所用原材料主要通过政府部门组织的拍卖活动竞价所得。

厂区的环保工作通过现代高性能的环保器械同步运转来完成，具体器械有尾气净化器、车辆清扫器、雾炮、洒水车以及一些必要的辅助设备。同时，政府环保部门还现场装配了空气质量检测设备，即时收集数据加以储存并输送到系统中心，通过大数据分辨空气污染程度，从而监督相关器械的正常运转，从根本上保证了公司生产必须在清洁环境条件下进行，不致在环保问题上出现纰漏。

（三）产品销售

该公司的产品销售市场主要是本县及周边县市的建筑行业，为其提供优质的原材料和建筑构件。只是，由于疫情影响，加之建筑市场缩减等原因，公司业务暂时出现疲软现象，相信不久的将来，一定会出现转机。

公司一向口碑较好，一方面表现在为当地及周边村民提供了不少就业岗位，使他们有了工资收入，保障了他们的生活需求；另一方面，一直为崔古庄村考取国内重点大学的学生提供资助，大大减轻了莘莘学子的家庭生活压力，社会效益突出。

四、岗瓷定韵河北文化发展有限公司

岗瓷定韵河北文化发展有限公司是一家专业烧制陶瓷产品的民营企业，2021年在灵山镇岗北村成立。公司地处曲阳县原高压电瓷厂厂区，由张玉杰投资创办，项目总占地面积16,280.87平方米，硬件软件齐全，办公设施完善，制度明确，人员齐全，运行良好。

岗北村的制瓷业源远流长，限于目前有明确记载且能溯及源流的情况大致如下。

1947年，晋察冀边区民主政府收购岗北村24座窑场，成立了曲阳县第一家公有制企业——曲阳县恒山瓷厂，一并收纳此前各窑场的窑工入厂工作。

1954年，在农业合作化运动前夕，在上述瓷厂人力、物力资源的基础上，创办公私合营性质的保定地区红星工业社。1956年，农业合作化时期，改称“红星社”，属曲阳县手工业联社管辖。然后多次更名改属，1958年，更名为保定专区岗北瓷厂，直属保定专区轻工业局；1971年，称曲阳县岗北瓷厂，隶属曲阳县工业站；1975年，改称曲阳县陶瓷厂，属曲阳县第二轻工业局（简称“二轻局”）；1978年，因区别新创办的其他陶瓷厂，改称曲阳县第一陶瓷厂。2000年后，工业体制改革风潮中改为个体经营，然后破产。

瓷厂产品随着时代的变化相继有如下种类。

1937～1945年，抗日战争时期，曾经为八路军烧制帽徽、纽

岗瓷定韵河北文化发展有限公司（邓旭姣供图）

扣、地雷外壳等。

1947～1950年，主要烧制民间日用瓷。

1951～1953年，主要烧制工业耐火材料、异型瓷器。

1954～1958年，以烧制日用粗白瓷和工业用瓷为主。

1959～1973年，烧制日用白瓷、艺术瓷、工业用瓷和耐火材料等。

1974年，生产线改建后，主要烧制各种日用瓷。

1975～1987年，以烧制民用大缸为主流，兼烧日用瓷。

1988～2004年，主要烧制民用大缸、大瓮和高压电瓷。

2004～2020年，产品以高压电瓷为主流。

2021年至今，转型生产定瓷艺术品。

公司秉承保护定窑文化遗产之原则、弘扬古代定窑工匠精益求精不断创新之精神，以定瓷文化品牌为战略依托，务实肯干、勤学苦练，将传承、发扬、光大定瓷文化视为历史赋予自己的历史使命，从而招揽人才、创新工艺、带动就业，将定瓷文化产业进一步做大做强，把定瓷文化这块金字招牌擦得更亮、举得更高，使之永葆青春、再领风骚！

五、曲阳县鸿泉建材有限公司

曲阳县鸿泉建材有限公司始建于1996年，原名郭家庄砖厂，是一家专业从事煤矸石页岩砖的新型建材企业。

公司地介郭家庄村北和朱家峪村南，占地140余亩，总投资2000万元。公司注重技术改进和设备更新，所用设备全部从国家质检部门认可的厂家引进，具有先进、成熟、节能、高效、低耗的优势，年产煤矸石页岩砖6000万块。

该公司历经多年艰苦创业，历久弥坚，创建初期只有1座26个门的土窑，至2005年发展到具有40个窑门的大型砖砌新窑，从而大大提高了经济效益，同时也扩大了就业，为国家上缴了更多的税赋。

当前节能、环保已经成为时代主题，公司积极响应国家号召，2015年5月，进一步将旧窑扩大改建为现代节能环保型窑体，并重新注册，正式成立曲阳县鸿泉建材有限公司。

一直以来，公司恪守着“低碳、绿色、环保”的治业规则，以“与时俱进，求实创新，品质第一，用户至上”为宗旨，坚持以超前的环保意识、严格的国家标准进行生产，在保证产品质量的前提下，竭诚为广大客户提供优质服务，携手共创美好的明天。

六、河北奈利德建材有限公司

河北奈利德建材有限公司位于灵山镇南家庄村，场址距离保阜高速灵山北路口8千米，距涞曲高速灵山南路口2千米，并傍省道S382河龙线和S335蠡野线，且与省道S241宝平线相距不过1千米，交通十分便利。

公司拥有经验丰富的专业技术人员和先进的环保型生产线，并有一支精干的营销服务团队，不仅能完全保证产品的过硬质量，而且能为客户提供高品质的流程服务。公司产品多种多样，规格齐全，目前计有砂浆、预制构件专用烘干砂、精品分目河沙、石子和干混砂浆等基础建筑原材料。其中年产分目石子、河沙50万吨，以其超高的性价比，多年来深受客户喜爱，前景广阔。

“质量第一、服务至上”是公司运营的根本理念，“节约资源、绿色环保、合法经营”是公司恪守的基本原则。以此为基础，公司一直从稳中求发展、在科技创新上下功夫，从而不断开发出新产品，开拓并占领新市场，以至发展成为如今该镇一家颇具实力的个体民营企业。

七、国能曲阳灵山项目

国能曲阳灵山项目（以下简称“灵山项目”），是国家能源投资集团有限责任公司（以下简称“国能集团”）所属二级公司——国能集团河北电力有限公司（中国神华能源股份有限公司河北分公司、国电电力发展股份有限公司河北分公司，以下简称“国能河北公司”）在曲阳县灵山镇辖区开展的一个光伏发电项目。项目装机容量50兆瓦，总计占用荒山约1021.54亩。

（一）国能集团简介

国能集团是经党中央、国务院批准，由原中国国电集团公司和原神华集团有限责任公司合并重组而成，2017年11月28日正式挂牌成立，是中央直管国有重要骨干企业、国有资本投资公司改革试点企业，同时也是全球最大的煤炭生产公司、火力发电公司、风力发电公司和煤制油化工公司。

（二）国能河北公司简介及该项目目标

国能河北公司2021年3月成立，作为集团公司二级企业运营。国能河北公司现有员工3517人，资产总额207亿元，在运装机容量836.66万千瓦，是河北南网装机容量最大的能源企业。该公司与2021年7月成立的国能河北新能源发展有限公司（国能河北综合能源有限公司）合署办公，坐落于河北省石家庄市，是落实国能河北公司“一体两翼”发展战略的主要载体，一并推进国能河北公司实现清洁能源转型、实现高质量发展的重要投资和集约化管理平台。为助力实现“碳达峰、碳中和”目标，国能河北新能源发展有限公司积极开拓新能源市场，储备优质资源，推进项目开发。

（三）项目目标和成效

为落实国能河北公司“一体两翼”发展战略，推进国能河北公司实现清洁能源转型、实现高质量发展，公司经过广泛的考察，决定利用曲阳县灵山镇一带的荒山建设一座50兆瓦光伏电站。

灵山项目位于曲阳县灵山镇西北部山区，场地单元为太行山东麓山区地貌形态，总规划面积约1021.54亩，总装机容量50兆瓦。该项目由国能曲阳新能源发展有限公司投资开发建设，总投资1.8亿元。光伏组件通过逆变器、箱式变压器汇流后，经两回集电线路接入西南方向约4.5千米处已建设好的美恒220千伏升压站。外送线路约7千米，美恒220千伏升压站通过1回220千伏线路接入棋盘220千伏变电站。该项目25年内，年均等效利用小时数为1227小时。

项目投产后平均每年可向当地提供约6152.67万千瓦时绿色能源，预计每年可减少二氧化碳排量6.114万吨，每年可节约标煤1.905万吨，对助力当地实现“双碳”目标具有重要意义，不仅经济效益显著，而且社会效益和环境效益尤其良好。

八、英利曲阳灵山光伏项目

英利发展是集光伏技术研发、智能制造和电站开发建设运营为一体的光伏智能解决方案提供商，总部位于保定市，产业布局在保定、天津、衡水等多个智造基地。截至目前，已有超过50吉瓦的光伏产品覆盖全球100多个国家及地区。

曲阳县灵山镇180兆瓦光伏发电项目位于灵山镇辖区，装机规模暂定195.5096兆瓦，设置1台170兆伏安主变压器，配套建设17MW/34MWh储能系统。

光伏区电气主接线该期工程直流侧安装容量为109.17984MWp，共165,424块，包括550Wp、600Wp、605Wp光伏组件，划分为31个发电单元。各光伏发电单元经电缆就近连接后总共规划3回集电线路架空（局部电缆直埋）敷设接入新建220千伏升压站35千伏侧；光伏组件安装角度分别为25°及36°。安装角度25°、36°的组件方位角为0°（朝南），其余部分安装角度36°组件方位角分别为南偏西30°和南偏西45°。

光伏场区通过集电线路汇集至220千伏升压站，根据接入系统批复意见，该项目220千伏升压站通过1回220千伏接入英利齐家佐220千伏升压站。

九、河北曲新碳素制品有限公司

河北曲新碳素制品有限公司位于灵山镇东庞家洼村，其前身是原保定市灵山煤电公司下属的保定市天华工贸有限公司，原公司成立于2003年，是一家具有综合实力的国有企业。在原公司基础上经过改制、改造，新公司于2013年6月4日注册成立，注册资金600万元。目前在岗职工150名，主要产品为煅后石油焦及预焙阳极炭块。其中煅后焦年产能10万吨，阳极炭块年产能6万吨。

公司主要有煅烧、成型和焙烧等3个生产车间，所有生产设备、原料检测化验设备均采用国内外知名品牌，机械性能稳定；所有职工都经过严格的专业技术培训才能上岗操作，尤其检测技术人员都具备高等技术水平，以确保产品质量。原料主要从中石化北京燕山石化、石家庄炼油厂和山东炼油厂等厂家购进。其中焙烧车间所用燃料全部天然气化，温控技术由专业工程师掌控，产品合格率高达97%以上。

自改制以来，公司产品销售渠道顺畅，如国家电投集团铝业国际贸易有限公司、青铜峡铝业股份有限公司宁东铝业分公司、青海玖源铝业有限公司、山西晋能集团朔州能源铝硅合金有限公司、阳煤集团山西兆丰铝业有限公司等都是该公司的老客户，建有长期良好的互信合作关系。

公司资质完备，生产安全环保，各项指标均符合国家标准。

附：曾经的驻镇重要企事业单位

一 保定地区灵山煤矿

灵山煤矿第三矿井旧址（燕川村）（刘进营拍摄）

（其他参见本书前述第三章《灵山矸子·附三》之内容。）

二 建华木器厂（九〇一九厂）

原河北省国防科技工业办公室直属“小三线”正团级军工企业，俗称“建华厂”。厂址位于灵山镇西1.5千米处，定阜公路（今省道S382河龙线）西侧，地跨野北与南家庄两村村境。1965年12月筹建，1966年3月15日动工，同年8月投产。主要产品为枪托、手榴弹柄和军用器械包装箱。

该厂1982年起改产民用玻璃，更名建华玻璃厂。1986年增设陶（细）瓷车间，1989年投产。1988年底，全厂占地总面积8.72万平方米，其中建筑面积2.05万平方米。固定资产原值447万元，净值362万元。1989年底有干部职工417人。20世纪80～90年代初、中期，民用家具最高年产量4.74万件，平板玻璃最高年产12万标准箱，1998年总产值156万元。1992年后，逐渐式微，人员陆续迁往定州市。

三　1004工地

该单位亦即当年的“小三线”工程之一，地处野北村西北一个名叫“鳌鱼沟”的深山沟里，20世纪80年代初废弃，现存遗址。

1004 工地旧址（刘进营拍摄）

所谓1004工地，其实就是一个军火仓库，具体仓房10多个，皆由掏凿山体而成，室内空间很大。基于当时严峻的国际形势，需要高度保密，对外遂称“工地”。该单位编制级别不详，据采访当地村民称：常设一个步兵排的兵力看守，所属中国人民解放军河北省军区930部队。

四 火力发电厂(站)

1946年秋，中国人民解放军某部从井陉煤矿拆来72千瓦蒸气发电机，安装在县境北部山区葫芦旺村（与灵山镇磨子山村接壤）的东沟，供附近晋察冀边区兵工厂生产用电。由于发电机功率有限，不能满足用电需要，又从山西省阳泉市拆迁过来1台德国西门子公

灵山发电厂遗迹（刘向阳拍摄）

司制造的650千瓦发电机，安装在磨子山村的磨子山下。1948年5月投入运行，容量600千瓦，年发电300万度，供附近8个兵工厂、5个化工厂及晋察冀军区司令部、灵山煤矿等单位用电。发电厂由灵山煤矿供给燃料煤，附设6千伏输电线路20千米，发电厂职工300余人。1948年底，72千瓦发电机拆撤至石家庄市；1949年新中国成立之初，其余发电机拆迁至山西省阳泉市。

五　灵山变电站

该变电站始建于1960年，次年投入使用，占地2500平方米，建筑面积1000平方米，电压等级35千伏～6千伏，有容量为2800千伏的变压器2台。1964年，驻镇军工单位投资扩建，装配2台3600千伏安变压器，其主变压器35千伏～10千伏，供电范围共计9个乡8条线路，计240千米。1965年3月前，归保定地区灵山煤矿；4月，由本县电力局接管，后又归保定地区电力局。1984年1月，35千伏变电站复属本县电力局。

六　定灵小铁路、小火车

该铁路线始于定州市西关，终至野北村保定地区灵山煤矿矿区，规制为0.762米窄轨地方铁路（俗称“小铁路儿”），途经15座桥梁，正线58.2千米。1959年12月15日开工修建，1960年7月1日全线通车，混挂客运车厢和货运车皮，客货兼营。沿线设12个站

当年运行在灵山地段的小火车（刘进营供图）

点，定州境内2个，即定州西关和孟家庄站；曲阳县境内10个，即辛庄、田家庄、七里庄、曲阳、坡子里、杨砂侯、后洞子、东口南、魏古庄和南家庄（灵山）等站。其中定州站、辛庄站、曲阳站和崔古庄站客货兼顾，其余均客运站点。

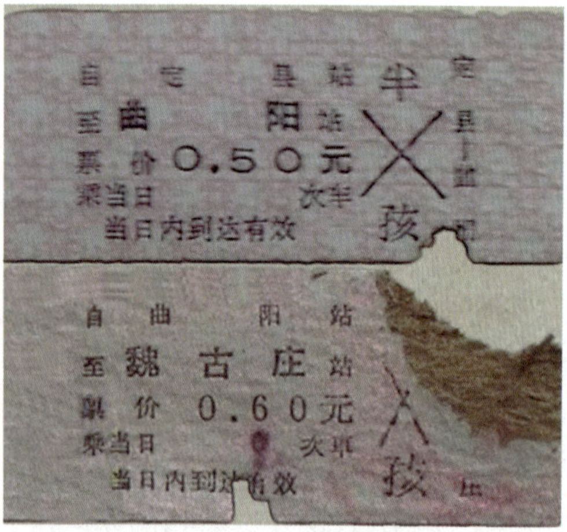

当年的定灵小火车客运票（张建成供图）

另外，小火车儿至南家庄车站完成客运后，线路继续北延至野北村西的保定地区灵山煤矿二井驻地，装煤卸货。

同时，还有一条支线，从西堎石道上缘向东北方向岔出，沿着西堎石道深山沟的东侧进而北延，至崔古庄村境当时一处采石场附近，主要外运从山上开采的石料（型石、石渣、石子）和曲阳县第一石灰厂出产的生石灰等。

线路配备28吨蒸汽机车（俗称“小火车儿头”）7台，客车车厢5节，20吨级货车车皮4节。到20世纪80年代，货车车皮增加到71节，客车车厢增加到7节。客运业务从1960年开始到1989年停止，累计客运量434.3万人次。改革开放后，公路交通迅速发展，铁路运输量大幅下降，货运业务基本延续到20世纪末终止，轨道及其他附属设备陆续拆除。

当年的魏古庄村铁道桥（1964 年建）（张建成供图）

下　编

灵山镇唐代为敦信乡地；五代时期建龙泉镇于今辖区东部；明代及清初为北乡（归善乡）地，分属坛南社（大部）、党城社（4村）、龙泉社（6村）、灵山社（全部），以及唐县治下2村；后撤乡存社，清末分属坛南社（半数）、党城社（4村）、龙泉社（5村）、灵山社（全部）、贤褒社（1村），仍及唐县治下2村；民国初期袭清制，后设区辖乡，不备其详。抗日战争全面爆发后以至20世纪人民公社化之前，区治功能相对强化，较长时间为六区地。然后成立灵山人民公社，定曲合县后辖俗称曲阳县“山北里”的全部地区。1961年，曲阳县复治，遂分置灵山、涧磁（南镇）、朱家峪（郭家庄）等3个人民公社。“文革”后，3个人民公社均复旧称。1996年3月合并，统称灵山镇。

灵山镇现辖33个行政村，分别是：灵山、野北、杏子沟、磨子山、石岭庄、东燕川、西燕川、魏古庄、燕南沟、南家庄、洼子、西坡、大赤涧、小赤涧、崔古庄、郭家庄、辉岭、下岸、朱家峪、王家村、韩家村、岗北、东庞家洼、西庞家洼、涧磁、横河口、南镇、北镇、铁岭北、朱家坡、套里、树沟、南家庄尔等。其中南、北镇2个村又各自一分为二，分别以4个准行政村的形式存在。另外，辖区坛南、高家峪2个自然村分别从属朱家峪和树沟2个村。

灵山村

灵山村，地处自北而来的三会河折向东流的冲积扇滩涂地带，镇政府驻地。东隔三会河与韩家村和王家村搭界，南邻朱家峪村，西邻南家庄村，西北方向是野北村，北偏西邻杏子沟村，正北方向上溯三会河接磨子山村。

村名来源有二：一说基于村东北方向的一座小山，即今国家AAA级旅游景点——聚龙洞之所在，因地下溶洞景观灵性斐然，遂名“灵山”，进而村名；一说缘于上古尧帝之母——庆都曾在野北村北的尧母洞安度晚年，去世后葬在附近，由“陵山”谐音而作“灵山”。

交通环境：省道S241宝平线和省道S335蠡野线（原称保阜线）交汇于村北，形成一个五岔路口，为本县重要的交通枢纽之一；北有保阜高速灵山北路口能上下，南有涞曲高速灵山南路口可往来。

一、当前的自然资源和居民状况

灵山村辖域面积6平方千米，其中东北隅山场350亩、村东滩涂90亩，已绿化300亩，主要树种为柏树；耕地2308亩，人均约0.36亩，以种植玉米为主流。

全村划分为15个村民小组，居民2008户、6335人，其中男性3213人、女性3122人；居村常住4335人、外出流动2000人，主要流向县城及全国许多大城市，大多是打工者和学生。其余为煤电公司职工及其家属群体，以及其他一些非农户籍者。

基于清代晋商崛起后，东渐京津冀，灵山村为其交通要道，从而步入快车道，迅速从原来不过一个客店规模的居民点发展为经贸名镇。基于居民八方辏集，因此姓氏复杂，据传民国初、中期最多时近半百之数。新中国成立前庞、冯、刘、吕依次为四大姓，现在变化为庞、吕、冯、杨四大姓；其他有张、陈、刘、郝、郭、李、宋、于、靳、岳、王、荆、许、史等姓氏。

2017年，全村建档立卡贫困户136户、330人，2020年全部脱贫。

二、建村历史及归属沿革

《新志1》称：灵山村建于“春秋”时期，未详何据。采访资料作：初建于明朝万历年间（1573～1620年），原址在今村西南角（现灵山小学后身），名“药王村”，只有5户人家，因地处交通要道，遂开了一个“灵山店”。又据采访座谈，称“先有寺庙，后有村庄”。“寺庙”又称“大寺”，以村名推测当即“药王庙”，否则其“药王村”村名便无着落。

尤其这个寺庙非常有趣，既称“药王庙”，又叫“药王寺儿”，“庙”乃神宫，“寺”则佛殿，不知于此怎么就搅混不清了？想必因于其为明代或者更早以前的古迹。从前人们普遍有神佛信仰，一般来说，即便是苛政酷吏、土匪流寇，对于寺庙神佛也多存忌惮之心，从而为一代新人再行进驻提供了方便。果真如此，药王村之于灵山村也只能算是历史上一段绕不开的小插曲，因为该村以西约4千米处有一唐代古刹慧炬寺，其《唐恒岳智力禅师影堂纪德之碑》背面刻了许多官吏、信众的姓名、身份、籍贯等许多文字，其中有“……寺东零山村”字样。

其中“零山村”当即今“灵山村”。（具体分析请参本书上编第一章第一节之相关内容）据其碑阳落款“永贞元年（805）岁次乙酉十二月景申朔八日癸卯建”，说明该村的肇建时间至少要在这个时间点以前。

唐朝以后历代战乱频仍，至少不可能绕过元末明初那场惊世骇俗的天灾人祸，岂有“零山村”一己完卵于后世之可能？在于“药王村”期间的住民，也只能是明代早期山西大移民的实践者，首先借庙而宿以便再图生活。间或其中有人开起客店后，偶尔得知当地此前曾经有过“零（灵）山村”，遂以其旧，名称“灵山店”了。然后，恰逢晋商东渐之天时，越杏子沟集贸之地利，以至“灵山镇”应运而生。

关于时人获取“灵山”这个名字的渠道，推测应该从慧炬寺僧人口中得到的可能颇大，因为当时平民百姓识字的很少，相对其寺中有的僧人不仅识字，而且有很多的空闲时间在那片小天地里，与其石碑长期耳鬓厮磨，以至对其碑文的每一个字都了然于心。果然如此，就会在游方化度过程中，或者借着百姓们前去上香祭拜的机会，便把碑文上的“零山村”提调出来，公之于众了。

却说灵山借助晋商东渐发达以后，尽管为一方名镇，然彼“镇”而非今“镇”。今“镇”特指县级以下的重点行政区域，彼“镇”则确指规模较大的一个具体居民点，如从前的“灵山镇”只合与今之“灵山村”画等号。

从前的“镇”有两个硬性条件：一是要有集市；一是要有像样的大街和至少一座通街的阁楼，俗称“阁尔”（gǎor）。

另外，从康熙时的“灵山社”名，也佐证着历史上的确应该有过一个叫“灵山”的优等居民点——或者历史悠久，或者规模较大，否则，其“社”名将何其据？如此正好与上述唐碑之“零山”相呼应。

灵山村在县级以下的政区归属情况，清代以前不详。据《旧志1》，康熙时名灵山店，治于灵山社；清末改称灵山镇，归属仍然。再及其后，无论“灵山”作为政区单位如何称谓，总之灵山村必在其治下。

三、灵山村史话

跨越唐代“零山村”的沧桑变化，以至明代以前暂无再见与其相关的文献记载。甚至明代也只留下一个远去的背影，无法正视其真容。

综合两种《旧志》，康熙年间作“灵山社灵山店”，光绪年间作“灵山社灵山镇”，随其称谓变化，兼及当地民谣“赶沟里（杏子沟村之俗称）集，住灵山店”之谓，可见“灵山集”蜕变于“杏子沟集”并非妄说。“沟里集”迁址或因受限于场地拘谨，不足以支撑大规模的集市贸易。同时，也表明灵山建镇也只是清代中后期的事。现灵山村十天四个集，仍沿袭其历史传统，每逢农历的三、五、八、十是集日。《旧志2》载集日为“一、五、八、十”，明显错误，因“十”和“一”是连日，“一”和“五”隔日太多，有悖常识。

另外，灵山村每年4个传统庙会，依次是农历的二月初八、四月十八、五月初五和十月初三。其中二月初八和十月初三的两个庙会正处于农闲季节，规模尤大。还有，当年灵山镇大街上的匠铺（作坊）多达数十家，有的有“字号”（专用名称），如“东昇恒”“西宜恒”“利新仁”“新民作”等；更多的是以匠人的姓氏冠于所操的职业之前，称某家某某铺（店、坊、场）等。

从前一般村子都没有小卖部，附近老百姓所有的生活用品、使用的工具，除了自家地里出产、自家制作的以外，基本都源自于“赶集”和“上庙”。

灵山村明代科举情况不详，有清一代一共出了5个秀才。其中一个武秀才出在北头庞家，家传一把长柄大刀，重200多斤，1958年大炼钢铁时销毁。

所谓文秀才，是清代对于诸生、国学生等一类人的统称。当年该村计有以下四位文秀才。

1.“吕新，灵山镇人，康熙初诸生，性纯笃，嗜读《孝经》，事父母先意承志，凡所以悦亲者无不至……”（《旧志2》）

2.“庞玉，灵山镇人，国学生，幼习医，常施药物济贫困。乡人妇孺不守礼者，辄面斥之。道光三十年（1850）年七十一卒。”（《旧志2》）

3.吕文义，清末民初人，曾受邀参加宣统皇帝的登基大典。（采访记录）

4.吕秉阳，灵山吕家第十四代后裔。（据2019年1月19日《吕

氏族谱》）

一个村子的古寺庙多少，亦能从一个侧面反映其户籍规模大小和文化根基深浅。《旧志2》记载，“灵山镇……庙宇十：关帝、天星、马王、大士、五道、河神、三官、瘟神、观音、龙王、玉皇”等。现唯能回忆者，除了那座尚存遗迹的药王庙（寺）外，再有老母庙、桃园庙、三官庙、水莲山庙（猴神庙）等4座。

灵山村的传统花会始于清末民国时期，计有：擎阁、大幡、大鼓、骑毛驴、跑旱船、踩高跷、舞龙、耍狮子、西乐会和形意八卦拳等。

据采访资料，截至1990年，擎阁和大幡已历经57个年头。灵山大幡在民国中期玩得最溜，时有“四胖子、四瘦子”等8个人技艺炉火纯青，各自都能仅凭双手起伏有致地操控大幡，猛然冲过阁尔下层约4米长的石券洞，而不致其幡面着地，然后再竖直了它继续玩耍。可惜8个人的姓名一个也没流传下来。

四、文物遗存及名人逸事（趣闻）

【灵山阁尔】

从前灵山镇一条大街三里长，3座阁尔依次分布在南北两尽头和正中央，分别叫“北头阁尔”“南头阁尔”和“当下阁尔”（土话“当下”即“中间”；“阁”音“gǎo”），皆券洞城门楼阁式建筑，上层阁楼均于1939年被侵华日军的飞机炸毁。

南头阁尔建筑最早，具体时间不详。下面型石券拱高、宽及纵深均3米多，可通行人马及车辆；上层阁楼四檐五脊布瓦顶，凌空翘角，上饰脊兽，下悬风铃。新中国成立后因通行汽车需要，下层拆除。

北头阁尔据勒石所载建于“嘉庆十岁（1805）乙丑年仲春”，原来也是两层建筑。券洞比南头阁尔的略高，只是进深单薄，后来加倍续建。20世纪90年代初扩街时拆除。

当下阁尔位于大街中央十字街口，由庞姓作头（泥水匠领班，佚其名）组织并倡捐（俗称“敛钱”）兴建，远及定州、安国、博野、蠡县一带，迄今150年左右。其流年天气大旱，直到农历六月廿八阁尔建起那天，刚好下透雨。阁尔下层四门五券、十字通街，全部型石砌筑。下层高约6米，总高10米左右，设台阶100多级。下层内部东南角悬挂一口大铁钟，高约2米。顶层阁楼与南头阁尔类似，只是大方了许多。1972年拆除。

大街南北阁尔以外各有券拱石桥，北面石桥拱顶有兽头石，为全镇9座“桥儿”之一。

【北岳庙】

北岳庙在村西庙冈（也叫平顶山）北侧，早年被毁，今庙重修于2005年，有碑《重修北岳庙圣母殿碑记》。另有古代残碑数通，其中一通立于乾隆三十八年（1773），碑文已难卒读；再一通，右上角的四分之一被凿离，另作一方，款识“大清光绪三十三年（1907）岁次丁未孟冬穀旦”，文字尚清，但缺口过宽，损字许多，不易断句达意；又次一通，唯有少许残字，然“北岳庙记”4字犹清晰可辨。

【药王庙】

药王庙，也叫“药王寺儿”，抑或其中神、佛并举，抑或次第相继，以至于叫法不一。当地惯称之“大寺”亦即此，须是“药王村”的摇篮襁褓。

【三官庙】

（参见本书上编第六章第三节同题内容。）

【王子坟】

在今村西省道S241宝平线一旁。20世纪90年代，省文物部门联合县文物保管所发掘时出土了许多陶器、瓷器。推测为一座汉、魏时期的古墓。后因修公路需要，遗址毁没。

【大力士吕老策】

吕老策，清末民初人，身材魁梧，吃得也多，力气也大，相传能徒手把三个磟碡竖着摞起来。由于灵山村人多地少，幸亏出产砟子（煤），除了开矿挖煤的一些人外，赶着毛驴到平原地区驮卖砟子也是一大行。每常出去都是三五成群，也好有个照应，一旦当天回不来就得住店。住店按人头包伙食，因为吕老策一个人顶仨人儿吃，时间一长总是平摊伙食费，同伴们难免就有所计较，从而产生了不想跟他搭伴儿的心思。

一天早晨，吕老策醒了以后，见同伴们早起身走了，单单丢下了他一个人。无奈他只好自己掏钱儿跟店家要了点儿饭吃，孤零零地上了路。尽管如此，他也只能忍住性子，以免往后外出时不甚孤零寡落。后来几个人又凑在了一起住店，住店以后，一般都是先把驴背上装满砟子的鞠笼架子卸下来，好让毛驴打个滚儿、解解乏，然后再给它饮水喂食。

一切安排妥当，吕老策趁大家睡了觉以后，偷偷出来，见客店的院墙不是太高，就把同伴们的鞠笼架子移过去骑在了墙头上。

第二天清晨，几个人又想故技重施，却都傻了眼，但见一副副鞠笼架子都如此这般的高高在上了，且都装满了砟子，每架鞠笼至少也有200多斤。要命的是笼筐一边一只，尽管几个人一起上手，也无法举过墙头，却又不能只往一边用力，那样就会把鞠笼架子撅翻，把砟子全撒在地上，那可是他们各自一家人的活命本钱，怎么舍得？无可奈何，这才回屋去叫吕老策，说该起身走了。吕老策早料定了他们的无奈，说："天气还早，我还没睡醒，不行你们就先走吧，覅等着我了。"接着几个人一总给他说了半天好话，才把他央及起来。于是，他只纵身跃上墙头，用双手轻轻地把几副鞠笼架子一一提过墙头，轻轻弯腰下放，让站在客店墙下一边的伙伴们稳稳接到手里……

从此以后，几个伙伴再也不敢捉弄他了。

五、早期党建与抗战史

【早期党建】

灵山村是曲阳县最早建立中共党组织的村庄之一。1927年，庞振庄、王银科在保定第二师范学校读书时入党；1929年，二人回村建立全县第一个党支部。1933年，庞连中、吕发周同时入党。1938年，灵山村已有大批共产党员。

【抗战简历】

1939年，即日本鬼子占领灵山的前一年，日军多次出动飞机对灵山一带进行狂轰滥炸，炸死炸伤许多抗日军民和普通百姓；炸毁数以百计的民房和其他建筑物，如其大街上的3座阁尔顶层的阁楼，都是当时被炸毁的。

1940年，日寇在灵山村西北一个叫高台上的地方构筑起碉堡（俗称“炮楼”），以为曲阳县北部的中心据点，这期间拆毁大量民房，役使本村及邻村大批青壮年村民轮换与其当伕劳作。然后，架设电话线，以便与县城和周围各个小据点联系。该炮楼高10多米，占地半亩多。1945年日本投降后，日伪军才全部撤走，然后炮楼拆除。

特别令人痛恨的是，灵山炮楼里一度有个日本鬼子炮手喜欢“打活靶子”，就是喜欢用活人当靶子用枪炮射击。就他这种野兽行径，可不得赶紧把他除掉。有一次，敌人要去东边的一个村子执行任务，将路过韩家村。区委得到消息，立马派了一名神枪手埋伏在韩家村外的陈家坟里，依仗坟头上长满了的杂草灌木做掩护，待机消灭这个禽兽。当日本鬼子进入附近的东河滩时，神枪手即扣动扳机，只一枪就毙了他的狗命。

估计他的同伙也早已不齿其恶行，竟然没做任何回应，只把他的尸体像拽死狗一般地拽起来，往马背上一搁，就掉头按原路返回了。

【革命烈士】

1.日军侵占灵山后，中共地下党领导的区政府成立了锄奸队，该村冯三红担任队长，连续铲除了几个主要汉奸，有力地压制了一些人企图给日寇当帮凶的嚣张气焰，致使敌人把他当成了眼中钉、肉中刺，非置其于死地而不可。冯三红在一次锄奸行动中不幸被捕，尽管敌人软硬兼施，但他始终坚强不屈，因此惨遭活埋。

2. 游击队员杨二山遵从上级指示，以防各个据点的日伪军相互勾结、狼狈为奸，在一次钩电话线行动中被捕，被钉死在电线杆上。

3. 晋察冀军区三分区侦察排战士庞三多，双把盒子枪经常掖在腰里，上衣敞着怀，一副快意恩仇气派，不幸在一次靠近炮楼侦察敌情时被捕，被日寇的狼狗活活咬死。

六、新中国成立后的特色经济历程

灵山村的采煤历史始于何时不详，民国时期村北矿井即以股份制的形式存在，共有5层煤，以老炭为主。20世纪50年代一度下马，然后以公私合营的形式重新开张，后因发生矿难事故被封。1974年，由大队（村）集体挑头再张旗鼓。

村东南宋家滩煤井始于清末，几度兴衰以后，终归大队经营。生产队期间，全村共有5个小煤窑，除了大队集体经办的2个以外，还有二合一、四合一、五合一等形式的3个。所谓“×合一”，即由对应的几个生产队参股合办的意思。

改革开放后，全村出现了10多对煤井。灵山白煤质量好，但存储形式不确定，一般都是一窝一窝的。从前因为勘探技术落后，经济效益只能与运气挂钩，倘若运气好挖到一窝大矿，就算发了财了；否则，就连老本也得搭进去。

另外，生产队时期以至21世纪初，该村一直开办着5个白灰窑，开采当地的山石以为原料，烧制白灰，供应当地建房和构筑其他建筑物之需。由于原料的碳酸钙含量很高，因此白灰质量亦佳。

20世纪60年代，由保定地区重工业局统筹，安国（今安国市）煤矿在村南开办，因无效益不久撤出。

当地小煤窑被取缔后，代之以开煤场购销煤炭和购置大型载重汽车运煤，蔚成风景。当年，公路两侧到处都是煤场，计有近20个，总占地1000多亩；保有大型运煤汽车120多辆。

七、文化娱乐、基础教育、医疗保健

【文化娱乐设施】

该村现有文化娱乐广场2座，合计占地2700平方米，配备20多种健身器材；文化活动中心1个，建筑面积110平方米。

【基础教育】

清光绪二十八年（1902），该村即建立学校，《旧志2》载："灵山镇，在显神庙，有东厦三楹，为学舍，山地二顷，收租钱为经费。"

1937年，始建灵山高级小学。

1956年，灵山中学建立，除县城以外是全县最早一所全日制中学。"文革"时期一度开办高中班。当时学校施行军事化管理，管原本的"班"叫"排"，"小组"叫"班"。

"文革"当中，灵山中学发生过一例恶性事件，受害人叫佟义成，女，湖南人，毕业于中国政法大学，因早期被打成右派，下放到灵山中学当教师。“文革”初期被诬陷，惨遭喝盐水、跪玻璃碴、用绳子拽着并戴一米多高的纸糊“高笠帽”游街等多般摧残致死。“文革”后给予平反。

现灵山小学（学制6年），在校学生934名，教师40名；幼儿园5所，除公办灵山中心幼儿园（独立园）外，另有爱心幼儿园、智慧树幼儿园、向日葵幼儿园、嘉泊幼儿园等，入园儿童总计305名，幼儿教师50名。

附1：灵山中学（公办初中3年制），目前在校学生1190名，教师65名，招生范围为灵山、野北、东燕川、西燕川、磨子山、南家庄、杏子沟、石岭庄、燕南沟等9村。

附2：曲阳县第四高级中学（公办3年制），目前在校学生3186名，教师161名，全县范围内招生。

【医疗保健】

现有村卫生室2所，签约村医4名。

八、村政现状

【基层党建】

灵山村党组织建置为党委，下设东、南、北3个党支部，15个党小组，全村党员184名。其中男性153名、女性31名；党龄30年以上的老党员39名，50年以上的16名。

另外，王彦平（女），1929年7月11日出生，1945年6月入党，党龄77年；陈淑惠（女），1929年12月3日出生，1941年7月入党，党龄81年。

【集体财产】

村党群服务中心独栋三层小楼1座，占地1200平方米，建筑面积600平方米。另有：村东建设用地110亩；村西微工厂1座；灵山剧院1座，占地1300平方米左右。

【公共服务】

村民生活用水全部自来水化，电力供应充足，数字网络基本覆盖全境；通村道路、主要街道和干线机耕路全部硬化；主要街道都安装了太阳能路灯，共500盏。

附：原驻灵山村企事业单位

灵山机械厂；

曲阳县砖厂；

曲阳县耐火器材厂；

曲阳县细瓷厂；

曲阳县灵山电厂；

曲阳县第二煤矿（1962年）；

曲阳县硅铁厂；

曲阳县铁合金厂。

西庞家洼村

西庞家洼村位于灵山镇中北部，距镇政府驻地3千米。东邻东庞家洼村，南邻王家村，西邻从南到北依次是灵山村、杏子沟村和磨子山村，北面是香岩山系的崇山峻岭，东北方向的幽谷里深藏千年古刹——王子寺和锯解石等名胜景点。

交通环境：东西向的省道S335蠡野线（原称保阜线）穿村而过，曲阳东部旅游专线公路在村东与其无缝对接，往南直通县城；东北距保阜高速灵山北路口9千米，南距涞曲高速灵山南路口7千米。

一、当前的自然资源和居民状况

西庞家洼村背倚马脑山，面向三会河，总域面积约6.6平方千米。原与东庞家洼村同为一村，是原庞家洼村的发祥地。因地势相对低洼，随着人口渐长，村址遂向东侧的高岗地带发展，如此，便埋下了一分为二的伏笔，分别有了“东岗（上）”和“西（下）洼（里）”两个地名概念，最终于1932年左右分治二村。

20世纪后期改革开放以前，基于好长一段时间的生产资料公有制模式，人们普遍对荒山野岭不够重视，即便现在两村北部的大片山场也没有明晰分野。如其从西到东的滑石坂（黄坂石）沟、洼子埝沟（九龙碑）、三十里沟、桥儿沟（庞家峪沟）、大峪沟、柿子峪儿沟、白石沟和黏黏沟，以及王子寺周边等一些地方，你也说不准他们俩村的边界到底在哪儿。

不过，两村的耕地各自确定，该村耕地1175亩，人均0.46亩，以种玉米为主，兼种其他一些小杂粮。山场面积约5000亩，森林覆盖率50%，以侧柏、油松、塔柏为主要树种。

该村（包括东庞家洼村）山场广袤、峰高谷深，丰富的自然景观和适度的人文开发赢得了人们足够的关注，以至京、津、石、保等地的游客往来如梭，纷纷前来驻足打卡，进而广泛传播。大则山景，以马脑山为主，其次柏灵山、跑马梁、老佛岭等名峰，俱皆翘楚风光；幽则泉源，计有姑姑泉（俗称“水鸡儿”）、姑姑源（俗称“水坪里”）、白莲庵和解岸流苏等圣水，无不蹊跷媚眼儿。

如果说灵山小盆地是一枚金元宝，而其凸出的香岩山群峰则是其焦点灿然的蘑菇顶。马脑山是其主峰，海拔614米，虽不算太高，但因山势峻拔，在这方小天地里却不输浩然气概，照样可以“会当凌绝顶，一览众山小”！

锯解石，俗称“解岸”，高达数10米，宽3米开外，厚不过半米的样子。一片岩石耸云独立，像是用锯子从主体山梁上锯开的一般，看上去岌岌可危，恍惚要倒下来的样子；其实定力满满，一副笑傲江湖的态势，任尔风云变幻，我自地久天长！

锯解石顶部原有一个小屋，传说乃隋炀帝之妹——三皇姑为逃避其兄隋炀帝的追逼，逃到这里临险筑屋，以示与其兄不共戴天。不过，据说当年这锯解石还是跟其东部的山岗连在一起的。之所以成为今天这个样子，是因为三皇姑在这里隐居期间，其北侧原王子寺的一个和尚，跟其南侧一座道观里的一个道姑，经常在锯解石西侧根下的一块大平稳石头上行苟且之事，因此，三皇姑才调用神锯，锯开一片石壁想砸死他们。不想，石壁也锯开了，即将在当天晚上他们再到此时，推倒这片大石头把他们砸成烂泥，不料却被他们临时察觉了，如此便撒腿就跑……

锯解石之西北方向是一道深谷，俗称“箭筒”，又称“一线天”。仅望文生义即知其沟谷幽邃，两侧石壁耸立百尺，中间狭窄且荆棘丛生，略可行人。当年，三皇姑见二人跑了，一计不成便再生一计，遂拈弓搭箭猛劲射出去，不仅射死了二人，而且把整个香岩山也射开了一道大裂缝，因此得名“箭缝”。不知道什么时候，人们叫着叫着就把它叫讹（土语音wǒ）了，叫成“箭筒”了。

马脑山有三处泉源，前山两处——姑姑泉和姑姑源；后山一处——白莲庵。由其永年不涸，是故灵动鲜活的传说故事也如荒间青藤历久弥长、渐展渐茂。

尤其马脑山近年新修的混凝土硬质登山路，长约3000米，可驱车直达临近顶部的一个小广场。以其蜿蜒曲折附着于山表，像极了虬龙百屈、直欲翔天的态势，遂被远近网红所推崇，誉为“七十二拐”。进而作为高附加值能量冠之以山名之前，以至“七十二拐马脑山”即便不翼而飞。不过，要想登临极顶还需要再徒步攀登486级台阶。另外，东侧凸出一非常孤傲陡峭的小山峰，乍然看去，极像一面迎风招展的旗帜，或者从前上面长过柏树？却叫“柏岭山”。若使登顶试险，则需从登山路的中上游路段一个急转弯处向东南方向岔出，首先抵达其南侧，然后再攀131级台阶，才能实际体验那种“玉树临风”的感觉。尤其有恐高症的朋友千万要注意哟！

（以上关于马脑山的内容可与本书上编第六章第二节中的《马

脑山》专题内容互参）

目前，西庞家洼村划分为6个村民小组，村民880户、2530人，其中男性1305人、女性1225人；居村常住2000人、外出流动530人，主要分流于县城和镇政府驻地灵山村，以商贸服务者居多。村民除庞姓占绝大多数外，其他有刘、侯、白、杨、魏、王等姓氏。

2017年，全村建档立卡贫困户37户、103人，2020年全部脱贫。

二、建村历史及归属沿革

《新志1》记载："西庞家洼"立村于"北宋，村址地处沟洼处。刘氏立村，原名刘家沟，后庞氏增多。民国初分2村，该村居西"。采访资料则称：西庞家洼村建于唐贞观年间，开始叫刘家沟或刘家庄，与东庞家洼村本是一个村子。相对以上两种建村时间的说法，暂无旁证可举，且存疑俟后考。

该村清代以前所属不明，康熙年间全县以方位划分为4个乡，即东乡嘉禾乡、南乡黄尧乡、西乡从化乡、北乡归善乡；乡下置社，该村属灵山社，原名"庞家凹"。此后撤乡，保留25个社，仍隶属灵山社，村名"庞家洼"。民国时期灵山先"社"，后"乡"，总归在灵山治下；1932年东岗、西洼一分为二，该村独立门户，开始称"西庞家洼村"。然后，无论上一层政区名称及范围如何变化，始终"灵山"治下属村。

（具体参见《王家村》之对应内容。）

三、西庞家洼村史话

王子寺，又名王子山院，坐落于灵山镇庞家洼村（现东西庞家洼二村）东北约4千米的香岩山深处，始建于唐开元年间，相传商朝箕子曾避纣于此，以其故王子身份，遂以名寺。历史上的王子寺与北镇村法兴寺共为一家的两个分院，原本也是北镇村的产权。

今《曲阳县王子寺重建碑记》称：其寺“解放后僧人还俗，逐渐荒废”。基于上述“逐渐荒废”期间有个流浪汉死在了王子寺里，出于需要出资掩埋，有人便去找北镇村的主事人，或者因为距离较远，没有得到回应。最终由距离较近的庞家洼村出资掩埋了死者，从而获得了王子寺的产权，此乃说法之一。另一说，参见本书《北镇村》之对应内容。

四、文物遗存及名人逸事

【王子寺】

（参见本书上编第六章第二节相关专题内容介绍。）

【兽头桥】

为灵山镇“桥儿”之一，在村东，原建已毁，今所在者为重建。

【庞氏家庙】

乾隆五十五年（1790），村民集资7000吊钱，庞静一人出资5000吊，修建家庙（祠堂）。屋舍尚存，并有碑，落款为“乾隆五十五年岁次庚戌季春”。

【庞大正和小正尔】

1. 庞大正，生卒年月不详，抗日战争时期一度任唐山赵各庄煤矿矿区皇协军队长，后投奔共产党领导的八路军，继而转入中国人民解放军，曾参加解放石家庄的战役。

2. 小正尔，学名庞军，小正尔是其乳名。一度任唐山伪剿匪司令，风头无两，当时从北京到秦皇岛的火车头上曾悬挂他的头像。一次，他骑着高头大马，偶遇下属押着本村的地下党员庞三星正好跟他打个照面，出于乡亲面上庞三星是他的爷爷辈，随即下马上前道："三爷，怎么是你？"一时间把几个拘押庞三星的下属吓得赶紧跪在地上，连声求饶。小正尔也不理会他们，只把庞三星带回家去好吃好喝好招待一番，关于他为什么被捕的事问也没问，就把他放走了。

新中国成立后，小正尔到处打工，每到一个地方都待不过一个月，因为聪明能干，又会来事儿，很招人喜欢，以至人们总想介绍他入党，因为当时政审很严，出于顾及历史糙点，便不得不尽快溜之大吉。最后，因听说庞三星在当时的热河省省会承德（今承德市）工作，是个大干部，就去投奔了。庞三星具体是什么职位，村里人都说不清，只说他的级别是高干十二级。据说，也正因为庞三星收留了小正尔，自身也受到了影响，再也没有升迁。

五、早期党建与抗战史

【早期党建】

1928年9月，该村庞子英在保定第二师范学校读书时加入中国共产党，先后在灵山一带及燕南民众学校介绍王银科、张靖、高宗琨等30多人入党。著名作家梁斌小说《红旗谱》中的庞子英即其人。

1933年，该村庞造才、庞二喜等首先加入中国共产党。同年成立党支部，庞造才首任党支部书记，1944年庞二喜接任第二任党支部书记。

【抗战英雄庞梦圆】

（参见王家村【抗战范例】中的介绍文字。）

六、新中国成立后的特色经济及建树

1960年5月，与东庞家洼两个大队集体合办煤矿，出产烟煤（俗称“明碴子”）。一年多后，归属权转为地方国营，具体由灵山人民公社派人管理。次年，因国民经济调整下马。1971年，由保定地区重工业局统筹转由唐县来人经营。同时，高阳县也在村境开办煤矿。不过，都没有产生效益，至1973年停转。1968年，地区灵山煤矿在村境创办第四矿井。

西庞家洼斜坡深水井井口（庞民权供图）

改革开放后，一度出现煤炭乱开

滥采现象，导致事故多发。1982～1983年，是其数量上的高峰期，1992年效益最好，2001年左右停产。

在农业战线，1969年，全国“农业学大寨”运动进入高潮，该村试图通过打地道的方式，将北镇村南水马槽里的水引到该村村北的桃儿坡上，全程约2千米，中间设二级扬水站，终未成功。

另外，1971年冬季至次年春季4月1日，全村村民（社员）通过204个昼夜的艰苦奋战，打出了一眼连通地下暗河的斜坡深水井，坡度约42°，斜长120米、宽2米、高1.8米。这期间用掉钢钎190公斤、炸药1750公斤，压折扁担32条，从而彻底解决了西庞家洼村自古以来的吃水难问题。由此，受到省市领导的高度关注，通过登报纸、上广播等形式广为宣传。尤其1972年，省政府出面，还组织了一个由12个省市派代表参加的大型参观团，前来参观、学习，着实风光了一阵子。

2000年，建筑攀登马脑山道路的沿途凉亭6座，并其街口石牌楼1座。

2012年，村民集资安装路灯70盏；2018年，基于县交通局帮扶，安装太阳能路灯70盏。

2000～2013年，修筑机耕路17,430米，硬化路面18,760平方米，一并硬化街道及娱乐广场38,750平方米。

2014年，自筹资金，铺设自来水管20,000余米，688户村民用上了自来水。其余农户此前已用上驻村一企业提供的自来水。

2015年，通过平整三郎沟工程，新增耕地40余亩。同时，开辟6亩荒坡建起一座现代化的教学楼，建筑面积2300平方米，其中操场占地5亩左右；辟地3亩，修建幼儿园，其中楼房建筑面积1300平方米。

2021年至今，修机耕路5250米，硬化路面28,475平方米。

2022年，通过平整学校门前的荒沟，埋设涵洞管道300米，因此增加耕地50亩。

七、文化娱乐、基础教育、医疗保健

【文化娱乐设施】

该村现有文化娱乐广场4座，总面积约5000平方米，装备各种健身器材48套；文化活动中心1个，建筑面积120平方米。

【基础教育】

原庞家洼小学始建于1949年，当时的老师叫苑泽团，传说是整了形的日本特务，未详虚实。

现西庞家洼小学（学制6年），在校学生195名，教师11名；西庞家洼幼儿园（公办独立园）1所，入园儿童26名，幼儿教师5名。

附：【高知人才】

刘旭杰，男，1988年7月出生，西庞家洼村人。2006年9月～2010年6月，就读于华中科技大学材料科学与工程学院；2010年9月～2015年7月，就读于清华大学材料学院，获博士学位，2013年4月～2013年9月为德国美因茨大学交换生；2015年11月～2017年11月，清华大学深圳研究生院，博士后；2018年1月～2020年1月，美国凯斯西储大学，博士后；2020年3月至今，广东工业大学“青年百人计划A类”人才，生物医药学院副教授。

【医疗保健】

现有村卫生室1所，签约村医4人。

八、村政现状

【基层党建】

西庞家洼村党支部下设3个党小组，全村党员78名。其中男性68名、女性10名；党龄30年以上的25名，50年以上的10名。

【集体财产】

村党群服务中心1座独立院落，占地1000平方米。建筑为二层小楼，建筑面积500平方米。

【公共服务】

村民生活用水全面自来水化，电力供应充足，数字网络基本覆盖全境；通村道路、主要街道和机耕路全部硬化；主要街道全部安装了太阳能路灯，共140盏。

东庞家洼村

东庞家洼村位于灵山镇中北部，距镇政府驻地3千米，东邻涧磁村，南界岗北村，西连西庞家洼村，北部是连绵的群山以及千年古刹王子寺。

交通环境：省道S335蠡野线（原称保阜线）穿村而过，曲阳东部旅游专线公路在村东与其无缝对接，往南直通县城；东北距保阜高速灵山北路口9千米，南距涞曲高速灵山南路口7千米。

一、当前的自然资源和居民状况

东、西庞家洼原为一村，1932年分治。北部的马脑山、古刹王子寺及其附近一带的山场现仍为其二村共属。该村辖域面积15平方千米。其中耕地880亩，人均0.41亩，主要种植玉米、谷子、山药等；山场15000亩，部分绿化，基本栽种柏树。

全村划分为5个村民小组，居民660户、2150人，其中男性1120人、女性1030人；居村常住1950人、外出流动200人，主要流向县城和保定市区，以经商、在职职员和打工者居多。村民姓氏以庞、刘二姓为主，其他有张、陈、杨等姓氏。

2017年，全村建档立卡贫困户49户、81人，2020年底全部脱贫。

二、建村历史及归属沿革

《新志》称：该村始建于“南宋”。此一说法明显错误，因为我国北方并无南宋时期，对应的则是金代。东、西庞家洼原本一村，其主流庞姓村民与西庞家洼村同姓者同宗共祖。二村于1932年分治，此前现村址称“东岗上”，由现西庞家洼所在的老村拓展以成，相对的老村址则称“西洼里”。

（其余归属情况，参见《西庞家洼村》的对应内容。）

三、东庞家洼村史话

（参见西庞家洼村对应的介绍内容。）

四、文物遗存及关联回顾

【王子寺】

与西庞家洼村所共有。

（参见本书上编第六章第二节专题内容介绍。）

五、早期党建与抗战史

【早期党建】

该村同西庞家洼村一样（当时二村尚未分治），受当时该村在保定“红二师”读书的庞子英影响，早在1932年就有了本村的共产党员，如庞彬如、刘丁山、庞永茂、刘沙小等，并成立党支部。刘丁山首任党支部书记；然后，由庞海清继任。1933年，涌现出大批共产党员，大致有吴海瑞（女）、庞更来、庞新月、刘庄尔、庞振茂、庞民勇、庞喜宝、庞秋义、庞海清、庞三海、庞翠丸（女）、庞增顺、庞立顺、庞贵成、庞立法、庞更义（首任村长）、韩胜云等。另有，1941年前后庞立国、冯香艳（女）等人入党。

【抗战英雄庞立国】

1942年端午节，爆破盘踞在该村的鬼子炮楼，该村报道员庞立国具体参与。

（详见《王家村》同一战例文字介绍。）

六、新中国成立后的发展历程

该村采煤始于1960年5月，与西庞家洼两村（时称大队）合办矿井，生产白煤（俗称“笨渣子”）。1971年至1973年，矿井划归唐县经营。1968年保定地区灵山煤矿第四矿在村境开办，直至地区煤矿全部停办时止。

改革开放以后，小煤井一度泛滥，最多时有20对左右，由于事故频发，时有关停者。至21世纪之初，因环境问题全部关停。同期或稍后，开办煤场约50个，占地200多亩；一并有大型运煤汽车100辆左右。

七、文化娱乐、基础教育、医疗保健

【文化娱乐设施】

村文化娱乐广场1座，面积1200平方米，配套健身器材12套。

【基础教育】

该村小学始建于1951年。

现东庞家洼小学（学制6年），在校学生176名，教师10名；创世纪幼儿园（民办）1所，入园儿童30名，幼儿教师3名。

【医疗保健】

现有村卫生室1所，签约村医3名。

八、村政现状

【基层党建】

东庞家洼村党支部下设5个党小组，全村党员56名。其中男性50名、女性6名；党龄30年以上的20名，50年以上的9名。

【集体财产】

村党群服务中心独立小院1座，占地200平方米，建筑面积120平方米。

【公共服务】

村民生活用水全面自来水化，电力供应充足，数字网络基本覆盖全境；通村道路、主要街道和干线机耕路全部硬化；主要街道全部安装了太阳能路灯，共30盏。

铁岭北村

铁岭北村位于灵山镇东部，距镇政府驻地5.5千米。东偏北邻套里村、偏南邻朱家坡村，南界北镇村，西连庞家洼村，北邻树沟村。

交通环境：省道S335蠡野线（原称保阜线）穿村而过，过路班车东通保定市区，西至阜平县城；另有乡道北来，过路班车可直达本县县城和镇政府驻地灵山村。

一、当前的自然资源和居民状况

铁岭北村依山带水，通天河从村东过境。全境平均海拔140米，总域面积4平方千米。其中山场500亩，已绿化100亩，树种为槐树；耕地954亩，人均0.88亩，以种植玉米为主，此外，部分种植谷子、山药、花生等。

全村划分为4个村民小组，村民375户、1081人，其中男性560人、女性521人；居村常住1048人、外出流动33人，主要流向保定、石家庄、北京等地，基本以汽车运输、经商和打工为业。村民姓氏以王、苑、李三姓居多，其他有冯、刘、张、白、武等姓氏。

2017年，全村建档立卡贫困户19户、37人，至2020年全部脱贫。

二、建村历史及归属沿革

《新志1》载：铁岭北村“明初”建立，由于“村南有座山，名铁岭”，故名。采访资料称：村南山岭岩石富含赤铁矿成分，故名“铁岭”。依此，村名与志书相合，只是立村时间不明就里。

相传，该村由白、冯两姓先人创建；苑姓源自横河口村，基于横河口村清代一功名人家在其村外建坟（参《横河口村·柏树坟》之介绍文字），以“看坟人”的身份迁住该村，从而散枝展叶，以至后来居上；其余姓氏佚其渊源。

铁岭北村清代以前归属不详，清康熙年间属龙泉社，及至清末仍其旧属。民国时期先“社”后“乡”，仍在“龙泉”治下。1953年7月，设树沟乡，属之。1956年8月，裁撤树沟乡，属涧磁乡。1958年8月，铁岭北村改称铁岭北大队，属灵山人民公社；下设管理区，属涧磁管理区。1961年5月，改属涧磁人民公社。1964年1月，改涧磁人民公社为南镇人民公社，属之。1984年4月恢复乡镇制，属南镇乡，同时“大队”复其称为“村”。1996年并乡扩镇，改属灵山镇，至今。

三、铁岭北村史话

清朝末年铁岭北村子尚小，不过三十几户人家，百十多号人，且还都是清贫人家，基本没有自己的土地。村外像样的土地都是横河口村苑姓地主家的，村民几乎都是他家的佃户。只在20世纪中叶，农村实行土地改革以后，村民才从地主手里分得了土地。

该村的快速发展，得益于20世纪60年代修筑保（定）阜（平）公路（今省道S335蠡野线前身）。从前，所靠者穷山：不是它寸草不生，而是因当时村民生活资源极度匮乏，不等草木长大多半就被刈除了，或者当作饲料喂牲畜，或者接济饥馑年月粮食不足以填充人们的肚皮，再则或用以烧柴做饭；所近者恶水：通天河天堑阻隔，源远流长，每当夏天，不知道什么时候、上游的什么地方就会猝降暴雨，致使下游毫无征兆地就暴发洪水，不仅淹田毁屋，而且往往酿成人祸，且又交通十分不便。保阜公路修通的以前以后，对于铁岭北村而言，简直冰火两重天，原本十分闭塞的小山村，猛然变成了一方水陆交会的交通要地。

该村村北原有一座古庙，20世纪90年代残址尚存，在其基础下曾出土了一尊小玉佛头，经专家鉴定，为唐代遗物。并且附近还发现了一座古代磁窑，出土了许多窑器和窑具。

四、文物遗存及关联故事

【铁岭北大桥】

该桥东西方向横跨于铁岭北村东的通天河上，一名“通天河漫水桥”，是当年保阜公路的重点工程之一，也是我县第一座钢筋混凝土结构桥梁。全长120米，宽7.5米，桥下33个涵孔。1965年8月由下河、南镇和邓家店（20世纪末，合乡并镇时所辖各村整体并入郎家庄乡）3个人民公社的民工义务修建。

修建大桥挖基础时，曾挖出捶板石、碾子还有箭头等许多老物件。相传此地本是明代燕王朱棣扫北前夕操练兵马的古校场。

如今省道S335蠡野线之铁岭北大桥为钢混高架桥，重建于2000年。

【柏树坟】

柏树坟，原址于铁岭北村东，当是横河口村苑锦泰的祖坟。

鉴于清朝政府时常出台卖官鬻爵政策，以致他靠捐钱取得功名而自贵，以其广有土地，便海选了这块风水宝地，死后葬在了这里，进而历代后人亡故后依次入葬，从而形成了足有大几十亩地的一处特大坟场，不仅石碑林立，而且柏树众多，因此人称“柏树坟”。

柏树坟毁于“文革”初期，从中出土的许多金银玉器陪葬品，或被哄抢，或被捣碎；当时，坟场的柏树井然有序，足有上百棵之多，许多都有一搂多粗。

（以上介绍可与《横河口村》同题内容互参。）

五、早期党建与抗战史

【早期党建】

1939年，冯造成、苑洋锁等先后加入中国共产党；同年成立党支部，此二人相继担任该村党支部书记，其余不详。

【英雄模范、革命烈士】

1. 冯汉臣，12岁入党，时称“少年共产党”。

2. 苑金忠（1915～1985），中共党员，1937年入伍，曾任新四军机枪排排长，历经抗日战争和解放战争。在解放阳泉的战斗中负伤，被评为二等伤残。1947年5月复员回乡，曾任村党支部书记和生产队队长。

3. 王信竹（王保尔之父），早年参加八路军，从临时县政府驻地（今郎家庄乡武家湾村）出发，去山西某地换防的途中，遭遇日本鬼子伏击，牺牲。

4. 2021年，建党一百周年庆典，该村6人荣获党龄50年以上老党员纪念章，分别是：冯庄尔、王保尔、苑双增、苑建朝、苑志峰、苑双德。

另外，当年抗美援朝的志愿军战士有：苑红进、苑进才、李新宽、王文子和王黑蛋、王康五一双亲兄弟。其中王文子荣膺三等伤残。再有苑占权曾参加对越自卫反击战。

【抗战典型事例】

抗日战争时期，二起他娘抱着他从土岸上跳了下去，鬼子打了一枪，从二起的手掌和娘的肩上穿过，没伤着骨头，幸而得活。

六、新中国成立后的重大事件和特色经济

【保阜公路大桥】

（具体参见以上《铁岭北大桥》之内容。）

【汽车运输】

20世纪末至今，保有重型运输汽车50多辆，从业人员130人左右。

【特色养殖】

有数家养猪场，用工10人左右。

七、文化娱乐、基础教育、医疗保健

【文化娱乐设施】

现有村级文化娱乐广场1座，占地面积300平方米，配备健身器材11套。

【基础教育】

铁岭北小学始建于1949年，2018年迁新校址。现小学（学制6年）在校学生98名，教师9名；幼儿园（校中园）入园儿童9名，幼儿教师1名。

【医疗保健】

现有村卫生室1所，签约村医2名。

八、村政现状

【基层党建】

铁岭北村党支部下设2个党小组，全村党员52名。其中男性47名、女性5名；党龄30年以上的13名，50年以上的5名。

【集体财产】

现党群服务中心独立小院1座，占地300平方米，建筑为二层小楼，建筑面积600平方米。另有山场500亩，包括已育林的100亩。

【公共服务】

村民生活用水全部自来水化，电力供应充足，数字网络基本覆盖全境；主要街道和机耕路基本全面硬化；主要街道都安装了太阳能路灯，共90盏。

树沟村

树沟村位于灵山镇东北部，距镇政府所在地7.5千米。东邻套里村，南界自东而西依次邻朱家坡村和铁岭北村，西与高家峪自然村（从属该村）连绵，北与南家庄尔村共界。通天河从村西、南两面绕村过境；有名的山峰有大鸡冠、小鸡冠、牛尾巴寨、十二顶、六七岸（留妻岸）、王子垛、猪粑粑坡等。全境平均海拔60米，其中高家峪自然村原址附近的山峰最高，海拔约650米。

交通环境：省道S335蠡野线（原称保阜线）于村南穿境，过路班车可直达保定市区、唐县、阜平等地，以及县城和镇政府驻地；西南距涞曲高速灵山南路口8千米。

【附：高家峪】

高家峪为树沟村领属的自然村，人民公社时期为树沟村的一个生产队。

（此略，详见本书上编第二章第二节中末尾部分的相关介绍。）

一、当前的自然资源和居民状况

树沟村（含高家峪）总域面积6平方千米，其中山地4000亩（含生态公益林1800亩），其他绿化林地300亩，树种以柏树、槐树为主；耕地1428亩，人均1.22亩，一般种植玉米、谷子等。

全村划分为7个村民小组，居民342户、1167人，其中男性662

人、女性505人；居村常住784人、外出流动383人。主要流向保定、北京等地，基本以打工为主。村民姓氏以崔姓为主，其余有刘、李、苑、张、杨、潘、庞等姓氏。

2017年，全村建档立卡贫困户18户、31人，2020年全面脱贫。

二、建村历史及归属沿革

《新志1》载：树沟村立于“元”代，由其“村址所处沟内长满树木”，故名。据采访资料：刘姓先人首建此村，不知年代。后代有个人称“刘八仙”的是个看财奴，因开着客店家境也算殷实，却过分节俭，赶上有一年通天河暴发山洪，又是在夜间，一总连家产带家口都让“过路的龙王爷”带走了，从而留下了一首民谣：“做人别学刘八仙，舍不得吃，舍不得穿，攒下家财万万千，一宿儿冲了个干净儿干。”相传民国时期以前，树沟大店非常出名，素有“东家村、西家店”的说法。

树沟村清代以前，归属不详，有清一代隶属龙泉社。民国时期先“社”后“乡”，仍归治在“龙泉”名下。1953年7月，该村设乡，自属。1956年8月，裁撤该乡，改属涧磁乡。1958年8月，树沟村改称树沟大队，属灵山人民公社；下设涧磁管理区，属之。1961年5月，改属涧磁人民公社。1964年1月，改涧磁人民公社为南镇人民公社，属之。1984年4月恢复乡镇制，属南镇乡。1996年并乡扩镇，改属灵山镇，至今。

三、树沟村史话

树沟村原有南姓人家，由于当年在村南打井，发生事故，死了最后一个南姓人。据采访记录：别看当年通天河四围村庄，然却除了其村南，别的地方打井都打不出水来。

基于采访信息，“树沟小学堂”是当地最早的一所学校，校址在西大岸上，始建于1871年，果然如此却也不谬。一说只有3名学生，后来都成了当地的术士高人，分别是该村的崔景华（号称“崔先生”）、现下河镇石桥头村的南树堂（“南先生”）和现党城乡党城村一个号称“甄半仙”（佚其名）的。

树沟村1953年7月至1956年8月之间，为树沟乡治，乡长崔香立，本村人，1940年曾任该村游击组长。

该村传统花会唯打鼓队一项，是派人偷听套里村的鼓谱学到手的。

村中原有老母庙和老佛庙等古建筑，农历四月初八为该村的传统庙会。另外，村北还有一座古老的关帝庙，在附近一场与日本鬼子的战斗中，牺牲了一些八路军战士，出于当时条件所限，其遗体曾在关帝庙里短暂存放。

四、文物遗存及人物故事

【崔先生】

崔先生名景华，清末民初在世，相传他料事如神，在周边各县很有名望。当年晋奉大战之间，东北军的张大帅张作霖曾请其出山，他随即掐指一算，料定张不日将败，坚辞。儿子崔白子，抗日战争和解放战争时期持续在八路军和解放军中服役，任职某部参谋。

【四爷崔老墨】

崔蓝天，其号“老墨”（取“蓝蓝天上一片黑”之意），清末科考高中秀才第一名，即所谓“解元”，在家排行第四，人称“四爷”。相传当年举凡十里八乡的百姓遇上了难事，都免不了请他出面，一般也都迎刃而解。尤其以解决横河口村苑财主家死人后无法举丧，以及平复北镇村跟唐县贤表村两亲家之间因闹出了人命从而难以收拾的事而声名大噪。大致情况如下。

1. 横河口村苑财主，一向尖酸刻薄，村里人缘儿极差，老父亲死了人们都不去帮忙，因没人帮着抬棺材，就发送不出去，可让他遭了大难了。

从前，以当地风俗，不时兴用大车往外拉死人，基于一句俗语“大车拉王八”的说法从而形成风俗。就是说，大车拉死人进墓地是大忌，会被人骂成“王八”。且还正赶上流年天气大旱，他家里的水井偏偏就没水了。倒是村里也有共用的官井，出于他平时对公益事业漠不关心，据说就连村上人到他家去敛买井绳的钱，依仗家里有井都一毛不拔，因此这次他家办丧事需要待客做饭用水时，乡亲们都公然跟他作对，把井绳解下拿走坚决不让他用。无可奈何，便想起来去找崔老墨给出主意，看如何是好。

崔老墨瞅准了乡亲们这是故意臊他的脸皮，但丧事怎么也得办，总不能让死人烂在家里不是？所以，就想了个既给他办了事，又让乡亲们得到好处的法儿。

首先，崔老墨让苑财主打开粮仓，站在仓门口双手合十作揖，当众给大家道歉，然后大声喊话，说谁要是上前帮忙做饭，就到他家粮仓里取米，捞出来的小米干饭尽管带回家，只把米汤留下就可以。面对如此大的诱惑，许多的乡亲就受不住了，从而解决了他家做饭缺水的问题。

然后，他让苑财主在从树沟村到横河口村的半路上，在指定的地方放置好一大批祭品和孝服，然后回家在本村找了一群年轻后生，让他们依计行事。第二天，横河口村苑财主家猛然来了许多披麻戴孝的年轻人，一下子把横河口村的老乡亲就都震住了。当出殡的时候，本村人都不上前，那帮所谓的“孝子”便一拥而上，一直把棺材抬到了墓地。鉴于这种情况，许多本村人也参与了进去，至此，事情圆满结束。

2. 当年，上述分属唐、曲二县的两个村子的两亲家闹出来一件人命案子，据说双方县太爷都感觉棘手不敢管，最终经崔老墨出面三下五除二、快刀子热水儿落落利利地就办结了，从而传开一段歌谣：

唐县有个贤表村，曲阳有个镇龙泉（即今“北镇村”）。
贤表有个姣姣女，嫁与龙泉一儿男。
只因选了黑道日：隆冬腊月二十三，
姣姣女碰对了悍婆婆，怎么看她也不顺眼。
一天得挨三遍打，三天得挨九遍揎，
这般光景过不动，夜半寻死梁上悬。

报丧找了个飞毛腿，夜行八百日行千，
转眼进了贤表村，闪身儿进了亲家院——
刀枪剑戟一大溜，满带杀气好威严，
堂屋里挂着元帅印，前厅里站着先锋官，
闻听事急岂肯罢，人命关天要问端。
咚咚放了三声炮，点将点了一两千，
领兵到了铁岭北，安营扎寨槽儿庵（铁岭北村南一地名）。
沥沥拉拉一河滩，要杀婆家人三千。
杨家不够李家添，吓得女婿麻地里钻。
三郭四、五郭三，房屋宅院全拆完。
唐县的官躲，曲阳的官踮，全怕麻烦身上粘。
崔洛墨，面子宽，官府不管他来管——
头上戴个大孝帽，身上孝服一丈三。
娘家要停丧一个月，由他掐抹（从中说合）十七天。
人死不能再复活，是事儿总得有个完。

五、早期党建与抗战史

【早期党建】

1937年，该村始有共产党员，至抗战结束先后有崔连明、崔成聚、崔香立、崔八月、崔振敬、刘开法、张絮、崔才顺等人入党。1938年成立党支部，党支部书记由崔成聚、苑长法、崔迷胡、崔开宣、刘开法等人相继担任。

【抗战简史】

抗日战争时期，原设在灵山的曲阳县民主政府第六区政府机关，先是迁到南家庄，然后为了安全起见，又迁到了地处深山区的树沟村，区公所设在崔士英家，崔香立一度任区长。

这期间，开国上将吕正操，以及著名电影表演艺术家田华等老一辈革命家，也都曾在该村工作和生活过。

树沟村的后洞儿上，一度还是枪械仓库，秘密存储八路军、武工队的枪支弹药。

六、新中国成立后的重大事件和特色经济

民国以前，通天河在树沟村北分成两岔，然后又在村南合流，以至该村四面环水。一到雨季，说不定什么时候通天河就暴发山洪，肆虐成灾，因此，村民们无不提心吊胆，活得战战兢兢。1952年，在村北修建了拦河坝，挡住了村东的河道，村民们恐惧水患的心情才得以缓解。1959年，上游暴发山洪，导致山核桃水库决堤，拦河坝被冲毁，殃及该村。1960年，由连村社组织重修，1986年再次加固增高，从而自古以来的通天河水患问题得到彻底解决。

七、文化娱乐、基础教育、医疗保健

【文化娱乐设施】

该村现有文化娱乐广场1座，占地400平方米，配备各种健身器材25套。

【基础教育】

树沟村中心小学建于1987年（学制6年），目前在校学生217名，教师13名；树沟村幼儿园（校中园）始建于1985年，现入园儿童18名，幼儿教师1名。

【医疗保健】

现有村卫生室1所，签约村医2名。

八、村政现状

【基层党建】

树沟村党支部下设4个党小组，全村党员47名。其中男性43名、女性4名；30年以上党龄的老党员11名，50年以上党龄的5名。

【集体财产】

现党群服务中心独立小院1座，占地150平方米，建筑面积100平方米。

【公共服务】

村民生活用水全面自来水化，电力供应充足，数字网络基本覆盖全境；通村道路、主要街道和干线机耕路全面硬化；主要街道都安装了太阳能路灯，共80盏。

南家庄尔村

南家庄尔村位于灵山镇东北隅，距镇政府驻地9千米。东北至东相继邻唐县西迷城乡忠勇村和下三土门村，东南至南依次邻套里村和树沟村，西濒通天河，北邻郎家庄乡南宋家庄村。

地貌形势为深度丘陵山区，平均海拔147.5米，辖境名山有卧虎山，山腰有溶洞景观，俗称“劈拉缝”；笔架山，全境最高，海拔500米，靠上部有贾岛洞（有别于西去同一山系阁尔沟内的贾岛洞），相传亦唐代苦吟诗人贾岛避世修行处。

交通环境：南距省道S335蠡野线（原称保阜线）1.5千米，有过路班车直达县城；西南距涞曲高速灵山南路口9千米。

一、当前的自然资源和居民状况

南家庄尔村域面积4.5平方千米，其中山场（河滩）1500亩，绿化率80%以上，以种植柏树为主；耕地1450亩，人均1.25亩，主要种植玉米、谷子、花生、红薯、油葵等农作物。

全村划分为7个村民小组，村民428户、1163人。其中男性639人、女性524人；居村常住人口989人、外出流动人口174人，主要流向北京、山西等地，基本为建筑行业的劳务输出。村民以王姓居多，其余有赵、庞、张、贾、邓、苑等姓氏。原有南姓人家，民国时期通天河暴发山洪，该村严重受损，家破人亡者众。此后唯剩一南姓人家，只有女性后裔，随其改嫁后南姓不复存在。

2017年，全村建档立卡贫困户12户、15人，2019年全部脱贫。

二、建村历史及归属沿革

《新志1》载：南家庄尔建村于“元”代，“南氏立庄。为区别（灵山村西邻的）南家庄，庄后加‘尔’”，故得此名。采访资料称，曲阳县和唐县在历史上一度曾以通天河为界，南家庄尔村址居河东，一度为唐县所辖。据古稀老人说，在其小时候，每当有人故去后，“开书”的时候所具籍贯仍为“贤褒社南家庄村”。

所谓“开书”，即一般成人去世后，将其生卒年月日时，尤其籍贯、身份和全息姓氏名号，以及所享寿辰等信息，一总按固定格式写在一张白色绵纸上的过程。有点儿类似“出国护照”的意思，只是没有那么烦琐，临时随便找个识字的先生一写就成，然后按男左女右的俗规，贴在面朝大街的大门一侧。据说，没有这个“护照”，逝者在阴间就无法“上户口”，以致成为“孤魂野鬼”。

鉴于以上该村曾经隶属唐县一说，可能出于一个误会，即贤褒（今名“贤表”）村不归曲阳县管，想当然贤褒社一样也就是唐县的地盘了。然考《旧志2》：这“贤褒社”，当时的确就是曲阳县的一个政区，治内还就是没有这个“贤褒村”，确实有点儿吊诡。由此或者可以说明，再早以前某段历史上的“贤褒村”果然属过曲阳县。否则，这个“贤褒社”岂不成了无源之水、无本之木？另外，《新志1》中所谓建村于“元”代之说，不知源自何处？

南家庄尔村清代以前归属不详，清康熙年间属龙泉社，村名南家庄。清末光绪年间，据《旧志2》属贤褒社，仍其村名。民国时期沿袭清末建置，然后改“社”称“乡”，不详所属。及至新中国成立后的1953年7月，属树沟乡。这期间，为区别灵山村西邻的南家庄村，遂从其俗称正式改名“南家庄尔”。1956年8月，改属涧磁乡。1958年8月，南家庄尔村改称南家庄尔大队，属灵山人民公社；下设管理区，仍在涧磁名下。1961年5月，恢复涧磁人民公社后，续属。1964年1月，改涧磁人民公社为南镇人民公社，属之。1984年4月，恢复乡镇建制，属南镇乡。1996年并乡扩镇后，裁撤南镇乡并入灵山镇，从属至今。

三、南家庄尔村史话

南家庄尔村文化底蕴较深，近代出过许多中层干部，然历史上却仅出过一个“王秀才”，却也仅是因捐而得。

民国时期，南家庄尔村以通天河为界，分东西两条街，西街住的都是财主，有王振可（王老可）、王振东、王四红（四老红）、王五红（五老红）等；东街住户都是一般百姓。

1965年，贾岛洞里曾经保存一尊完整的佛像，不知来由，也不明去向。

1967年，确定笔架山归属曲阳县南家庄尔村。由当时的保定专区派来一位臧姓科长具体处置，有碑为证。

南家庄尔曾经有个秧歌戏班（老调剧团），成立于“七七事变”之前，由唐县葛洪村的一个老师教习，用了一个冬天就出台了。该剧团一总自创了上百种剧目（片段），如《劈灵官》《杨二社化缘》《大登殿》《三娘教子》等。20世纪中前期的土改时期，戏班最活跃，近边处三头五十里以内的村子，都是他们经常巡演的舞台，尤其《李国良探家》和《血泪仇》等剧目基于社会大形势演出最多。“文革”初期，戏班名义上解散，实际则以“吹打班”的形式继续下来。2019年，重新组团，蓄势待发。

四、文物遗存及关联故事

【笔架山和贾岛洞】

笔架山，海拔500余米，隔通天河与村址对冲的正西方向，因形似笔架而得名。山势陡峭，极难攀缘，靠近顶端有一洞穴，连环通透。南面洞口西壁有墨书孟郊《与贾岛》诗一首。

【卧虎山】

位于村东北角，海拔490米，山腰有一天然溶洞，洞口如撕裂一般，俗称“劈拉缝”。洞内规模宏大，犬牙交错，奇形怪状；洞洞相连，环环相套，宛如迷宫。当地抗战爆发，区政府遂将机密文件藏匿其中。直到1944年，时任党支部书记的王立周才将其安全取出，交给了区干部王孟忠。

五、早期党建与抗战史

【早期党建】

1937年，该村王清泉、王墨海二人同时加入中国共产党；次年3月成立村党支部，王清泉首任党支部书记。1939年5月王孟忠接任，1944年10月王黑中续任，1947年6月王开星再任，是为第二、三、四届村党支部书记。

【抗战简史】

1940年，日本鬼子侵占灵山后，县民主政府第十三区移驻该村，区长葛振科（党城乡喜峪村人）开始领导当地村民开展各种形式的抗日活动。

其中最重要的一项是挖地道，总长500多米，一个洞口隐蔽在一个堡垒户屋内的炉渣坑里，另一个洞口则借助村南的大土岸半腰的一个土洞通向村外。当年，利用这个地道，驻村的区干部不知多少次进进出出，从而突破敌人的围追堵截，顺利地开展工作。同时，还在卧虎山顶设置了“消息树”，由少年儿童站岗放哨，随时通报敌情。

1939年，一支100多人的八路军文艺兵进驻该村，一个月后向北转至唐县贤表村，沿路驻守一个警卫连，以保护他们的人身安全。不幸走漏消息，敌人出动一个中队的兵力，从北镇村出发前来追击。警卫连原有防备，提前在进村路口埋了地雷，炸死了一匹大洋马和几个日本兵。战斗持续了一个多小时，最终还是没能挡住日本鬼子的进攻。可惜100多名文艺兵没来得及转移，全被抓起来装上汽车拉走了，不知所终。

1940年，八路军一个班的战士从贤表村由北爬过卧虎山，为不打扰村民，便暂驻于一个叫雨水坨的山坳里。不料，被鬼子的飞机侦察到了，不多时便上来一群日伪军包围了他们，就着一通机关枪扫射，可惜11名战士全是新战士，缺乏应对经验，全部壮烈牺牲。尸体被村民暂时埋在山下，后来被其家属先后迁走。

有一次，鬼子进村“扫荡”，由于“消息树”提前发出信号，全体村民都提前撤到村外寻找安全处所躲藏。其中村民王富生媳妇抱着女儿好不容易爬上笔架山，躲藏在贾岛洞里。鬼子在村里没能找到人，循着小路就找到山下。当同时躲到山上的一个村民发现鬼子后，便提醒大家不要再闹动静，以免被敌人听到招来麻烦。不意，王福生媳妇怀里的孩子就哭开了，王福生媳妇赶紧撩开衣襟把奶头塞进女儿嘴里，死死地堵紧。这样一来女儿的啼哭倒是止住了，最终却活活把她憋死了。

另外，当年有唐县葛洪村及白合村的两名区干部不幸被捕，日本鬼子把他们带到该村关了两天后，屠杀了他们。

南家庄尔村东有一个叫大地坡的地方，现有一座烈士亭，亭中树立一通革命烈士纪念碑，以纪念在抗战中壮烈牺牲的8名革命烈士。

【抗战典型事例】

当年国际主义战士白求恩、何明清都曾在该村工作和生活过。何明清还为一位崔姓民妇治好了脖子上久治不愈的脓疮。事后，崔氏民妇送了一篮子鸡蛋给何明清，以示感谢。

另外，在1946～1947年的解放战争中，王立周曾经参加曲阳县远征担架队。担架队一共230人，队长王墨增，一路跟随解放军大部队打到了山西大同、绥远（今呼和浩特市）等地。好长时间，仅靠一把黑豆充饥，在身后群狼的嚎叫声中前进。这些农民担架队为当年的解放战争做出了巨大牺牲，为新中国的建设立下了汗马功劳。

六、新中国成立后的重大事件和特色经济

南家庄尔村历来缺水，交通不便，村民们谁都想彻底扭转这种状况。新中国成立后，历届村干部也都非常重视这方面的工作，为此，每当提出这方面的举措时，村民们无不积极响应。以至大家都争先恐后，心往一处想，劲往一处使，义务出工、出料，竭力尽快促成，例如：

1.1956年3月至1957年11月，在村北4千米的地方找到了一眼山泉，随即便动工，挖槽的挖槽、砌渠的砌渠，一总动员1900多人次，从不懈怠地持续了一年零大几个月的时间，把水引进村里，初步解决了全体村民的吃水问题。

2.2014年3月间，又一次动员村民，将村东和村西两条岔沟的山泉引进村子。共用工300多个，铺设管道6000余米，并建了水塔，不仅彻底解决了全体村民的吃水问题，而且大大提高了饮用水的卫生质量标准，以至家家户户都用上了自来水。

3.1972年5月，全体村民再度义务出工，构筑了村北的拦河坝，长700米，宽4米。不仅解除了通天河历来的水患难题，而且硬化了坝面，以至天堑变通途，根本改变了人们过河种地只能靠涉水踏冰来往的历史，大家可以踏踏实实地在上面行人走车了。同时，还平整出了200多亩稻田和菜园，使原本孤寂的小山村平添了几分江南鱼米乡的情趣。

4.2014年7月，该村在通天河上修建了一座漫水桥，并且硬化田间道路600米。从前该村每当收获村北、村西的庄稼时，几乎都

处于通天河的丰水期，以致人们不得不向南绕道四五里地，通过铁岭北村才能到田里。此举给村民们过往通天河从事田间劳动提供了极大方便。

七、文化娱乐、基础教育、医疗保健

【文化娱乐设施】

该村现有文化娱乐广场1座，占地700平方米，配备健身器材16套。

【基础教育】

1938年，南家庄尔村始建高级小学（简称“高小”），校长姓甄，佚其名；教师冯九鼎，北宋家庄村人，后参加八路军，壮烈牺牲。

现南家庄尔小学（1～3年级），在校学生32名，教师4名；幼儿园（校中园）入园儿童18名，幼儿教师2名。

【医疗保健】

该村现有卫生室1所，签约村医2名。

八、村政现状

【基层党建】

南家庄尔村党支部下设4个党小组，全村党员47名。其中男性41名、女性6名；党龄30年以上的老党员11名，50年以上的9名。

【集体财产】

村党群服务中心小院1座，占地350平方米，建筑面积120平方米；深水井一眼，及其全村配套的自来水管道。村北防渗农田灌溉渠道800多米。

【公共服务】

村民生活用水均为免费自来水，电力供应充足，数字网络覆盖全村；通村道路、主要街道和干线机耕路全部硬化，合计6000余平方米；主要街道全都安装了太阳能路灯，共40盏。

套里村

套里村位于灵山镇东北部，距镇政府驻地7.5千米。东邻唐县境，南偏西邻朱家坡村，西南邻铁岭北村，西邻树沟村，西北邻南家庄尔村。

交通环境：省道S335蠡野线（原称保阜线）穿村而过，过路客运班车可直达镇政府，以及唐县县城、阜平县城和保定市区等。

一、当前的自然资源和居民状况

套里村总域面积4平方千米，其中山场4600亩，绿化率80%以上，主要树种有柏树和刺槐树，另有多种果树；耕地1262亩，人均约1亩，主要种植玉米、谷子、红薯、花生等农作物。另外，境内瓷土资源丰富，且质量上乘，相传为附近古定窑的主要原料供应地。

全村划分为6个村民小组，居民524户、1269人，其中男性718人、女性551人；居村常住998人、外出流动271人，主要流向本省和山西省的许多地方，基本都是打工者。村民姓氏以张、邓、李三姓居多，其他有马、郭、邸、苑、庞、周、杨等姓氏。

2017年，全村建档立卡贫困户21户、54人，2020年全部脱贫。

二、建村历史及归属沿革

《新志1》载，套里村始建于“元”代，“村址周围皆土丘，俗说被九龙头套住”。采访资料未显示建村年代，村名来源与志书基本吻合。

该村地貌形式多样，有险峻的山峰，如高尖子、鸡冠子、马鞍子、墩子鼓、凿子旗等；有迤逦的幽谷，如张沟、李子沟、梯子凳沟；也有滩涂，如漕儿庵菜园；更有吉地征兆之“九龙”——大水牛坡、小水牛坡、大头元、小头元等九道东西走向的土梁，均头西尾东，犹如九条土龙合围版图如鱼的村落，所谓“九龙套里”，以其简称“套里”，遂为村名。

上述张沟、李子沟和梯子凳沟分别由张、李、邓三姓先人开发，故其名。其中“凳”取其与“邓”谐音，兼及其地理形势犹如阶梯一般逐级向上，故取名“梯子凳沟”。尤其张沟是个大排场，绵延10里，遍种柿、桃、杏、李、核桃等树，春是百花世界，秋则仙果长廊。再有虚虚实实诸多人文因素的加持，好不让人心醉神迷、流连忘返！

套里村原属唐县，1942年与横河口村同时划归曲阳县。其后归属情况参见本书《横河口村》的对应内容。

三、套里村史话

套里村自古颇富尚武精神，且村民团结，每遇外事，必同仇敌忾，勠力应对。相传村东原有个大河塘，里面有一只白色老龟，不知道活了多少辈子，乡亲们以为神灵，逢年过节都有人给它烧钱化纸。结果在民国时期，过来几个土匪，把它逮住煮着当了下酒菜，村民们闻讯追出村去，抓住他们一气之下统统打死，就地埋了。原来那些土匪是有组织的，村民们不承想惹下了大祸，招致土匪头子扬言报复，要把村子灭了。

一时间，全村人都自动组织起来严阵以待，有钱的出钱，没钱的卖地凑钱，一总购买了枪支弹药、大刀长枪等武器，准备应敌。由此，附近村子里传开一则顺口溜，与其战备情况作了生动写照："唐县套里村儿，抬枪十八根儿，小枪儿呒价（没有，"呒"音mú）数儿，家家儿有一根儿。"

开始，在村里准备不足的时候，突然来了6个土匪，绑走了3个村民，随后便狮子大开口，索要1000块大洋赎人。村民们商议，要是应了他们的条件，村民们的日子就没法过了。就这么个小山村，上哪儿给他弄1000块大洋去？要是不应，就得另想办法。最后决定，一边派人日夜把守村口，以防土匪们再来偷袭抓人，一边派人到唐县歇马村去找马老玉。当时套里村还属唐县。

歇马村马老玉有功名在身，说不上手眼通天，起码在县太爷面前还是能说上话的。果然找到他叙述了缘由后，经过他一番运作，唐县县长就派出一队骑兵去了西迷城村，找到土匪的老巢，趁其不备，一举把现场12个土匪全都绑了。然后将他们押解到唐县县城，详细一查，个个血债累累，是故就统统砍了他们的人头。

另外，套里村从前的花会表演也很有名，曾组有几十人的武术表演队，每年都赴唐县青虚山（当地称东山）的三月大庙会参加汇演，一路由大锣、绳标开道，具体表演项目以大刀、双挠钩著称。为了赶会方便，还在山脚下买了张合庄村3亩左右的一块"飞地"。当地抗日战争爆发后，武术队整体加入了抗日武装队伍。

四、文物遗存及关联故事

【天主教堂】

德法联军进犯中国以前，就有法国人在村里传教，建了一座颇具规模的天主教堂，欧式穹窿尖顶建筑，至1967年“文革”运动初期拆毁，一共在村里存在了90多年。人民公社时期，天主教堂曾经遭遇雷击，教堂的一根柱子被劈成了两半儿，窗户上的玻璃全部推出去摔碎了。同时，还死了二队（第二生产队）的一头驴驹，连带旁边的一棵核桃树也被劈掉一半。

抗日战争时期，天主教堂一度是晋察冀军区三分区司令部的具体办公地点。

五、早期党建与抗战史

【早期党建】

1930年前后，该村就有共产党的组织秘密活动，基本表现在邓氏四兄弟（从长到幼依次为邓分生、邓长生、邓越生和邓茂生）当时在唐山赵各庄煤矿做矿工，带任务短暂回乡时的革命宣传活动。约于1932年初，邓长生受党组织委派回村秘密发展党员，成立党支部并担任党支部书记，受唐县党委领导，因套里村当时尚为唐县属村。这期间至1937年全面抗战爆发，先后有李斌三、马东立、陈秀玲（女）、张二旦、郭占友、王桂絮（女）、马振全、郭二进、张国英（女）、张二更、马海顺、邓振义、李辰发、邓全保、邓二白、邓瑞增、李满圈等相继入党，从而形成了相对强大的党员队伍，奠定了后来该村在抗战时期以坚强的“战斗堡垒”著称的基础。

基于1942年套里村归属曲阳县，曲阳方面又在该村发展起来一支党的队伍，因为当时党的活动尚处于秘密状态，各自只与己方的上级党委单线联系，以致差点儿大水冲了龙王庙，好在上级协调及时，双方才消除误解，拧成一股绳，迈出了团结一致共同对敌的步伐。

【抗战堡垒】

1. 1937年11月13日，晋察冀军区第三军分区在灵山宣告成立，陈漫远任司令，王平任政委。出于工作需要，时间不长，司令部就迁到了套里村的天主教堂里。另外，王平住进“堡垒户”邓老严（邓茂生的父亲）家。直至1939年12月，司令部再迁唐县娘子神村，驻村长达两年之久。从而传开一首歌谣：“陈司令、王政委，带领咱老百姓打小鬼……”其中“陈”是陈漫远，“王”是王平。

同时，也闹出来一个笑话儿：因为司令部安装了电话，拉上电话线就能跟老远的地方说话，好让老百姓们诧异了一阵子。

2. 1939年，军分区的文艺宣传队“冲锋剧社”进驻该村，利用天主教堂排练了许多新节目，配合当时形势，随时到各个驻军地点巡回演出。以话剧演出为主，具体节目有《人命贩子》《人命案》《矿灯》《红灯》《打鬼子去》等。

3. 1940年左右，三分区的司号连进驻该村4个月，专门培养吹号兵。后来转移到唐县贤表村，全部牺牲在了日本鬼子的屠刀下。晋察冀军区独立四团是一支独立性较强的抗日队伍，1938年左右也曾在村内长时间驻扎。团长许佩坚、政委金振中住邓茂生家的北屋，副团长田同春住西屋，团部设在东屋。

4.1947年，天主教堂一度还是晋察冀军区兵工厂的车床工作间。制造子弹底火和引信的工作间设在唐县贤表村，制造硫酸的工作间设在北镇村。三方合作共同制造飞雷炮及其弹药。1949年兵工厂迁至太原。同时，有一个汽车大队驻扎在村南，大队部设在张凤山家。汽车是缴获敌人的战利品，司机是被俘人员，用以支援人民解放军前线的各项运输任务。

【典型战报】

1.划拉沟战斗：鬼子占领灵山后，八路军一个班的11名战士在唐县十八渡村遭遇日军，然后辗转向北来到该村的划拉沟内，无奈敌人是他们的3倍之多，终因寡不敌众，除了班长（唐县唐梅村人）一人幸免外，其余全部战死。之后，革命烈士马东立的哥哥马振全带领部分村民，将战士们的遗体就近埋在了一道大土岸下面。

2.庞家洼阻击战：1939年3月13日，驻守党城、口南两个据点的荒井大队的两个中队和伪军一部共200余人，携带迫击炮等重型武器，凌晨出发，经大、小赤涧村，首先稳住了灵山村，继而向套里方向前进，明显就是冲着我第三军分区司令部去的。

时任八路军通讯员的马振全首先得到消息，即刻向跟军分区司令部同时驻扎套里村的第二团首长做了汇报。团首长遂命马振全带路，骑着马登上树沟村西的288.1高地查看情况。当探明了敌人的虚实后，遂决定以“正面狙击、两翼伏击”的战术对付敌人，战场选在庞家洼村外。经过一番紧锣密鼓的战前准备，上午八点，战斗打响，一直到黄昏时分，由于我军提前占据了有利地形，终将敌人消灭了一大半，只剩下60余名残敌向南落荒而逃。

此一战打死、打残和俘虏日伪军共130余人，其中俘虏日军中队长1名、日军4人、伪军18人。一并缴获迫击炮1门、重机枪8挺、轻机枪18挺、步枪24支、战马15匹、子弹2万余发、炮弹2箱，以及其他一些战利品。

庞家洼阻击战是三分区第二团第一期整军后的第一仗，首战告捷，受到晋察冀军区的通令嘉奖，从而极大地鼓舞了我党我军的抗战士气，打击了敌人的嚣张气焰。以致敌人华北派遣军司令部为此发电通告：对八路军要“小心谨慎，戒之，戒之”。

【抗战英雄】

1.“张二旦、郭占友，华北地区神枪手。”一句顺口溜突出表现了此二人当年在村南的铧子山鸽子洞口，打死远在3千米之外北镇村东水马槽附近正欲进村“扫荡”的日本军官的英雄事迹，从而也表达了人民群众对他们的赞扬之情。

2.“二保神，埋地雷，炸死翻译官，汉奸卖国贼。”其中“二保神”名叫郭二进，以其在村口埋设地雷炸死鬼子翻译官的事迹，有人编了这首歌谣，以至广泛传唱。新中国成立后，郭二进曾任曲阳县食品公司经理。

3.马海顺，15岁参军，历经抗日战争、解放战争和抗美援朝战争，最终以正团职级别离休。

4.邓茂生，参见本书上编第七章第二节《党政精英（五）》之内容。

【革命烈士】

1. 马东立，18岁参军，任部队文书，几年后升任排长。在一次带队执行任务时，不期在西墁石道遭遇敌军埋伏，为掩护战友们突围，挺身而出，在引开敌人的过程中被俘。然后，被鬼子活活钉死在电线杆上，时年23岁。几天后，遗体才被化装成村民的八路军游击队找到，从而解脱安葬。

2. 张二更，13岁参军，23岁牺牲在涞源县黄石口村，时任连指导员。

3. 抗战时期，套里村有一绰号“瞎老六”的村民，被日本鬼子抓了民夫，使其挑水到几里外的小黄岩山上。挑到半路上，实在挑不动了，过来一个鬼子对他说：“你的、赶快走，不走死了死了的。”瞎老六回答：“死了死了的，我也不担（挑）了！”因此，被鬼子用刺刀挑了，摔下悬崖。

六、新中国成立后的重大事件和特色经济

【瓷土开采】

20世纪60年代至21世纪之初，该村的瓷土资源再度成为热门，争相被县第一陶瓷厂、第二陶瓷厂、保定市印钞厂、县太行水泥厂、耐火砖厂和定窑瓷厂所青睐，供不应求。高峰时段，全村85%的劳动力都参与到瓷土的开采和运输当中，一度成为该村的重要支柱产业。

【交通和水利】

20世纪70年代，保（定）阜（平）公路开通，从根本上解决了

自古以来村民们出行难的问题。

70年代末至80年代初，该村东坡根新打深水井1眼，不仅彻底解决了该村历史上的吃水难问题，并且为春天的播种、插秧提供了极大方便。

【种植养殖业】

改革开放以后，特别是21世纪以来，该村退耕还林、封山育林工程成效显著，至今持续绿化荒山2000余亩。同时，禽畜养殖业得以长足发展，现有规模养殖场12个，存栏肉牛30多头、肉羊2000多只、生猪1500多头、蛋鸡5000多只。

七、文化娱乐、基础教育、医疗保健

【文化娱乐设施】

该村现有文化娱乐广场1座，占地1600平方米，配备健身器材12套。

【基础教育】

原套里小学始建于20世纪50年代，现小学（1～3年级）在校学生36名，教师4名；幼儿园（校中园）入园儿童15名，幼儿教师2名。

【医疗保健】

现有村卫生室2所，签约村医4名。

八、村政现状

【基层党建】

套里村党支部下设2个党小组，全村党员45名。其中男性42

名、女性3名；党龄30年以上的老党员11名，50年以上的6名。

【集体财产】

村党群服务中心建于2018年，为一独立小院，占地约670平方米，建筑为二层小楼，建筑面积280平方米。

【公共服务】

村民生活用水全面实现自来水化，电力供应充足，数字网络基本覆盖全境；通村道路、主要街道和干线机耕路全部硬化，约4000平方米；主要街道全部安装了太阳能路灯，共60盏。

朱家坡村

朱家坡村位于灵山镇东北部，距镇政府驻地9千米。东倚铧子山接唐县境，南濒西大洋水库与唐县十八渡村相邻，西南跨通天河邻北镇村，东偏北邻铁岭北村，北面邻树沟和套里二村。通天河过境村西。

交通环境：北依省道S335蠡野线（原称保阜线），过路班车可直达镇政府驻地、县城，以及阜平、唐县和保定市区等。

一、当前的自然资源和居民状况

朱家坡村总域面积1.06平方千米，其中山场240亩，滩涂20亩，绿化率80%以上，以柏树为主；同时，也有核桃和山杏等一些果树。耕地270亩，人均0.9亩，主要种植玉米、谷子以及中药材等。

有名的山峰有：蜘蛛坡、火焰山、铧子山。制高点奶奶顶，海拔约600米。

全村人口106户、300人，其中男性180人、女性120人；居村常住人口240人、外出流动60人，主要流向南方各大城市，基本以经商、务工为业。村民姓氏有朱、冯、刘等。

2017年，全村建档立卡贫困户50户、139人，2020年全面脱贫。

二、建村历史及归属沿革

《新志1》载：朱家坡立村于“清”代，“朱氏立村，村址处于坡上。原名朱家庄”。采访资料没有立村时间，只说村子始由康、臧、朱三姓先人共建。迷信说法：猪（朱）吃糠（康），又吃赃（臧），结果康（糠）、臧（赃）二姓就被朱（猪）吃了，只剩下了朱姓一族。至于冯、刘二姓村民则是继之以后来者。

经查两种《旧志》，皆无朱家坡（朱家庄）村的记载，在时间上已经截至清光绪三十年（1904），至清帝逊位、中华民国成立（1912）不过8年时间，所以《新志1》之该村立于“清”代之说稍失严谨。具体的立村时间最早也只能在清代末梢，或者民国初期。

朱家坡村，原名朱家庄，新中国成立以后，由于今下河镇早就有一个“朱家庄”村，以防混淆，遂改今名。又，下河镇朱家庄村民以冯姓为绝对主流，莫不此“冯”姓与彼之“冯”姓有所款曲暗通？也未可知。

朱家坡村的归属情况，请参见《铁岭北村》之对应内容。

三、朱家坡村史话

朱家坡村址地下有3米多深的沙子，2米多厚的黑土，且土质很好，所以有“朱家坡的山坡没根”之说。据采访记录，该观点在20世纪的“大跃进”时期曾予证实。

该村虽然紧傍通天河，但因地处高出河床二三十米的半坡里，从前却是个非常缺水的村子。20世纪中后叶的“大跃进”高潮一起，村民们便借其风头，下定决心要打出一眼水井来。虽然水没打出来，却弄清楚了上述所说的地层结构。不过，总还是因为当时的打井设备尚且落后。及至70年代，施工条件大大改进，终于还是打出来了深水井，初步解决了长期困扰村民们的生活用水问题。

该村传统花会项目，有踩高跷、荡秋千等。在20世纪60年代蔚成风气，尤其年节期间人们玩得不亦乐乎。

四、文物遗存及关联故事

【鸽子洞】

鸽子洞，位于铧子山顶部，是一个扯西南到东北的降阶通洞，宽4米左右，进深约20米，洞底呈斜坡状，坡度30度左右，且漫铺碎石，入洞搜奇务须避险。南边入口较小，高不过2米多点儿；北边出口大且高，高约10米。尤其出口处下临深渊，平时阴风森森，十分骇人。

根据鸽子洞的地貌形势，相传是当年神话故事《二郎担山》时所留下的古景，因其中途歇脚，再往起担时，扁担的这头猛然折断所致。扁担另一头担的是西南方向远隔十多千米的月明山（俗称“窟窿山”）。“鸽子洞”名称源于抗战前夕洞里住了许多野鸽子，出入洞口的时候，附近天空遂黑压压一片。

五、早期党建与抗战史

【早期党建】

该村党支部大致始建于1938年，具体情况不详。

朱新考（1921～1982），1939年，在郭家庄村完全小学教书；1942年入党，先后任灵山区政府秘书、区长助理；1947年，服从组织安排，回村相继担任农协会长和党支部书记；1952年，任党支部书记兼村长；1977年，再任村党支部书记兼村委会主任，至1982年去世。

六、新中国成立后的重大事件和特色经济

基于该村有大片山场，新中国成立后，村民们在原有一些枣树的基础上，通过嫁接酸枣树获得了大片的枣树林。同时，还栽了大片杏树，多达上百亩，春时花香四溢，令人陶醉；夏秋季节，硕果满山，喜上眉梢，有“花果山”之称。

七、文化娱乐、基础教育、医疗保健

【文化娱乐设施】

该村现有文化娱乐广场1座，占地300平方米，配备各种健身器材9套。

【基础教育】

该村现无学校，适龄少年就近入读树沟村小学，幼儿入园与之同。

【医疗保健】

现有村卫生室1所，签约村医1名。

八、村政现状

【基层党建】

朱家坡村党支部属下党员13名，其中男性12名、女性1名。

【集体财产】

该村党群服务中心独立小院1座，占地240平方米，建筑面积120平方米。

【公共服务】

村民生活用水全面自来水化，电力供应充足，数字网络基本覆盖全境；通村道路、主要街道和机耕路全部硬化；主要街道全部安装了太阳能路灯，共30盏。

野北村

野北村位于灵山镇北部，东南距镇政府1.5千米。东侧与杏子沟村毗连，南接南家庄村，西与东燕川村交界，北与郎家庄乡葫芦汪村隔山互邻，东北方向是磨子山村。

交通环境：省道S382河龙线自村西南来进而西折，省道S335蠡野线（原保阜线）东来止于村西南，与省道S382河龙线相交。始发班车、过路班车可直达保定市区、石家庄、定州、阜平等地，并交山西省界。

一、当前的自然资源和居民状况

野北村总域面积7.6平方千米，其中耕地1500亩，人均0.3亩，以种植玉米为主，兼种一些谷子、山药等杂粮。其余基本是山场，已绿化1100亩，主要是柏树。地下煤炭和山场钙石资源尤其丰富。

全村划分为12个村民小组，居民1720户、6216人。其中男性3003人、女性3318人；居村常住人口5816人、外出流动400人，主要流向保定和石家庄市区，基本以经商、务工为业。村民以刘姓居多，李姓次之，再有赵、张、王、庞、苑、孙、韩、焦、聂、邢、郗、史、郭、陈、武、冯等姓氏。其中刘姓在民国初期从本县七里庄村迁来。

2017年，全村建档立卡贫困户108户、233人，2020年全部脱贫。

二、建村历史及归属沿革

《新志1》载：野北村肇建于“战国”时期，未言何据；“村址地处定窑北部，原名窑北，后称野北”，所说与20世纪中后期相关专家划定的古定窑遗址范围相吻合——整个遗址区“划定三个分区：自东向西依次为涧磁区、野北区、燕川区……包括野北村和杏子沟村”。基于此，自当先有“定窑”而后有“窑北”。那么，该“窑”所依托者应该就是杏子沟村，或其前身，基于其地理方位正好吻合。否则，也不可能凭空就在一片荒野里兀然突出一座瓷窑来。鉴于有了“窑”，进而便窑工聚集，以至于立村，大致就这样叫开了“窑北”。

采访资料显示：野北村“唐朝建立，（清）咸丰年间改为野北村”。参考《旧志1》，此说明显失实，因为在康熙年间村名就已经是“野北”了。

村名“窑北”变“野北”，一则或出于后世“窑”之“皮”已不存，其“毛”又将焉附？再则或者出于“窑北”不如“野北”叫着顺口，故而就习惯开来。

野北村清朝以前归属情况不详，有清一代康熙年间属归善乡（北乡）灵山社；然后撤其乡至清末仍属灵山社。民国初期沿清治仍属灵山社。然后县下分区至1953年7月，虽区制名称及辖域范围多变，但隶属灵山区则一以贯之。1953年7月，区下设乡，全县划分为92个乡（俗称“小乡”），野北乡为其一，自属。1956年8月，乡治扩大，合于灵山乡。1958年8月，区、乡均撤，成立灵山人民公社（俗称“大公社”），野北村改称野北大队，属之；同年10月，全县整体并入定县。1961年5月，曲阳县复治，其归属灵山人民公社照旧。1984年4月，恢复乡镇制，属灵山乡；同年7月，灵山乡改为灵山镇，再及1996年合乡并镇，灵山镇扩容，一直隶属至今。

三、野北村史话

野北村的历史有两大荣耀，一是定窑，一是采煤。宋金以后，定窑沉没，采煤业却绵延至现代。清代以前的经营模式不详，然民国初期已有确凿的股份制煤矿（参行善寺《创修西庙门兼栽柏树碑记》）。新中国成立前夕，主流矿井被晋察冀边区政府接管。20世纪50年代，成立保定地区灵山煤矿，矿部及下属的机械修配厂、发电厂、运输队、医院等下属单位基本都集中入驻该村；同时，该村还是地区煤矿核心采煤区第一、第二矿井的所在地。并且当年的定（县）灵（山）小铁路一直通到了该村境内的第二矿井区。

20世纪60年代，河北省军工企业建华木器厂和1004工地（军械仓库）落脚该村，90年代迁出。

该村原有关帝庙、老母庙、全神庙、山神庙等古代建筑；并与灵山、杏子沟二村共有庙岗（平顶山）及其北岳庙；现在耶稣教堂建于2003年。尤其行善寺及巖假楼，为省级重点文物保护单位。

该村传统花会表演远近闻名，其中擎阁和大幡两项，2021年10月入选保定市非物质文化遗产项目。其他项目还有：恒山战鼓、西乐会、舞狮子、二鬼扳跤、跑旱船、扭秧歌、打花鼓，以及绳镖表演等。

四、文物遗存及名人逸事

【行善寺及醗假楼】

（参见本书上编第六章第二节中的专题内容。）

【尧母洞、戏子洞】

村北山沟接近尽头的西壁有个山洞，洞口呈下弦月牙形，高约3米，进而则像是一个超高的穹隆顶堂房，最高处足有6米。迎面洞壁顶部有一尊老妪怀抱婴儿的摩崖造像，老妪慈眉善目，传为尧母庆都的尊容。两侧各有两个支洞，犹如人们手掌上岔开的四指。此洞相传为尧母庆都晚年之栖息地，因名“尧母洞”。

（以上内容可与本书上编第六章第二节之相关内容互参。）

尧母洞以南约百米处另有一洞，相传当年庚子（清光绪二十六年即1900年）国变，八国联军侵占北京，“慈禧西狩”时，有一个宫女（一说是名伶）因迷路而误入歧途，曾藏身洞内，故名“戏子洞”。现洞内西侧有墨笔题诗：“……洋人占北京，慈禧向西行……我到此山中”云云。（省略号处字迹模糊，不易辨认。）

【半朝銮驾】

唐县青虚山是我国北方的道教名山，每年的农历三月是其大庙会，届期野北村的花会队伍都会前往，参加表演比赛。相传有一年赴会表演，正好遇上乾隆皇帝去五台山降香路过，以其擎阁表演出色，赏赐“半朝銮驾”，并龙纹杏黄旗。由此一来，该村的表演队伍便与皇帝沾上了边儿，享有了首先入场表演的特权。

关于野北村“半朝銮驾”的事，另外还有一种说法是源自唐朝：当年唐太宗李世民东征高丽路过曲阳时，被强人打劫出了意外，而后被野北村一座小寺院里的僧人救下，以救驾有功与其建筑了规模宏大的行善寺，并御赐“半朝銮驾”。

大幡源于其“半朝銮驾”仪仗中的“杏黄旗”，“幡”是旗的一种，竖挂在带钩的旗杆上。以其为基础，经过有心的村民逐渐改进、大幅夸张，最终变成了现在竟达六七米多高的一个“大玩意儿”。因为过于高大，远远超出了人们平常对于“旗”的概念认知范围，所以干脆就以“大幡”给它重新定义了名称，从而叫响了它，玩溜了它！

该村如今尚存民国时期玩过的杏黄旗、大幡、三眼铳、大锣、大鼓等多种传统老物件。

当年灵山一带有多道花会，都是基于朝山（清虚山）兴起的，每一道花会都是一个庞大的队伍，一般单独一个村子人手不够，就需要联合其他一些村子一起担当。如野北村的花会，即与朱家峪、庞家洼、山道后（郎家庄乡冯家庄村），以及南、北二镇等村共同联办，统称“一道会”。

【刘半仙儿逸事】

刘半仙儿，佚其大名，清朝末年在世，人高马大，相传他顿顿吃五碗饭还得饿肚子。相对的他力气也大，稍一使劲儿就能把人抓起来扔出去老远。据说他是带着使命降生的保国大将，因为所保的皇上没能出世，以致空有一身力气没地方施展。然其始终恪守自己的做人底线：“穷死不偷！”后世关于他的故事流传下来的很多，今且录其三件，与大家分享。

1. 当年，一户人家搬家，有两个板柜想一次搬走，先是找到刘半仙儿，可他只有一头毛驴驮不动两个板柜，就说再找个人一起来驮。刘半仙儿说："眼下你这要搬家，大事小情的肯定少不了，就这点儿事，你就不用操心了，我替你想法儿吧。"到了第二天，人家见他也就牵着自己的一头毛驴来了，可就不高兴了。反倒他并不理会事主什么态度，只自顾着把一个板柜先按部就班地让驴驮上，然后将另一个板柜找了条大绳拦腰拴紧，就着往身上一背就出发了。

2. 当地每当夏天麦熟"拔麦"的时候，因为天气炎热，人们往往喜欢在晚上趁着天气凉快行动。一般人一个晚上最多能拔半亩小麦。有一年，一个富户种了两亩小麦，打算雇用四个人一个晚上拔完。当对方找到刘半仙儿，说明了情况以后，你猜他怎么说——"找什么四个人了，就我自个儿就办了。"结果还真是只他一个人一个晚上就把两亩地的小麦全拔完了。

3. 村西的野地里有个泉水汪，当年刘半仙儿天天夜里背着人去那练功，在练了99天的时候功夫已经十分了得了，举凡要做什么事，并不用身体力行，只要动动嘴儿就行了。据说只要他练够了100天，即便呼风唤雨也不在话下。偏偏就在这最后一天，他走在街上，迎面碰上一个人，那人开口便问他道："刘半仙儿，你说今天下雨不？"可惜他顺口就说"有雨"，果然天气就应了他的话，下了一场雨，反倒也坏了他许多天来苦修苦练的功夫。

且说就在他说出"有雨"那一刻，因为嫌他提前泄露了天机，以致天庭震怒，立马一声晴天霹雳就把他击倒在地上，疼得他抱着脑袋乱打开了滚儿。好一会儿，尽管他勉强爬起来回了家，且也就往炕上一躺，软绵绵的毫无力气再行动了。因为没能练够100天，所以只得前功尽弃。

【庞老养和刘老毕】

“庞老养的胳膊，刘老毕的腿。”说的是民国时期，该村庞老养的臂力和刘老毕的腿劲儿都十分了得。为了大家看得明白，以下且分开说道——

1. 庞老养，当年先是在庞家洼、南镇等村教场子（带徒教习武术），后来去了唐山十几年，仍操旧业。新中国成立前去上海，所见到的有名望的人的保镖，几乎都是他的徒子徒孙，因此，被他们恳切挽留，在上海办起了武馆。一次，他单独出门闲逛，被一群小叫花子围住了，非给他要钱，恰巧他身上又没带着，面对一帮人的不依不饶，于是他捋起一个袖管袒露那只胳膊说：“实在不行，你们就咬我一块肉吃吧。”当真那帮小叫花子们一拥而上，就在他胳膊上乱咬开了。却道尽管他们再怎么使劲儿咬，也只能咬出来一道白印儿，如此他们才知道是遇上高人了，立马一个个都跪在地上求开了饶。

2. 刘老毕，肌白理细，因脾气倔犟，人送外号“老白驴”。相传他一脚能踢断枣木门槛（土话音xián）。曾经在唐县贤表村、涞源县走马驿村教场子，也曾在插箭岭村开设武馆。教徒甚严，以致差点儿被学徒们反噬——说的是他在走马驿教场子的时候，先是夏天的一个中午，他露天躺在一片树荫下乘凉，突然上来七八个徒弟把他死死摁住。刘老毕说：“起来吧，别闹了，要不我可动撼呀。”几个人不以为然，不承想他猛然往起一坐，立马就把七八个人全都掀出去老远，一个个四脚朝天仰倒在了地上。

接着在那年冬天又出了一件事，有个外地人在村里住店，听说了有人在村里教场子的事，估计自觉也有两把刷子，于是就想见个面。第二天，就去了场子里找刘老毕。刘老毕见来了客人，便把他迎到屋里。不承想那人，给他让座也不坐，反倒老是在刘老毕身上看来看去，刘老毕便感觉不大对劲儿。

原来那人见刘老毕面相白白净净，身穿一件大棉袄也不大合身，怎么看也不像是个有多大本事的人，以致临时起意想要砸刘老毕的场子。

如此，刘老毕说：“不行，你就先待下儿，我有点儿急事得出去一趟。”可那人却挡在门口毫无反应，以至刘老毕随即转过身来，照着后墙，上前就是一脚，给它踹了一个大窟窿，就着刘老毕从墙窟窿里“哧溜”一钻钻出屋外，掉头一旁立定，准备着跟那人认真过几招。不承想那人也随着他从墙窟窿里钻了出来，然却头也没敢再回，只自脚底下擦油，溜了。

五、早期党建与抗战史

【早期党建】

野北村的共产党员由东庞家洼村庞彬如（1930年入党）和西庞家洼村庞子英发展过来。其中庞子英，即著名作家梁斌小说《红旗谱》中庞子英的人物原型，当年在保定红二师读书时入党。

1933年，野北村刘兵红加入中国共产党，然后介绍刘庆吉、刘连红、刘彦申等人入党。

抗战时期，野北原为3个村子，分别建立党支部：东野北村首任党支部书记是刘彦申，然后刘亮庆（1937年10月入党）继任；西野北村首任党支部书记是李占子，然后刘东福（又名刘红印）接任；北野北村首任党支部书记是刘双科，其余不详。

【抗战简史】

1939年1月26日，临时驻防野北村的晋察冀军区独立四团不意被日寇包围，突围过程中伤亡惨烈，团长许佩坚英勇殉国；政委金振钟身负重伤，新中国成立后晋升开国少将。

（具体战事参见本书上编第七章第三节《革命烈士·许佩坚》之内容；关联情况可与本书下编《套里村》中的相关内容互参。）

1940年，日寇侵占灵山，附近许多村庄都修了炮楼。其中野北村1座，建在村北的骆驼峰上。

【抗战范例】

1942年的一天，该村党组织得到消息，炮楼里只剩了2个伙夫看门，当即派出6名游击队员，由该村游击组长刘见愁带队，以给他们送礼为由进入炮楼，一把火烧毁了它。灵山炮楼的日本鬼子急忙出兵救援，又被八路军游击队打了伏击，致其死伤惨重。事后，刘见愁等立功受奖，被边区人民广为传颂。

【野北惨案】

（具体事件请参本书上编第六章第三节《野北惨案遗址》专题介绍。）

六、新中国成立后的特色经济发展历程

【煤炭开采】

抗战胜利后，灵山煤矿被晋察冀边区政府接管，矿部设在该村，经营小西坡、老平洞、台坡下、大西洼、南大井等矿井。新中国时期，保定地区（专区）煤矿以及县办煤矿、村（大队）办煤矿在村境并存；改革开放后，更是五花八门，多种形式的小煤井一时间涌现出来50多对。

【煤炭运输和营销】

改革开放后，随着市场经济的放开，个体购买重型汽车运煤蔚然成风，该村一度成为河北省北部最大的煤炭中转站，高峰期有运煤汽车1000多辆，长期以河北省重型汽车拥有量最多的村子著称，为曲阳县荣获河北省运输大县贡献了骨干力量。

随之，煤场、汽车修理厂、加油站、宾馆和酒店等服务摊点也都如雨后春笋般涌现。

【现代民居建设】

2000年后，该村陆续建有煤电公司小区、丽景湾花园小区、中央悦城小区、医院小区等4个现代居民楼区。

【集市贸易】

2001年，该村成立集市庙会，每逢农历的一、四、七为野北集日；每年农历二月十六、四月初八、九月十六为庙会日。

七、文化娱乐、基础教育、医疗保健

【文化娱乐设施】

该村现有文化娱乐广场1座，占地900平方米，配备健身器材10套。

【基础教育】

晚清时期野北村有2所私塾，北村的在刘雪平家，西村的在李俊海家。野北村小学始建于民国初期，校址先后在老母庙和关帝庙；新中国成立初期迁到大寺（行善寺），1951年移至戏楼（罽假楼），1958年再迁老佛殿。最初是复式班（1～4年级），同一个教室，有教师2名：王占奎（晓林乡崔家庄村人）、韩二素（籍贯不详）。1987年，建教学楼于今址；2015年，翻新教学楼。

现野北小学为1～6年级全日制小学，在校学生389名，教师17名；民办幼儿园2所，分别是景华幼儿园、红星幼儿园，总入园儿童105名，幼儿教师7名。

【医疗保健】

该村民国初期的刘喜仓，擅长医治疑难杂症，为当时山北里的“四大名医”之一。

现有村卫生室1所，签约村医6名。

八、村政现状

【基层党建】

野北村党支部下设12个党小组，全村党员139名，其中男性104

名、女性35名；30年以上党龄的老党员52名，50年以上党龄的17名，新中国成立以前的老党员3名。

【集体财产】

村党群服务中心独立小院1座，占地1715平方米，建筑面积815平方米。

【公共服务】

村民生活用水全面自来水化，电力供应充足，数字网络基本覆盖全境；通村道路、主要街道和干线机耕路基本硬化；主要街道安装太阳能路灯235盏，全面覆盖。

附：驻村主要单位

1.现驻村企事业单位

曲阳金隅水泥有限公司；

保定市运输公司野北长途汽车站；

保定市矿山救护队；

中国移动公司野北分公司；

中国邮政储蓄银行野北支行；

曲阳县滕航车辆检测站；

曲阳县第二中心医院；

曲阳县定瓷协会；

万通轿车修理厂；

野北矿区商店；

野北小学；

燕燕中心超市；

万隆超市；

华苑饭店；

好滋味饭店；

燕赵加油站；

宏达加油站；

长城加油站；

五洲加油站；

远东加油站。

2.曾经的驻村企事业单位

保定地区煤矿矿部及其下属单位：第一煤井、第二煤井、机械修造厂、搬运站、运输车队、矿区学校、矿区医院（现曲阳县第二中心医院前身）；

河北省军区建华木器（玻璃）厂厂区（生活区驻南家庄村）；

1004工地（军械仓库）；

保定地区第九运输公司；

曲阳县民政局野北养老院；

曲阳县第二陶瓷厂；

煤电公司加油站；

空军蓝天加油站；

灵山镇第二初级中学。

南家庄村

南家庄村位于灵山镇西部，东距镇政府驻地1千米；东南邻朱家峪村，南邻洼子村，西邻燕南沟村，西北邻东、西燕川二村，东北邻野北村和杏子沟村。燕南河自西向东穿村而过，经洼子村、朱家峪村，然后汇入三会河。

交通环境：东毗省道S382河龙线；分别距保阜高速灵山北路口5千米和涞曲高速灵山南路口2千米。

一、当前的自然资源和居民状况

南家庄村总域面积2平方千米，其中山场1000余亩，多植松、柏树，绿化率85%；耕地1525亩，人均0.65亩，以种植玉米为主流。

全村划分为11个村民小组，居民1086户、3786人，其中男性1790人、女性1996人；居村常住3125人、外出流动661人，主要流向北京、保定市区，及山西、山东等地，基本以煤炭运输和打工为业。村民姓氏以孙、郝、南三姓居多，其他有刘、苑、张、李、杨、吕、周、付等姓氏。

2017年，全村建档立卡贫困户79户、157人，2020年底全部脱贫。

二、建村历史及归属沿革

据《新志1》载，该村始建于“唐，南氏立庄。一说因位于野北南部而得名”。采访资料则有两种说法，其一，村庄始建于唐代天宝年间，未言所据；其二，明朝洪武年间（1368～1398年），从山西洪洞县迁来孙氏五兄弟——孙昌、孙立、孙浩、孙兰、孙芬于此落户。相对上述说法，便出现了两度建村的情况。

考《旧志1》，灵山社治下有一个“南家庄”，而坛南社又出现了一个“南家庄”，且还有一个“东南庄”，不知孰是。再查《旧志2》，灵山社则无南家庄村，反倒坛南社有了东、西两个“南家庄”。据此推测，《旧志1》中灵山社的南家庄，大概率与坛南社的南家庄应该是同一个村庄，想是灵山社之南家庄乃犯重记之嫌。基于《旧志2》作者之一周斯亿的观点，《旧志1》内容颇多缺陷，莫不此处关于南家庄村的误入灵山社治下即其一？

及至清末《旧志2》时，由于作者做了进一步的考证，才将“南家庄”从灵山社中剔除，以正本清源。至于坛南社的东、西两个“南家庄”，应该基于《旧志1》中的“南家庄”和“东南庄”二村，即其原“南家庄”居西，因此就成了“西南家庄”，而原“东南庄”想必就是“东南家庄”的略写。果然如此，头绪立马就清晰了。其实就是现在的“南家庄”在许多老年人嘴里，仍然都习惯叫它“南庄”。

据采访座谈，清朝末年确实存在过两村对峙的情况，内部以“东村儿”和“西村儿”互称，岂不就是“东南家庄”和“西南家庄”意思了？何况《旧志2》更且落实了它们就是以这两个官称村名存在的。

当时二村须以南北走向的燕南河段为界。后至民国时期因暴发山洪，西村严重受损而式微，终致与东村不分彼此合在了一起，遂统称“南家庄”。现在“西村儿”原址仍有部分住民。

综合以上因素，似乎可以推导出这样一个结果：当年的西南家庄乃是原始的南家庄村，由“南氏立村”；以致后来孙氏五兄弟迁到了这里，隔河定居在了东侧，前期只随西侧的主村通称南家庄。久而久之，逐渐发展大了，才自居为一个新村，称“东南庄”或“东南家庄”。甚至猜测《旧志1》中的“东南庄”也是其作者不严谨者之一，本应该以官称记作“东南家庄”，却随俗称作了“东南庄”，以致吾辈后人遇此难免就脑涨头大，茫然找不着北了。

南家庄村清代以前归属不详，清代康熙年间并有南家庄和东南庄二村，属坛南社；清朝末年，并有东南家庄和西南家庄二村，仍属坛南社。1937年属灵山区。1939年，为避日寇大“扫荡”之祸，抗日民主政府第六区（灵山区）迁治该村，抗战胜利后回迁灵山村。1953年7月，区下设南家庄乡，自属。1958年3月，改属灵山乡。同年8月农村实行人民公社化，改称南家庄大队，属灵山人民公社。1984年4月复称南家庄村，属灵山乡；同年7月，灵山撤乡建镇，从属至今。

三、南家庄村史话

南家庄村有三株古槐，号称“神槐三姐妹”，相传是孙氏五兄弟从山西移民时带过来的树苗（或树种），算来已有600多年的历史。

以其村民姓氏繁杂，表明村庄开放程度较高，跟外界交往也多。相传清代中期，西村周家即在阜平县炭灰铺开矿挖煤，发财以后在村里盖了老母庙和戏楼。抗战时期，老母庙被日军烧毁，戏楼在新中国成立之前一度为小学校址，已佚。

该村古刹众多，也可从一个侧面印证该村人文底蕴丰厚，计有观音殿、观音庙、老母庙、接岳山庙、白云山庙、槐树山庙等。

另外，该村的过街门楼及水神庙建于清道光年间。

（此建筑物细节略，详见本书上编第一章《“桥儿”和“阁尔”》之相关介绍。）

传统花会项目，有拉鼓车、跑旱船等；1957年后，发展起来大幡、擎阁、踩高跷等。改革开放初期，大幡和擎阁两项曾受邀赴石家庄市一社区参加汇演。

清朝末年，该村考过一个武举（佚其姓名及生卒年月），人高马大，臂力超凡。一年冬天他买了200斤煤，当对方用毛驴驮到他大门口后，怎么也卸不下来。武举说：“你且靠边儿。”不过话音儿刚落，他一个鹞子翻身跃过驴背，便捎带把200斤煤连同驴背上的鞠笼驮子、驴鞍架子一总轻飘飘提起来，然后稳稳当当地撂在了地上。

四、文物遗存及关联回顾

【神槐三姐妹】

“槐大姐”位于原来的村东里。1944年，日本鬼子进村“扫荡”时，受其放火烧房被殃及以致烧焦，只剩约三分之一的表皮和少许木质树干。不料，第二年春天，却又神奇地涅槃重生了，现在尤其郁郁葱葱、婀娜多姿。2004年，在空心村治理过程中与其高筑了基台，施以重点保护。

“槐二姐”地处原西村东侧，树干高耸，茂叶虬枝。清朝光绪年间，燕南河暴发山洪，眼看将涌入村子，只在近邻“槐二姐”时，猛然杀了回马枪，向北绕了一个大回旋随之泄水而去，如此才使西村免受灭顶之灾。出于传统的迷信心理，村民便认为是“龙王斗不过槐树仙”，不得不落荒而逃。

位于村北后街里的是“三仙妹”，冠如伞盖，亭亭玉立。现处于翻新后的大街十字路口正中央，即便现在每逢农历初一、十五仍香火不断。

基于“槐仙三姐妹”，村内原建有“槐树山庙”，今佚。目前，三者同为保定市编号挂牌的古树名木。

【本修法师与接岳山广济庵】

从前，郭家庄村一吕姓老汉夫妇无儿无女，有一年的农历二月初一，吕老汉赶着毛驴去村西的土岸底下驮土，偶然发现一个西瓜大小的肉球，出于好奇即用鞭杆捅破，不料里头却是一个女婴，让他喜出望外，从此他便有了女儿。回家后跟老伴儿商量着给她起个名儿叫“俊仙”。三年后老伴儿去世，剩下父女俩相依为命。小俊仙聪慧异常，五六岁上就学会了唱歌跳舞。及至二八妙龄，更是出落得貌似天仙一般，上门提亲的接连不断。

偏偏她誓死不嫁，一定要出家当尼姑。老汉死活不依，强行把她嫁给了南家庄村的郝铁匠。新婚之夜，俊仙对郝铁匠说：“我已是出家之人，你必须休了我，我保证再给你找个好看媳妇儿。”说罢飘然而去。好多年后才又回到故乡，选址该村的接岳山，修了一座广济庵，成为广济庵的开山鼻祖，法名本修，俗称“老师傅”。

碑文记载，老师傅法术高深，一次，被唐河东岸定州的西潘村和唐县的钓鱼台村共同请去作法求雨，果然应验，惊动了定州知州，获赠其亲笔“保我烝民”金字匾。原匾已佚，今匾为复制。

广济庵法尼至今已传六代，谱系如下。

第二代：老师傅授徒三名，分别是智树、智山、智林。

第三代：智树授徒祥尔，智山授徒青尔，智林授徒慧玉、慧琴。

第四代：祥尔授徒隆莲，青尔授徒隆其，慧玉授徒隆雪。

第五代：隆莲授徒仁贞，隆其授徒范子，隆雪授徒农印。

第六代：仁贞授徒生利、才胜，范子授徒仁增，农印授徒仁全。

基于广济庵，南家庄村起了三个庙会，分别是每年农历的三月十三、六月初六和九月十九。

碑文记载，广济庵建于“大清道光三十年（1850）”，又称“圣母庙”。主殿三霄殿面阔三间，坐北朝南，供奉三霄圣母；东西两侧有药王、火神、白老爷、胡老勇和老师傅等庙；大门外有灵官庙，“灵官”是圣母的兄长，有点儿门卫的意思；广济庵背后山底有关帝庙。

老师傅去世后，庙产均分给了智树、智山和智林三个弟子。今村民接岳山庙会发起人之一孙德铭，将老师傅原始分单献出，谨录于下。

附：广济庵分单（二号）

立分单广济庵老僧人本修，命弟子三人智树、智山、智林，一股家业按三股均开。西苑西瓦房三间，西平房一间，东平房三间，连小街木门窗，砖石衣具全带。东至官道，西至胡洞（原文即此）道，南至孙德祥，北至官街，四至分明。今凭中人说和，空口无凭，分立分单为证，人行故道，水流就渠。

山中人，南世志；证明人：孙继德、孙文策、孙逸书，光绪二十年（1894）九月二十一日立。

（注：该分单应是智山一脉传留。另，一般所谓“庵”者，均指佛教女性修行者尼姑的活动场所，正殿须以佛、菩萨等一般造像居之，不知此庵正殿却供奉了神教的三霄圣母，迥然异格。）

【吊唁活人】

1942年，抗日英雄孙小占牺牲在庙尔坡，丧事主持人孙老康通知乡亲们举丧吊唁时，首先在大街上碰见孙文奇。结果孙文奇没听准到底是谁死了，以其村里数着刘老赢年纪最大，都83岁了，便想当然地带着“纸课”去上门吊唁。当他进门一看，人家刘老赢正坐在屋里门的门槛上端着碗吃饭，随即把“纸课”团起来攥在手里，扭头就往外走。不承想早被刘老赢看了个清楚明白，笑着叫住他说：“贤侄别走啊，你这不是给我吊孝来了？看来我面子不小，活着就能看见有人给我吊孝，这可是大好事。”

最终刘老赢活了整整100岁，得享五世同堂：刘老赢（本人）、刘志典（儿子）、刘奇子（孙子）、刘云现（重孙）、刘世武（曾孙）。

【南家庄哩大两道】

清朝末年，南家庄有个人绰号“两样儿”——

起因一：家里有骡子有马也有驴，而他每当接送嫁出去的闺女时却总是用牛，有悖于乡俗，一般接送闺女都是骑驴，甚至骑马。

起因二：端午节依风俗人们都吃粽子，他却让家人做了一锅腊八粥吃。

起因三：平常人们提着鸟笼都是遛画眉、鹦鹉什么的，而他鸟笼里却提着个疥蛤蟆，到处转悠。

由其以上三项“非常”操作，一片肉弄腥了满锅汤，在山北里留下了“南家庄哩（的）大两道”这么个话把儿。

五、早期党建与抗战史

【早期党建】

1937年，该村孙新月首先加入中国共产党，次年该村成立党支部，孙新月首任党支部书记。以下相继是第二任孙文书、第三任孙和勇、第四任孙岐山、第五任孙同保，以至新中国成立后的1957年。

【时代精英】

1.孙玉惠（1903～1974），男，本镇南家庄村人。

（具体详见本书上编第七章第二节相关内容。）

2.刘大雨，生卒年月不详，1938年入党，抗战时期一度任该村游击组长，解放战争时期参加过清风店战役。

【抗战范例】

1. 大力士南二印

该村南二印，身材魁梧，力大无穷，人称“大力士”。1939年的一天，日寇进村“扫荡”，在村西湾抓住了南二印，论赤手空拳对打，三个鬼子也不是他的对手。可那三个洋鬼子却个个都端着枪，且都上了明晃晃的刺刀，这就难了。但南二印依然临危不惧，面对三个鬼子的一拥而上，他找准机会躲过身后的一个，就势上前绕过敌人的刺刀尖，双手一手攥住一个敌人的枪身前部，猛然一使劲就把两个鬼子抡了起来。这样一来，后面的一个鬼子被突如其来的这一招弄得来不及躲闪，就被夹在了中间只有跟着转圈跑的份儿。一时间四个人像旋风般随着南二印的脚步，朝着老母庙的方向快速移动。

当靠近老母庙的时候，由于体力消耗太大，南二印再也没力气了，精神稍微一松懈，立马瘫在地上，这样才使得三个鬼子有了喘息的机会。虽然南二印最终还是死在了鬼子的刺刀下，却也让他们打心眼儿里佩服起来中国人民顽强不屈的斗争精神，以至都竖起大拇指，喊道：中国人的力大无穷，大大的厉害！

2. 孙文书智杀汉奸李照飞

孙文书，抗日战争时期该村的游击组长，绰号“二虎”，挖地道、埋地雷、破交通都是把好手，令敌人闻风丧胆。

1942年的一天，大汉奸李照飞（定州人）来到村里，孙文书心想，这小子恶贯满盈，今天既然来了，就不能让他再回去了。然后叫上三个游击队员装扮成平民百姓，设法把李照飞骗到村外的西剪子沟里。李照飞孙文书借故抠鞋闪在他身后，哪想孙文书就势抄起一块大石头，忽地照着李照飞的后脑勺就砸过去了，随着“啊”的一声惨叫，李照飞的脑浆子就流了出来，一头栽在地上。孙文书等人赶紧扒掉他的衣服，找个严实地方把他赤身裸体地埋了。

因此，日本鬼子见丢了人却找不着，便制造了“南家庄惨案”，抓了许多村民关进一个地窨子里，把盖盖严，更不给吃喝……事后孙宾子被吓傻，孙贵田及其父亲孙青科等被憋死；还有一些身体弱小的因践踏而死，倒是身强力壮的都活了下来。

六、新中国成立后的重大事件和特色经济

【煤炭运输】

南家庄村地下有煤炭资源，抗日战争之前就有矿井，层界较多，浅层是烟煤，深层是白煤。20世纪“文革”时期，有大队集体矿井1个，其他合作形式的矿井3个。

南家庄村交通便利，煤炭物流业鼎盛于21世纪初期，孕育出一支有80多辆大型运输汽车、130多名货运司机的庞大运煤队伍。因此，也带动了餐饮业、汽车修配厂等诸多行业迅猛发展。

【小火车站】

20世纪中后期，定（县）灵（山）小火车的客运业务至此终结，小火车站设在当时的村东北部。铁轨再北延就只剩货运路段，以至于野北村境的地区煤矿第二矿井区。

【其他经济体】

1.郝家的铁匠铺，本是祖传秘籍，农业合作化后一度转由村

（大队）集体经营，在村南沙滩北岸成立作坊。60、70年代全盛时，一总有红炉8盘，每盘红炉3个工匠，形成了一个20多人的铁匠队伍，打制钢掀、铁镐等一些铁质农具。

2. 传统荆编，不知始于何时，早期一般为村民私下利用农闲时间操作。公社化初期，大队在村南大土岸下建起荆编作坊，有20多人参加，编制荆笆及各种筐、笼、篮等生产和生活用具。

3. 粉坊，即漏粉条的作坊。70年代由第4生产队开办，漏制以山药淀粉为原料的宽、中、细粉条和粉丝。

另外，该村现有蔬菜大棚21个，酒厂1个。

七、文化娱乐、基础教育、医疗保健

【文化娱乐设施】

该村现有文化娱乐广场1座，面积2500平方米，配备健身器材30套。另有中心公园1座，篮球场1个。

【基础教育】

南家庄完小始建于新中国成立前，不详具体年月。

现南家庄小学（学制6年），在校学生359名，教师16名；南家庄阳光幼儿园（公办独立园），入园儿童80名，幼儿教师8名。

【医疗保健】

现有卫生室1所，签约村医5名。

八、村政现状

【基层党建】

南家庄村党支部下设4个党小组，全村共有党员85名，其中男性71名、女性14名；党龄30年以上的老党员20名，50年以上的17名。

【集体财产】

现村党群服务中心占地600平方米，建筑为三层小楼，建筑面积400平方米。

【公共服务】

村民生活用水全面自来水化，电力供应充足，数字网络覆盖全境；通村道路、街道和主线机耕路全部硬化；主要街道全都安装了太阳能路灯，总共50盏。

附：曾经的驻村企事业单位

定灵小火车客运终点站；

河北省军区建华木器厂生活区（厂区驻野北村）。

燕川村（西燕川、东燕川）

西燕川和东燕川二村原为一村，统称“燕川村”，俗称“燕窝里”。两村民居浑然一体，在外人看来难分彼此，且其主姓村民更是同宗同祖，史上虽曾分治，但最终分别成为独立的行政村也不过只在20世纪60年代初期。因此，其历史渊源方面的内容更适宜综合在一起介绍。

燕川村位于灵山镇西北部，距镇政府3千米。东邻野北村，南偏东邻南家庄村，正南方向邻燕南沟村，西邻北台乡韩家峪村，西北邻石岭庄村，北部隔凤凰山与郎家庄乡冯家庄村搭界。

交通环境：省道S382河龙线（原保阜线）穿村而过，往来班车可直达省城石家庄、市府保定、县城曲阳，以及阜平、唐县、定州等地。

一、当前的自然资源和居民状况

燕川村背倚凤凰山，衣带燕南河，总域面积6平方千米（西燕川3平方千米，东燕川3平方千米）。其中耕地面积，西燕川村993亩，人均0.95亩；东燕川村970亩，人均0.66亩。皆以种植玉米为主，其余一些种植花生、谷子等。山场滩涂的现状方面：西燕川村绿化600亩，树种兼有松树和柏树；东燕川村绿化1260亩，树种主要是柏树。

西燕川村划分为8个村民小组，居民498户、1459人。其中男性714人、女性745人；居村常住人口1100人、外出流动359人。东燕川村划分为6个村民小组，居民526户、1451人。其中男性765人、女性686人；居村常住1198人、外出流动253人，主要流向保定市区，从事商业活动和基建劳务工作。两村村民皆以张姓为主，其余有李、杨、庞、刘、段等姓氏。

2017年，二村建档立卡贫困户共60户（西燕川村22户、43人；东燕川村38户、83人），2020年全面脱贫。

二、建村历史及归属沿革

《新志1》称：该村始建于“晋代，村旁有一燕洞，村址地势平坦，俗称‘燕窝里’。后分2村，该村居东”，故名。

采访记录有两种说法：一是该村肇建于宋代，地处“敦信乡仰盘山”麓。此说源于五代王处直墓位于仰盘山（俗称“坟山”）前面的台地上，在其村西北约2千米处。二是村旁原有一条大沟，其西壁有两个洞穴，里边住了许多燕子，因称“燕子洞”，据此，村名从俗也叫“燕窝里”。

村名改称“燕川”，其“川”当以其村西北的燕南河河谷较坦荡原则。至于建村时间，至少应在晚唐五代以前，基于现已公认该村确实地处古代的定窑遗址重点区域，具体能否如《新志1》所谓上溯到“晋代”，尚无确凿证据。

考两种《旧志》知：在清康熙年间唯有一个“燕川村”；清末已成分治，具体时间不详。然据采访记录，不知道什么时候又合二为一了。再到1958年3月，全国农村普及人民公社化时期，行政“村”改作“（生产）大队”，现在此二村以及燕南沟、石岭庄等

4个村子尚作一个“燕川大队”。因无档案可查，根据一些老乡贤回忆，大致在1959年左右，石岭庄、燕南沟二村各自独立成为大队；1960年，当地饥荒尤甚，导致人心涣散，最终东、西燕川分置2个大队。

燕川村清代以前，唯知五代时期属敦信乡（据王处直墓志铭），证明“县下置乡”由来已久。清代以前归属不详，有清一代皆属坛南社。民国初期沿旧治，大致20世纪30年代前后，改“社”为“乡”，不明所属。然后至新中国成立初期的1953年7月的一段时间里，政区多变，无资料可查。1953年7月至1956年8月，设燕川乡，自属。此后至1958年3月，属灵山乡。1958年8月，今燕川二村尚与燕南沟和石岭庄共称燕川大队，属灵山人民公社；下设管理区，属南家庄管理区。1960年独立成为2个燕川大队。1961年5月，曲阳县复治，撤销管理区，二村复属灵山人民公社。1984年4月，撤销人民公社恢复乡镇建制，“大队”复改称“村”，属灵山乡；同年7月，灵山建镇，隶属至今。

三、燕川村史话

1934年，当代著名古陶瓷专家叶麟趾先生首先发现定窑遗址，著作《古今中外陶瓷汇编》一书轰动了国内外的陶瓷学术界。其称：“定州窑在今河北省曲阳县……襄者闻说曲阳产磁（瓷），偶于当地之剪子村（涧磁村）发现古窑遗迹，并拾得白磁（瓷）破片，绝类定磁（瓷）……又附近之仰泉村（燕川村），亦为定磁（瓷）出产地。”实在，就是现在走在他们的街道上，稍有裸露基土的地方仍随处可见各式各样的古瓷片。尤其每当大雨过后，都会冲刷出更多的瓷片来。

除此以外，该村目前仍有一处占地20多亩的原始窑址区处于露天状态，其西部和北部边缘区域窑具残件、瓷片、灰渣和其他关联废弃物依然堆积如山；特别场区的东南部有一处灰渣堆积，土红色的煤灰渣与黑色的粉渣状原煤胶结在一起，时而散落夹杂着一些白釉、酱釉瓷片，包括部分粗瓷细作（呈或深或浅总体为绛黑色的日用炻器）的瓷片。根据其瓷片质地及器型样式推测，其烧造年代应在北宋早期，甚或五代中后期，由此可以推导出以下三点猜想：（1）燕川一带定窑，大致在五代时期已经普遍使用煤做燃料烧瓷了；（2）当时的窑炉基本处于高品质工艺瓷和一般日用瓷兼烧状态；（3）说明燕川村附近有着丰富的优质瓷土资源，只此便非常难能可贵。只是当前保护不够，希望能引起相关部门的关注，给予有效保护。

（以上“剪子村”即“涧磁村”，“仰盘村”即“燕川村”。之所以错谬，在于先生乃北京人，所操话语与当地土语的发音有别所致。另，古代“磁”与“瓷”通。）

燕川村地下煤炭资源丰富，采煤历史可追溯到宋代，基于其确为当时的定窑烧瓷提供了燃料；并且是原保定地区灵山煤矿第三矿井区。主产烟煤，间或有白煤出产，矿藏呈不规则的球状，俗称“北瓜矿”。

据该村《张氏家谱》记载：该村由张姓先人创建，始祖为明代的张文、张武二兄弟。现村西南张家祖坟尚存，原有一墓碑，毁于

20世纪“文革”初期。碑文虽断为数块，幸其残部落款尚明：“张仲傲万历三十年（1602）孟夏立。”于此推测，其立村时间也早不过明代。至于从前的“燕川村”孰始孰终，因为年代遥远，我们也只能看到它的一个非常模糊的背影了。

燕川村中央原有古刹“燕川寺”，以及与之对面的戏楼，均为明代建筑。

清代嘉庆年间，该村出了一个武举，叫张老运，由于家境富庶，又喜欢舞枪弄棒，兼有古戏楼与之背书，便组建了一个河北梆子戏班。随着时移艺进，不多几年就发展成了一个有几十号人的剧团，从而闯出本地，以至在张家口、山西东北部一带叫响。到了光绪三年（1877），剧团班主传到了张老雪手上，因其原本就是武生出身，进而又创出了独门绝技——形意八卦拳，尤其在山西大同一带名声大噪。目前，灵山村尚有其亲传弟子，拳术名列保定市非物质文化遗产项目。

四、文物遗存及关联故事

【王处直墓】

（参见本书上编第六章第一节同题内容。）

【凤凰山】

凤凰山即该村之背倚者，海拔约600米，为村域之制高点。以其从王处直墓处向东眺望，宛如一只展翅欲飞的凤凰，故名。山顶有古刹“奶奶庙”。漫山遍植翠柏，当前植株高度一般在3米左右，最高的已达4米多，四季葱苍；与时再有山花点缀，愈发旖旎秀美。

【张洛甲】

张洛甲，学名殿元，号洛甲，乳名“小丫头子”，佚其生卒年月，清末民初在世。虽为世家子弟，然宅心仁厚且胸有大志，更兼聪明过人。祖父张洛万，父亲张洛起，并有个弟弟叫张连奎，曾任民国时期的县政府议员。

首先，其父张洛起就非常睿智，别看他不识字，但思路清晰，颇能断事。当年附近慧炬寺的和尚收了灵山村一个孤儿为徒，孤儿由于受不了严苛的管束便跑回村去。原有祖上留下的几间房舍，却因为年纪尚小不知道如何料理生活，正好遇上一个耍把式卖艺人过路，把他带上转学武术去了。一晃十多年过去了，当他再回到村里的时候，他的那几间老房子却早被一个本家族的人霸占了，说什么也不给他，从而打起官司来。一连请了好几个秀才给他写状子，却不知为什么一递到县衙门，人家不过都仅扫过一眼后，就又给他扔了回来，连带还说他“净胡闹”。

如此，赶上张洛起赶灵山集去听到了这码子事，感觉事并不这么简单，可能是哪儿拧着劲儿。于是，就说让人把状纸念给他听听。当他听完后，立马就明白了，一拍屁股撂下一句话，说“你一个和尚打的什么家产官司？”便转身走了。如此，一语惊醒梦中人，却是状纸中不该写明“和尚”二字，只写他的姓名就行了。果然，以其计重新写了份状纸后，就顺利地递上公堂，讨回了家产。

以下介绍张洛甲在该村里长传不衰的几件事。

1. 张洛甲12岁时，遇到有人借了他家的钱没留字据，干脆就想赖账，不还了。弄得他父亲也无计可施，把脚一跺说：“只当是喂了狗，不要了！”张洛甲则背着父亲想了个高招：利用对方好占便宜的本性，以不伤和气为由，特地登门邀请对方找个饭馆一起喝场儿酒，果然那人听说请他喝酒正巴不得呢！同时，叫上了另外两个要好的人。

酒过三巡以后，便提起来那宗借钱要钱的事，他跟对方说：“就俺那点家景儿，其实也不差你那俩钱儿，眼下我就要你一句良心话儿，就说咱到底有没有这么回事儿就行了。只要你承认有，俺们要不要也不打紧儿。”对方见他说得诚恳，便以为当真不跟他计较了，就承认了确实借过他家的钱，却忽视了他话里藏着玄机。然后，鉴于有二人做证，县太爷最终判他赢了官司，让对方如数还了钱。

2. 平常张洛甲因为在保定、北京做着生意，很少在家里过年。有一年赶对在家过年了，大年初一早晨，他从西村到东村一路给老辈人磕头拜年。很多老辈人以其财大气粗，老远就起身迎接，最后却剩最东头一个老辈子，端坐在自家屋子的门槛上，尽管张洛甲早已跪在面前了，却还纹丝不动。直到张洛甲给他磕过头、作过揖，然后他才慢悠悠地说了句：“小丫头子，屋里喝口水吧。”张洛甲回答：“不了，赶上在家里过年，给您老过个礼就得了。”如此，许多人颇有微词，说老人过于做大、拿劲。然张洛甲则说：“我是小辈儿，过来是给老辈子拜年的，哪儿有咱当小辈儿的跟老辈子争理儿的份儿。”

3. 有一年闹饥荒，邻村几个年轻人怀揣口袋路过该村，正好被张洛甲碰上看出破绽，立马叫住他们说：“你们是不是想去某某村抢粮食？”几个人见瞒不过去，便点头承认。张洛甲说：“谁家不是拉家带口的，你们抢了他家的你们高兴了，可他那一家子人怎么过？依我说你们就别去了，赶明天我开仓放粮，你们都拿个布袋过来，多多少少的你们看着装，只要秋后打了粮食还上就行。”

4. 村里张洛连丧偶后又娶了一个媳妇，鉴于两个媳妇一共生了5个儿子，这样便有了前一窝子后一窝子的说法。且常言道“有了后娘有后爹”，难免前妻留下的孩子们就会受歧视。

话说其前妻生的大儿子，以下又有个儿子叫小宗子，亦即张洛连的孙子，论年龄比着后妻生的五儿子（即小宗子的五叔）还要年长。鉴于从前讲究多世同堂乃是家长治家有方、家庭和睦的象征，所以张洛连的5个儿子、儿媳以及下一代所有孙子辈等一大家子都一起过生活，所有用度也都由家长一个人说了算。如此这般，张洛甲听说张洛连要先给他老五儿子娶媳妇，于是找到他说，你得先给老大家的小宗子娶了媳妇再给老五娶，才是正理儿。张洛连自觉理亏，即便改了主意，按照张洛甲说的做了。

5. 张洛甲一向都在外做买卖、办工厂，很少在老家里住。但是，当他听说老家的村子就是当年烧细瓷的定窑遗址、一总连景德镇烧瓷的把式也都是从他老家这边跑过去的消息后，便打定主意要把烧细瓷这一行当再在老家这边恢复起来。并且说干就干，立马在北京买了大锅炉，特制了一辆大平板车，用三套大骡子往回拉。可惜可叹，发生了“七七事变”，日本鬼子全面侵华战争开始，以致他夙愿未偿。毕竟提前买下的大锅炉还是拉回来了，只是到了南家庄村后，由于路径过窄，实在一时半会儿没办法拉到燕川村，暂且就先卸在了南家庄村。据说，最终被地区煤矿用在了洗澡堂子里。

6. 再有，张洛甲还是个热衷于文化教育的人，随着“中华民国大改良，拆了寺庙办学堂”掀起高潮，民国初期兴办学校蔚然成风。村里人想让燕川寺的老和尚让出一间房子做教室，老和尚死活不肯，于是，张洛甲便使了个调虎离山计，借故把老和尚引走，乘机把房子里的东西搬出来，让生米先做成熟饭。当老和尚再回到寺里的时候，那间房子里早有学生坐得整整齐齐，听老师讲课呢！如此，那老和尚也便没了脾气。

五、早期党建与抗战史

【早期党建】

1937年，燕川村李银东首先加入中国共产党，然后张俊开（乳名“二科”）、张彦喜、张旭升、张老拔、张进周等入党。1938年成立党支部，张俊开任党支部书记。

【抗战简史】

1940年，日本鬼子侵占灵山，一总在燕川村东、村西和南沟里修建了3个炮楼。这期间燕川村民通过挖地道、打游击、破交、支前、锄奸等参与抗战斗争，涌现出许多模范人物和英雄事迹。其中，挖地道700多米，从村中央一直通到村外，即现在的水库东南岸。其他相关事迹选择如下。

1. 当年张宝全、张月强、张俊宽等参加八路军奔赴前线时，但见张宝全穿得破烂不堪，党支书张俊开当场脱下自己身上的新布褂子，给他穿在身上。

2. 一次，张十斤（张旭升的弟弟）和张宽义冒死摸到炮楼上给敌人的饭里下砒霜。由于敌人用信鸽报信，事先透露了他们从灵山药店里买砒霜的消息，没药死敌人，却被灵山的日本兵追过来抓了，带到定州，放开狼狗把他们活活咬死了。

3. 一天，游击组员张义飞、张北蛋、张长宪三人在凤凰山顶放哨，监视炮楼里敌人的动静，以保证八路军晚上在山下顺利通过。不料被察觉，几个鬼子悄悄爬到山上打死了张长宪，张义飞和张北蛋机智逃脱。2022年的清明节，曲阳县民政局在山上为张长宪烈士立了纪念碑。

【抗战范例】

1. 朱家峪村尤喜生时为八路军某部侦察排战士，一次接受上级指示，对燕川村炮楼里的敌人实施骚扰，以打击他们的嚣张气焰。首先，尤喜生等人在村里等着，故意不像往常一样让人给炮楼上的敌人送水送粮食，以致他们不得不派人到村里索要。当来人走到大街上时，尤喜生从暗处连开两枪，并没把他彻底打死。以致敌人顾不得血流如注，掉头就往炮楼上跑，当跑到了炮楼前的吊桥边上，才栽倒在地，彻底死了。

为了迷惑敌人，游击组全体出动，跑到村西的山坡里放了两枪、扔了几颗手榴弹。等到炮楼里的信鸽报信过去，灵山据点里的敌人赶过来，验过现场后怀疑是炮楼里的人不守纪律，随便出来溜达，碰上了武工队被远距离射击打死的，以至村民躲过了报复。

2. 1942年，村西炮楼里住着个姓曹的翻译官，正定县人，兄弟三个同行，都是日本鬼子的翻译官。这个是老大，绰号“大老曹”。以其无恶不作，燕川村党支部书记张俊开请示灵山区（六区）区长张焕喜，再经县委批复，得到由张俊开组织实施务于月内锄掉他的指示。于是，临时成立了锄奸队，一共10来个人，分为两个梯队：张俊开、张彦喜、张旭升、张老拔为第一梯队，负责打头阵取其性命；其余张进周等以为后援，务致其死。

张老先（张金印）明面上是伪村长兼报道员，实际是地下党员，他利用每天到炮楼上报道的机会，找个理由把“大老曹”引进村子。当时该村的大街西口有大门，当他领着“大老曹”走进大门后，迎面碰上张俊开等人。他们先是稳住情绪给“大老曹”点头施礼，以使他放松警惕。稍时，张彦喜从大门后边闪出，照准他的后脑勺上前就是一闷棍。他身子摇晃了几摇晃勉强没栽倒，就着伸手从腰间去掏手枪，却道张旭升和张俊开二人早抢在他前头“咔、咔”又是两闷棍，以致他倒在血泊里丧了命。

然后大家用一条线子布袋把他装上扔到了村外的一个枯井里。进而还是怕他功夫大了再活过来，张老拔又下到井底，用铁锹掏出个侧洞，把其尸体塞进去，并且做了一番掩饰工作，以防敌人搜索到。同时，其他人也早清理了前期现场，同样为了防止敌人找碴儿报复，区武工队事先派了侦查组张五奇等两名战士予以配合，在村子里扔了几颗手榴弹，伪造了战场；并且用萝卜伪造了印章，留下一份晋察冀军区的文件，声称对此事负责。由于这番操作，终致灵山过来的鬼子认可了这个结果。

却说“二老曹”从定州调来补缺后，怎么也不相信前头的结论，抓了几个村民严刑逼供，其中张二小被打死；大来子赤裸着上身仰面被捆在一条长板凳上，然后，“二老曹”把炽红的火炭放在他的肚皮上残酷折磨他……幸亏与其同时调来的另一个翻译官走到大来子跟前恶狠狠地说：“你说不说？再不说我一脚踹死你！”一边说着一边猛然抬脚，连凳子带人都踢翻了，如此大来子才捡回来一条命。后来听说那个翻译官原来是个地下党员。

另外，据说新中国成立后“三老曹”蒙混过关逃到了东北，最终在20世纪60年代被查出真实身份，被捕入狱。

六、新中国成立后的特色经济建设

1958年“大跃进”时期，全村男女老少集体发动，自农历正月动工，至六月竣工，仅用了5个多月的时间就建了一座小型水库，以其进度快，取名“火箭水库”，后改名“燕川水库”。

燕川村采煤由来已久，有明确记载的采煤作业始于清末，民国时期曾有多处矿井，20世纪中叶以后除曾为保定地区煤矿三矿点外，还曾有过大队集体煤矿、小队集体煤矿。改革开放后，个体煤矿和股份煤矿占据主流，小煤井一度多达十五六对。同时，开煤场、购置大型汽车运煤也盛极一时。

七、 文化娱乐、基础教育、医疗保健

【文化娱乐设施】

西燕川村现有文化娱乐广场1座，占地1900平方米，配备健身器材17套。

东燕川村现有文化娱乐广场1座，占地1200平方米，配备健身器材15套。

【基础教育】

燕川小学始于民国初期，校址于原村中央的“燕川寺”。

现西燕川小学（学制6年），在校学生220名，教师11名；幼儿园（校中园）入园儿童54名，幼儿教师3名。

东燕川村适龄少年儿童就读（入园）西燕川小学（幼儿园）。

【医疗保健】

现二村卫生室各1所，签约村医西燕川3名、东燕川1名。

八（1）、西燕川村村政现状

【基层党建】

西燕川村党支部下设4个党小组，全村共有党员61名，其中男性46名、女性15名；党龄30年以上的老党员26名，50年以上的8名。

【集体财产】

村党群服务中心独立小院1座，占地400平方米，建筑为二层小楼，建筑面积350平方米。

【公共服务】

村民生活用水全面自来水化，电力供应充足，数字网络基本覆盖全境；通村道路、主要街道和主要机耕路全部硬化；主要街道全部安装了太阳能路灯，共50盏。

八（2）、东燕川村村政现状

【基层党建】

东燕川村党支部下设5个党小组，全村党员43名，其中男性40名、女性3名；党龄30年以上的老党员5名，50年以上的3名。

【集体财产】

村党群服务中心独立小院1座，占地500平方米，建筑面积240平方米。

【公共服务】

村民生活用水全面实现自来水化，电力供应充足，数字网络基本覆盖全境；通村道路、街道和干线机耕路全部硬化；主要街道全部安装了太阳能路灯，共45盏。

磨子山村

磨子山村位于灵山镇北部，距镇政府驻地约3千米。西邻省道S241宝平线，东倚马脑山及灵山境，东南方向是庞家洼村，南隔省道S335与灵山村搭界，北缘三会河上溯与郎家庄乡葫芦旺村接壤。

交通环境：西傍省道S241宝平线，沿途有从郎家庄、范家庄等村往来于县城、省城石家庄的班车；北距保阜高速灵山北路口3.7千米，南距曲涞高速灵山南路口5千米。

一、当前的自然资源和居民状况

磨子山村全域面积约3平方千米，耕地313亩（包括水浇地233亩）主要种植玉米、花生、谷子和近年引进的小黄姜等；其余除村落外，均为山场坡地和滩涂，部分绿化，主要树种为柏、杨、柳和法桐等。

全村居民共202户、589人，其中男性310人、女性279人；常住人口547人、外出流动42人，主要流向保定和山西、山东等地，以务工、运输、经商为业。村民姓氏以庞、王二姓为主，其他有杨、刘、吕等姓氏。

2017年，该村建档立卡贫困户111户、290人，除五保户1户、1人外，其余全部于2020年底脱贫。

二、建村历史及归属沿革

《新志1》载：磨子山村始建于“明”代，缘于“村旁山头形似石磨”，故名。然相对于《旧志1》中并无“磨子山”这一村名，只在《旧志2》中才显示出来，证明该村建于“明”代的观点不足为凭，其建村时间只能在清代的中晚期。据采访资料，最早由庞姓先人从附近的庞家洼村迁来，在三会河东岸落脚，因背倚磨子山，所以借其山名一并为村名。

然后20年左右，再有一支首先从庞家洼村迁至灵山村的庞姓族人，进而分出一支转迁过来，在原磨子山村落的三会河对岸落脚，如此便形成了夹河而居的村落雏形。如今登其东侧的山崖高处鸟瞰村貌，河东部分居于山坳，形势圆全，堪比日头；相对于河西部分，则绕河谷而处，南北狭长，中间凸出，貌似新月。总而观之，宛然一幅日月交辉之图腾。

磨子山村立村时间较短，归属情况也简单，尽管县级以下政区名称多变，但一直都是灵山治下的属村（大队）。

三、磨子山村史话

磨子山村的历史虽然不长，但关于磨子山的传说故事却古老隽永，如“将军犯地名，窦王死在磨山下”，说的是隋朝末年夏王窦建德跟唐王李世民争天下，因“将军犯地名”死在此地的故事。

磨子山地处香岩山系西段一开阔的峡谷东侧，与三会河相依偎，虽享誉“兵家必争之地”，却并非宜居之境，靠山则无土地，临水总患山洪，若非穷途末路在原地混不下去的人，谁都不会搬到这里安家立户。

且讲一个真实的故事：民国初期，伴随着唐山赵各庄煤矿大幅扩容，自然也需要大批矿工充斥场面。鉴于庞家洼村的庞大正和小正儿二人在当地混成了头面人物，一时曲阳城以北的许多人都前去投奔，其中就有磨子山村的王连厢。

王连厢在村里穷得叮当响，从小父母双亡，全部家当除了村南半坡里的两间破草房，加上一个从前养猪的连茅圈外，就剩下一些半山坡里星星点点的比鱼鳞坑（育林坑）大不了多少的所谓庄稼地了。不承想，过了两年后，竟然带回来一个漂亮媳妇，好不让人眼热，难免有人想效仿，也抱得美人归，即便探他底细。男人娶个好看媳妇是很值得夸耀的事，因此他也愿道其详。

王连厢虽然人穷，但嘴码子好使，能把死人说活。在赵各庄打工就住在人家姑娘家，是他一方面吹嘘跟小正儿怎么怎么的沾亲带故，一方面豪夸自家多么多么的阔气，如此这般就把人家姑娘说得心里开了花儿，想不跟他做媳妇也按捺不住了。你道他净说了些什么："十里长街，家住当巴间儿（正中间）；村外有地七十二块儿，呒（mú）价（没有）一亩半亩的块儿；吃的是平端到口酥，就连家里的猪圈也都是二层楼。"

如此姑娘就中了他的糖衣炮弹，首先跟他把生米做成了熟饭。然后等她跟着他回到村里以后，可就傻了眼了，难免要埋怨他为什么要骗她。反倒这王连厢非常理直气壮，回怼她说："我哪儿骗你了？先说十里长街，你看，从南边的灵山镇到北边的葫芦汪村之间正好十里，咱们磨子山离他们俩村各自五里，不就正是当巴间儿？至于有地，大大小小连筐箩带簸箕那么大片场儿的都算上，正好也就72块儿，要不我领着你，咱现上东坡里去认认地块儿，看看我说得对还是不对？再说地块儿大小，也是先前跟你说好了的，原就说'吪价一亩半亩的块儿'吔！到这暂，你不怨你当初死看上了我，离了我过不了了，迷昏了头，眼下反倒赖我骗了你？"

接下来王连厢又把原先说过的吃的什么"平端""到口酥"的解释了一番，结果都一一对号，弄得他媳妇满脸通红、哑口无言。如说"平端"，就是稀粥照月亮，不"平端"着还不得洒在地上？"到口酥"就是"糠窝窝头"，因为糠多面少，用手往起拿就光想散了坨，一旦入口，自然用不着上牙嚼就酥了。

另外，再说"二层楼"的猪圈。现在农村大致年过60岁的老人都知道，从前几乎家家户户都有连茅圈，地平面以下挖个大坑，叫"圈坑"；靠一边砌上台阶，叫"猪磴台"；上边靠外侧搭个小棚，叫"猪圈棚儿"；内侧胡乱打造成个大小便用的"茅子"，茅坑多半呈斜坡状一直通到圈坑底部。猪一般在圈棚儿里吃食睡觉，通过猪磴台下到圈坑里拉尿，连带吃人的粪便，有时也在圈坑里睡觉。这样一来，岂不也就坐实了其所谓的楼上楼下"二层楼"了？

四、文物遗存及关联故事

【磨子山】

磨子山，海拔220米左右，从南、西以至西北多个方向望去，皆如三层浑圆的陡棱巨石摞起来的一般，自下而上尺度逐层缩减，尽管略向西北倾斜，凭人目睹，无不活脱脱一盘硕大的石磨。下一层厚重须是磨架，上面是两层磨扇。西侧紧傍三会河，东北角有泉长年不涸，若非大旱年份总会溢流漫淌，活生生一派“清泉石上流”的诗情画意！

【窦王坟】

处于隔三会河与磨子山的对面，传为窦建德殒命后的归葬地。（详见本书上编第六章第三节关于“磨子山古墓”的介绍。）

五、早期党建与抗战史

【早期党建】

1942年，该村始建党支部，第一任书记是庞立根。其余不详。

六、新中国成立后的重大事件和特色经济

磨子山村2015年、2016年、2017年，连续3年分别利用上级扶贫资金17万、46万、20万元，用于入村通道及街道的全面硬化工程项目，总面积13,000平方米。

磨子山村是灵山镇现代新农村建设的模范村，近年来连续受到省、市政府相关部门的嘉奖，简报如下：

2021年，荣获河北省绿化委员会、河北省林业和草原局“省级森林乡村”称号；

2021年，荣获中共保定市委“全市先进基层党组织”称号；

2022年，荣获河北省爱国卫生运动委员会“河北省卫生村”称号。

七、文化娱乐、基础教育、医疗保健

【文化娱乐设施】

现有村文化娱乐广场1座，总面积2300平方米，配备健身器材26套；新建篮球场、羽毛球场各1个，乒乓球案2个，假山喷泉景观1座。

2021～2022年，打造了一座四邻市县稀缺的铁索桥，长80米，横跨三会河两岸；彼岸连接陡峭的登山台阶路，约300米、千余级，取“循人之长，步其后学”之意，得名“亦步桥”。白天悬空飞架，客流其上，晃晃悠悠，如醉如痴；水流其下，潇潇洒洒，从容不迫。尤其入夜后，其桥两旁的护栏上彩灯珠联，先则蜿蜒迤逦，上映星空，下渲水色，装点出一个五彩缤纷的梦幻世界。继之以登山台阶路的两侧，一样也灯花作秀、光彩陆离，总如两条长龙舞向岭表，去静静地等待迎接明天的太阳；探入旷野，在默默地点燃新农村建设永恒的辉煌！一旦秀色可餐，美誉便不翼而飞，以至前来打卡者（包括许多知名网红主播）天天不绝如缕，尤其京、津、石、保等地的城市人由于路途近且交通十分便利，已是这里的常客。

【基础教育】

磨子山小学（1～3年级），目前在校学生6名，教师3名；幼儿园（校中园）入园儿童5名，幼儿教师1名。

【医疗保健】

现有村卫生室1所，签约村医1名。

八、村政现状

【基层党建】

磨子山村党支部下设3个党小组，全村党员31名，其中男性28名、女性3名；党龄30年以上的老党员6名，50年以上的5名。

【集体财产】

磨子山党群服务中心1座独院，占地300平方米，建筑面积140平方米。

【公共服务】

全村生活用水均实现自来水化，电力供应充足，数字化网络基本覆盖全境；通村道路、主要街道和干线机耕路全部硬化；主要街道都安装了太阳能路灯，共76盏。

王家村

王家村位于灵山镇中部，距镇政府驻地1千米。东与岗北村、东南与韩家村浑然密接，西偏南邻灵山村、偏北邻杏子沟村，北邻东、西庞家洼村。三会河绕流西境，地貌形势以滩涂为主。

交通环境：北有省道S335蠡野线，南有原县道移民路的延长线路；南距涞曲高速灵山南路口3千米。

一、当前的自然资源和居民状况

该村总域面积约2平方千米。其中荒滩、荒坡约500亩，绿化300亩，主要树种为杨树和柏树；耕地560亩，人均0.28亩，主要种植玉米、谷子等农作物。

全村划分为8个村民小组，居民722户、1985人，其中男性1004人、女性981人；居村常住1718人、外出流动267人，主要流向北京、天津等地，以打工和餐饮服务为主流。村民姓氏以王姓为主，其他有刘、葛、陈等姓氏。

2017年，全村建档立卡贫困户45户、103人，至2020年底全部脱贫。

二、建村历史及归属沿革

《新志1》载：王家村始建于“元，王氏立村”。采访资料则称：村子建于明初，由高、李、王三姓先人共建。高姓不知所终，李姓人家迁到了本镇的魏古庄村，唯剩王氏一族人丁兴旺，且多外溢支派：有一支首迁党城乡贾家口村，进而再迁其次一支于南家庄村；再有一支近迁岗北村，一支远迁涞源县上庄村。

《旧志1》载：“灵山社领村九：灵山店、东灵山、庞家凹、庆都沟、许家冈、韩家村、王家灵山村、南庄村。”

基于《旧志2》，从前志书中“东灵山”“王家灵山村”二村隐而不复，却出现了一个新面目“王家村”。

乍然一看，尽多的人都会认为“王家村”应该就是当初“王家灵山村”的蜕变者，以其删繁就简所以然。但是，只要仔细一想，却就感觉出不对劲来，因为它不合常理。依据前说，既然高、李、王三姓人共同立村，岂有忽视高、李二姓，单独突出其“王”一姓，称“王家灵山村”的道理？

再说“东灵山”这个村名，首先在字面上不存在偏执一姓的悖理，且地理位置也符合实际情况，确在“西灵山”或者“灵山（店）”以东。以其附近并没有“西灵山”村与之对应，那么，这个“东”字就只能基于“灵山村（店）”了。这样一来，王家村的前身就更像是“东灵山”村才对。因为把三姓全都排除在外，才符合常理，容易达成共识，不偏不倚保持平衡。

然后，随着村内高、李二姓不再为继，只剩了王姓族人，且又无“西灵山”与之照应，贸然一个“东灵山”可不就让人感觉不那么踏实了！鉴于这种情况，估计当时村里的名望人就有了想法，主张起来仿照着近邻“韩家村”的村名模式，遂将村名改成了“王家村”。

抑或清初的“东灵山”和“王家灵山村”仅为近邻的两个小

居民点，以其后来东灵山村的高、李二姓亡佚后，两者王姓村民经过展枝散叶、添丁扩户，干脆就浑然一体户连户、房连房难分彼此了。这样一来，二者合村共建，赋以新名自然也顺理成章。

上述两种情况，无不都围绕着提高他们共同的“王”姓名誉度展开，当然也好达成共识，水到渠成。

该村清代以前的归属情况不明，康熙年间全县以方位划分为4个乡，即东乡嘉禾乡、南乡黄尧乡、西乡从化乡、北乡归善乡；乡下置社，该村的衍化情况，且参考以上分析，须属灵山社。清末撤乡留社，确名王家村，属灵山社。民国初期沿用清治，然后“社”改称“乡”，区域变小，上位设区，属灵山区。1937年10月至1962年之间，始终在灵山区辖下；区下治所及归属情况不甚明了。1953年7月，小乡时期，属灵山区灵山乡。1958年8月，王家村改称王家村大队，属灵山人民公社；下设管理区，未明所属。1961年5月，撤销管理区，仍属灵山人民公社。1984年4月恢复乡镇制，属灵山镇至今。

三、王家村史话

王家村扯东到西一条大街，长约300米，既有现代的靓丽房舍，也有当年堪称豪宅如今却满带沧桑感的四合院。非常讲究的古代石雕构件，间或着残缸破瓮、漏盆子、次等瓷管垒砌的老墙……乍然走在大街上，简直像是游走在一个时空错位的通道之上。

王家村村民素以简朴著称，除了这一点与相邻的韩家村有所区别外，其他环境条件几无二致，同样有着300多年的采煤和烧制粗瓷的悠久历史。

清朝末年，村里即有股份制煤矿。在一处叫“28亩地”的地方曾有一个矿井，是由24个股份共同参与开办的。发财以后，一总出资买了24个“顶子”，一个股份一个。所谓一个“顶子”即一个“秀才”。一般来说，从前的秀才都须通过科举考中，却道每当朝廷缺钱的时候，他就来这么一手，明码标价，只要银子到位，“顶子”何尝不可以批发？

据采访资料，迄今往前推150年左右，该村王老东和王老西兄弟俩，各自开办的瓷窑都很出名，除了烧造缸缸瓮瓮、坛坛罐罐以外，还烧造红、蓝、黑、酱等颜色的吃饭碗，包括一种叫“高粱面子碗”，大致为裸胎不上釉，因呈淡紫色，故称。

王家村的花会项目有少林会（拳把行）、西乐会、大幡等，至今已有100多年的历史。其中的一套拳把行，是从唐县齐家佐乡小张家庄村传过来的，缘于村里有个小名叫黑三的人在当地出家当和尚，得其真传。

四、文物遗存及名人逸事（异事）

【兽头桥】

灵山镇九座兽头桥之一。王家村大街东西行，再有一条南北向的渠沟（古街道）与之相交在村中央，因其上架“桥儿”，遂名“桥儿沟”。“桥儿”券洞跨径3米多，纵深约4米，桥面弧形拱起连通两岸。桥面两侧各置一列型石以为护栏，型石高、宽皆不足40厘米，唯长度不等但都在40厘米以上。

从前桥儿沟是一条主要街道，桥洞下面能通行马车，甚至人骑着大骡子也能从下面从容通过。

【王老干奇遇】

清朝末年，村民王老干穷困潦倒，媳妇即将分娩，更是愁上加愁。却不料时来运转，大儿子夜里呱呱坠地，他无计可施，大早起背着粪筐出去拾粪，实际就是个逃避的意思。却道才一开门便看见一头毛驴驮着两布袋小米，在门口来回打转儿。这样，自然他就顾不着再去拾粪了，立马把小米从驴背上卸下来，背回去倒进早已见底的米缸里，两布袋小米刚好装满一个米缸，从此他就再不用为吃的发愁了。尤其蹊跷的是，这一缸米不管你怎么吃，总也不见少，它是你掂一瓢就长一瓢。然后，他媳妇儿接连又给他生了俩小子。

王老干的仨小子长大后，老大王老河开煤井，发了财；老二王老佑自幼聪明好学，考了秀才；老三叫王老太，在村里购置了一百多亩地，成了村里的大地主。分家以后，各自盖了豪宅，于今旧址虽然破败不堪，但当年阔过的气象仍可令人想见：砖雕门楼、木刻窗花、大门槛两侧的汉白玉石抱鼓皆十分讲究；尤其石抱鼓上镌刻的萱草莲花、云纹瑞兽，无不依然故我的精神抖擞、活灵活现，彰显着昔日高光照耀过的那副派头。

特别王老干去世后的葬礼出尽了风头：足足停丧了七七四十九天，杀了53头猪，临时盖了3间厨房，前去帮忙的乡亲们一日三餐，顿饭成席；殡葬期间，过街灵棚都搭出去了半里多地，从家门口一直搭到了村西街口。结果，发送了王老干以后不多几年，小哥儿仨的光景就一天不如一天了。因此就出现了这样一种说法，说这点儿福气就是单给王老干的，王老干死了，福气自然也就没了。

五、早期党建与抗战史

【早期党建】

1937年，王造瑞在庞家洼村的煤井上打工，首先加入中国共产党，然后在本村发展王忠亭、王鼎占、刘一功、王转好等人入党。次年成立党支部，王造瑞首任党支部书记，后由王转好接任。

【抗战烈士王忠亭】

日本鬼子占领灵山以前，曾多次进村“扫荡”。当时村子里一共有400多人，一旦说日本鬼子来了，全村人都赶紧往村外跑，就连家里的小猪、小鸡也像是全懂人性，一路随着主人跑。

1939年，有一回，日伪军进村一连住了5天5宿。他们听说，灵山区地下党的一个区干部藏在了村里。眼看敌人一副抓不到区干部不肯罢休的架势，王忠亭自告奋勇故意弄出动静跑出村去，代为转移目标把敌人引开，敌人以为跑出去的肯定是区干部，便一窝蜂般追过去，开枪打死了他，从而才换得那个区干部乘机脱了身。

【抗战范例】

1942年农历五月初四，地下党的灵山区委书记刘义功，把该村的报道员王鼎占叫到村子的地道里，跟他说：“组织上决定，趁着过端午节的机会，由你带路，配合八路军和游击队，以给鬼子送粽子的名义，进入炮楼把炮楼炸掉。”当时各村的报道员都是“两面人”，明着给炮楼上的鬼子办事，实际都是地下党员，服从组织安排并执行党组织交办的任务。

临行前，王鼎占就先行告诉家人说："我有任务，可能活着回不来了，先给我准备一口棺材，为了把日本鬼子赶出中国，我死了也值！"

端午节那天早上，由王鼎占、刘一功，和东庞家洼村的庞立国、西庞家洼村的庞梦圆，以及下岸村的杨双喜等村的报道员，连同八路军化装成老百姓的战士一共13个人，肩挑扁担，手提竹篮，溜溜荡荡的一群人朝着庞家洼炮楼出发了。扁担担的、竹篮里提的表层虽然装的都是粽子，可下面藏的却都是手枪、手榴弹和地雷。

到了炮楼跟前，王鼎占对着站岗的鬼子兵说："今天是端午节，我们给皇军送粽子来了。"他这边说着话，那边领头的八路军连长早从粽子底下拿出来手枪，首先打死了一个哨兵。同时，其他人迅速进入炮楼，炮楼里也就5个鬼子，登时就被消灭了。接着埋好地雷，"轰隆"一声巨响，炮楼就土崩瓦解，被炸开了花儿。不幸的是八路军连长开始就身负重伤，最终还是牺牲了。

六、新中国成立后的特色经济

【烧制粗瓷】

20世纪80年代到2007年左右，个体户烧制粗瓷器蔚然成风，除了烧制传统的日用瓷器以外，根据现实需要，开始大举烧制起来各种型号的瓷管，以应住房、城市基建等方面之需。

【小煤窑】

小煤窑至迟在清代中前期已有开办，一直未曾中断，直到20世纪中叶的人民公社时期，村改称大队，全大队分8个生产队，每个生产队都有各自的小煤窑。改革开放以后，个体和合伙开办的小煤窑猛然多起来，最多的时候有30多对。

安国县（今安国市）一度在本村开办煤矿，无效而终。根据上级指示，2003年后小煤窑相继停产，2007年全部封填。

七、文化娱乐、基础教育、医疗保健

【文化娱乐设施】

该村现有文化娱乐广场1座，占地800平方米，配备健身器材5套。

【基础教育】

该村小学始建于1945年，校址在原三官庙；1953年，成立扫盲班，实施成人教育。

目前，王家村小学（学制6年），在校学生188名，教师9名；适龄幼儿入园韩家村红太阳幼儿园。

【医疗保健】

现有村卫生室2所，签约村医5人。

八、村政现状

【基层党建】

王家村党支部下设6个党小组，全村党员58名，其中男性54名、女性4名；党龄30年以上的老党员21名，50年以上的10名。

【集体财产】

村党群服务中心独立小院1座，占地350平方米，建筑面积150

平方米。

【公共服务】

村民生活用水全面自来水化，电力供应充足，数字网络覆盖全境；通村道路、主要街道和干线机耕路全部硬化；主要街道都安装了太阳能路灯，共56盏。

杏子沟村

杏子沟村位于灵山镇北部，距镇政府驻地约1千米。东隔三会河邻西庞家洼村、王家村，南邻灵山村，西连野北村，北偏东隔三会河接磨子山村。

交通环境：省道S335蠡野线（原称保阜线）穿境其村南，东有省道S241宝平线擦过村边；南有涞曲高速灵山南路口，北有保阜高速灵山北路口，均4千米左右。

一、当前的自然资源和居民状况

杏子沟村总域面积1.06平方千米，其中山场370亩，多种杏、苹果等果树；耕地660亩，人均0.8亩，大部分种植玉米、谷子等，一部分种植金银花、连翘等中药材。

全村划分为3个村民小组，居民435户、1135人，其中男性573人、女性562人；居村常住965人、外出流动170人，主要流向保定市区和邯郸市、山西寿阳等地，基本以物流服务和下井采煤为业。村民姓氏以董、田、李、贾四姓居多，其他有卜、邢、刘、党、白、张、冯、吕、王、韩等姓氏。

2017年，全村建档立卡贫困户26户、61人，2020年全面脱贫。

二、建村历史及归属沿革

《新志1》载：杏子沟村始建于“元，村旁沟内原有杏树。曾称庆都沟”。采访资料称：杏子沟村原名“坑头村”，也叫“纺车沟”，或者“沟里”；因地处香岩山西段南北走向的一条大山沟的沟口，随着山沟里长了杏树，便叫起来“杏树沟”和“杏儿沟”，实在这名字真不少。采访资料并称：最早立村的是一位李姓老妪，当年从外地过来，选了这个大山沟的沟口首先住下来。因为她很会做生意，日子一久，便引来远近的许多商贩，逐渐繁衍为集市。随着清代中后期晋商东渐，集市越来越大，远来的客商越来越多，食宿业自然也就成了刚需，于是，“灵山店”（灵山村的前身）便坐上了顺风车，从而形成了“赶沟里集，住灵山店”的局面。只是其建村时间，联系西邻野北村的相关信息，《新志1》所谓“元”代之观点，相差有点儿远。

上述村名“庆都沟”一说，出自《旧志1》，经一些民俗专家的实地考察、推理，并联系附近村庄一些通晓俚俗文化的乡贤老者，以其提供的信息，感觉其文化底蕴颇为不凡。（详见张建成《关于野北村尧母洞的考察报告》一文。）

河北省古建研究所2001年5月《曲阳县定窑遗址保护规划方案》显示，曲阳县定窑遗址“划定三个分区：自东向西依次为涧磁区、野北区、燕川区……野北区……包括野北村和杏子沟村”（转自张建成《曲阳定瓷谭概》，第22页，线装书局2019年版）。据此，杏子沟须是一个非常古老的村庄，建村时间至少在五代时期或更早以前（参见本书《野北村》相关内容）。

“野北”村名，缘于土话“窑北”的讹变，其“窑”无外乎定窑之“窑”。那么，则必然先有“窑”而后有“窑北”，此乃常识。依当年地广人稀的实际情况，基本不可能兀然于荒野之间建窑烧瓷，相对的是必有人烟，至少也须初具村落雏形。这样，就可以推测出杏子沟村粗略的建村时间，势必在定窑鼎盛时期的北宋朝以前。否则，便没机会与定窑乃至如今定窑遗址相逢在同一个语境里。

杏子沟村清代以前归属不详，清代康熙年间名“庆都沟”，属灵山社；清末即为今名，归属依旧。民国初期沿袭清末之制，属灵山社；然后属灵山乡。1937年后的抗日民主政府时期，至新中国成立后的1953年7月，这期间政区多变，且档案欠缺，具体归属不详，却总归也离不了都在灵山治下。1953年7月后的小乡时期，属野北乡。1956年8月，属灵山乡。1958年8月，改称杏子沟大队，属灵山人民公社。1984年4月，恢复乡镇制，复称杏子沟村，属灵山乡；同年7月，灵山建镇，属之，以至如今。

三、杏子沟村史话

杏子沟村煤炭、瓷土资源丰富，所以有资格入局参与了当年定窑业的宏图架构。目前，村内大街小巷，只要是新型建筑材料未曾覆盖的地方，以及村南野外的地阶、田间小路两旁，无不仍有各色瓷片争相探头探脑，试图与每一位过客高谈阔论一番它们当年的“好汉之勇”。

依据“赶沟里集，住灵山店”的说法，现在的“灵山集”无疑就是原“杏子沟集”的嫡传衣钵了，以其乐不思蜀从而“忘本”的结果。此亦证明，从前杏子沟村集贸市场兴旺的时候，灵山不过只是一个小客店。关于这一点，考《旧志1》便知端倪。其志书时值清康熙年间，灵山虽为社治，然其辖村尚作“灵山店”称谓，尽管它建镇坐大，那也只是后来的事了。其中主要原因，应该在于杏子沟村址偏狭，无法容纳大规模的贸易活动，这才给了灵山店“黄袍加身”的可乘之机，干脆就代之以上位了，这样一来，相应的杏子沟村自然也就成了明日黄花。不过，尽管清朝中后期灵山由“店”而“集”，进而建“镇”，一步步地蹬鼻子上脸，却也没有尽掩杏子沟的余晖，以至其“留守部队”依然顽强地坚持到了新中国成立前夕。

新中国成立后，杏子沟集虽然已为过眼云烟，然其每年5个传统庙会总是还遗留着“曾经富过”的烙印：农历正月十五、二月十九、三月初八、六月二十八、十月初三均为其庙会日期。切莫把每年5个传统庙会不当回事，实在是除了曲阳县城受北岳庙影响，庙会超多外，就连其他周边县城在庙会的数量上，也都难得与之抗衡。

该村传统花会唯打鼓队一项，始于抗战胜利后，起初只有3面鼓，还不会敲。当时人们还都挺保守，各村的擅长技艺都秘不外传。这种情况，该村几个有心人就想到了偷师学艺，并不顾数九寒天，冻得浑身乱颤，跑到韩家村西的大河滩里，趁着他们敲鼓的时候，将其鼓谱明明白白地听进耳朵里，真真切切地记在心，然后回村再实实在在地演练于双手，轻重缓急地落实于鼓面，咚咚锵锵地敲出来人们的喜笑颜开……以至尽多的村民都踊跃参加进来，一时间自掏腰包买鼓蔚然成风，鼎盛时全村共有大鼓60面，鼓谱计有《三艺会》《风搅雪》《三翻儿》等。相传当地的锣鼓点，基本都是从当年唐代帝都长安城里的皇家乐队手里串蔓过来的，关键在于当年附近慧炬寺里的老和尚智力，起初在长安城里剃发受戒，论起来还是武则天的同门师弟呢。

四、文物遗存及关联故事

【马王庙】

庙址在村北的山坡里，俗称“庙儿”。抗战时期，晋察冀军区独立四团遭遇鬼子偷袭，于此伤亡过重，加上早期就有乞讨者死在庙里，出于防止野兽餐食烈士们的遗体，随时就把庙门垒死了。后来因年久失修，未再启动。

【平顶山】

所谓平顶山，即灵山村庙会期间的主要贸易市场，也叫“庙岗”，产权归灵山、野北和杏子沟三村所共有。其北端也有一座“北岳庙”，以其为官方实地祭祀古北岳恒山（俗名“神仙山”）的中途落脚点，故名。庙前原有唐咸通年间（860～874年）树立的石碣一方，上刻“坑头村”三个大字，并年款及“县北四十里”等字样。

【兽头桥】

架在村内桥儿沟上，为灵山镇9座同类石拱桥之一，两端拱顶正中各嵌一具带有凸雕镇水兽（蚣蝮）的型石。

五、早期党建与抗战史

1938年，该村董盼喜首先加入中国共产党。1942年，李瑞子、董喜趁、李占福等入党，同年建立党支部，李瑞子首任村党支部书记，李占福是第一任村长。其后党支部书记依次是：第二任董喜趁，第三任卜红尔，第四任田文贞，第五任田良尔，一直到新中国成立。

抗战时期，一次，全村党员在李占福家秘密开会，不知怎么走漏了消息，日本鬼子闻讯赶来。除了李占福跳墙逃走，把腿摔伤免于被捕外，其他几个人均被捕，关押在敌人的炮楼里。事后，经过地下党组织运作，通过交赎金的形式，才把几个人救出来。

六、新中国成立后的重大事件和特色经济

1970年左右，由保定地区重工业局统筹，博野县煤矿一度在村境采煤，无效益，两年后撤出，矿井由当时的杏子沟大队接手。

另外，人民公社时期，该村与灵山、野北等村合股开办过“四合一”煤矿。其中灵山占2个股份。

1979年，改革开放以后，基于采煤业的滥觞，运煤业和煤场业一并兴起。20世纪90年代，村民保有大型运输汽车56辆，煤场占地10多亩。

七、文化娱乐、基础教育、医疗保健

【文化娱乐设施】

现有村文化娱乐广场1座，占地800平方米，配备健身器材12套。

【基础教育】

杏子沟小学（学制6年），目前在校学生88名，教师9名；适龄幼儿就近入园灵山村幼儿园。

【医疗保健】

现有村卫生室1所，签约村医1名。

八、村政现状

【基层党建】

杏子沟村党支部下设3个党小组，全村党员36名，其中男性30名、女性6名；党龄30年以上的老党员7名，50年以上的8名。

【集体财产】

村党群服务中心为1座独立小院，占地200平方米，建筑面积90平方米。

【公共服务】

村民生活用水全面自来水化，电力供应充足，数字网络基本覆盖全境；通村道路、主要街道和干线机耕路全部硬化；主要街道全部安装了太阳能路灯，共19盏。

燕南沟村

燕南沟村位于灵山镇西部，东距镇政府5.2千米。东邻南家庄村，西南依次邻党城乡的湾子村和寨地村，西侧以将军寨山为界与党城乡寨地村相邻，北邻东、西燕川二村。

交通环境：东、北两个方向均距省道S382河龙线（原称保阜线）3千米左右。

一、当前的自然资源和居民状况

燕南沟村总域面积6平方千米，其中山场3000亩，滩涂3000亩，已绿化3500余亩，森林覆盖率80%，主要栽种柏树；耕地302亩，人均约0.6亩，主要种植玉米、谷子、红薯等。

该村矿产资源丰富，计有煤、铁矿石、高岭土、耐火土、紫土和高铝土等。

全村划分为3个村民小组，居民200户、528人，其中男性279人、女性249人；居村常住402人、外出流动126人，主要流向保定市区和石家庄等地，基本以商业、服务业和基建劳务为主流。村民姓氏以张、刘两姓为主，其他有甄、董、杨、赵等姓氏。

2017年，全村建档立卡贫困户92户、276人，2020年全面脱贫。

二、建村历史及归属沿革

《新志1》载：燕南沟村始于“明”代，“村址地处燕川南部的一道沟内，原称燕川南沟。1983年更今名”。采访资料则称其肇始于“宋代”，基于附近山下煤层较浅，容易开采，曾为当年风头无两的定窑（燕川窑区）提供燃料。

然《旧志1》中，却并无“燕南沟”或“燕川南沟”两种村名，甚至在清朝末年的《旧志2》里，仍未载其芳名，证明该村面世时间多半在民国初期。另外，还有一说源于“慧炬村”，想来更居风影之嫌，且不说魏古庄村早认领了这桩亲缘，只在时间断代上岂不也就像是戴着草帽亲嘴——差得有点儿远了？

联系东、西燕川两村的采访记录，并其志书资料，可知清康熙年间仅有一个“燕川村”，清末才显示为东、西燕川二村。蹊跷的是在20世纪的人民公社初期，不仅前面二村，甚至该村及石岭庄村尚且处于“四合一”的状态，一总算作一个行政村级别的“燕川大队”。由此表明，此前该村应该是以自然村的形式存在的。尤其张姓村民须是燕川村同姓先祖外溢的一支，基本与石岭庄村的同姓人相类似。仅从顾名思义的角度而言，“燕川南沟”不外乎也就是燕川村所属的“南沟”意思吗？当初抑或村址处原有其先人的土地，也或者当地还未曾开发，处于无主状态，由于某种原因，就有燕川村的一些（或者一户）张姓人家搬过去享受桃源乐土了。及至1959年左右，方才与石岭庄一起从燕川大队（行政村）独立出来，建置“燕南沟大队（行政村）”。

关于燕南沟村的政区沿革属性，参见《燕川村（西燕川、东燕川）》，此略。

三、燕南沟村史话

燕南沟村的民间传统花会项目，有大鼓、扭秧歌、拔河、秋千、滑冰等。

四、文物遗存及关联故事

【将军寨山】

将军寨山又名鸡冠寨、脑袋坡、大寨、柏林岩、老翁山等，位于该村的西南方向，海拔564米，人文底蕴尤其丰富，遐迩闻名。但见它有这么多名字，哪一个不都聚敛着一定的人文内涵？所以说，其文化底蕴不是一般的深厚，以至流传于民间的故事也多，更且涉及面也非常广。

就其自然现象而言，堪称甲秀一方，峻极四野：首先5眼山泉，常年不涸透精灵；5个石汉子，俨然魁梧呈霸气。九龙聚会，长远决策，须与北邻的虎啸山永睦友好；百尺悬崖，放下身段，致使西麓的寨地水库敞开怀抱，与之大秀缠绵。

【慧炬寺】

慧炬寺初建于唐代，其前身“柏林院”传为北齐遗迹，因被葱郁的柏树林所掩映，故名，位于该村西南方向将军寨山东北麓的台地上。慧炬寺一向名声显赫，很长时间附近村庄的土地多为寺产，相邻村民基本上都是其佃户，直至20世纪中前期的土地改革运动，倡导“耕者有其田”，实施“土地平分”政策后，大量的土地才回到祖祖辈辈为其操劳的庄稼人手中。

1956年前后，农业合作化时期，慧炬寺尚且住着一个和尚，法号常真（音义），自食其力。1958年夏秋季节，邻村一顽童玩戏过度，将其所种的北瓜用镰刀刺开一个小口，取下其肉质外层，然后拉上屎再把取下的部分原封盖好，这样一来，过不了几天被刺开过的北瓜口基本就长合伤口了，从外表上大致就看不出什么破绽来了。只是摘下来要吃它的时候，岂不要放在案板上切开？这时可就傻了眼了，自然会弄得到处都成了屎汤子。

估计老和尚早也吃过这样的亏，因此怀上了报复之心。一天，恰好他赶集回来，发现一个儿童正在故伎重演，往北瓜里拉屎，可不就赶过去抢过他的镰刀。相应的可不就吓得那儿童慌忙站起身来，提着裤腰子就跑，惹得老和尚拿着镰刀就追。前头的儿童提着裤腰子自然跑不快，结果被老和尚追上，紧接着一镰就下去了，以致把他的肚皮豁开了一个大口子，连带肠子都垂坠出了肚皮外。鉴于当时的医疗条件不济，再加荒山野岭的救治不及时，从而酿成了命案，常真和尚被严厉法办。

（具体慧炬寺的内容，详见本书上编第六章第二节的专题文字介绍。）

五、早期党建与抗战史

【早期党建】

1937年，燕南沟村张八斤、李华首先加入中国共产党，次年成立党支部，张八斤任党支部书记。相继张金生、张长庚等入党，1942年发展到十多名党员。第二任党支部书记由刘勇尔接任，依次第三任是张金生，第四任是董林子，第五任是董昧点，以至到新中国成立。

【抗战简史】

抗战时期，日伪军在村东建了两个炮楼。该村在地下党组织的领导下，组建了游击组、妇救会等组织进行抗日活动。

六、新中国成立后的重大事件和特色经济

【小煤井】

20世纪改革开放后，采煤业一度兴盛，最多时有4对煤井。1970年至1976年，清苑县曾在该村开过煤矿，因效益不佳，下马撤出。

【汽车运输】

采煤业的兴起带动了运煤业的发展，全村一度有大型运输汽车22辆，均由个体或参股经营。

七、文化娱乐、基础教育、医疗保健

【文化娱乐设施】

该村现有文化娱乐广场1座，占地532平方米，配备健身器材8套。

【基础教育】

20世纪50年代该村始有小学，复式班1～4年级，老师叫王富生。

21世纪以来，2019年小学裁撤，2021年幼儿园撤销。适龄少年

儿童一部分就读（入园）西燕川小学及其幼儿园，一部分就读（入园）南家庄小学及其幼儿园，距离主村均2～3千米。

【医疗保健】

现有村卫生室1所，签约村医1名。

八、村政现状

【基层党建】

燕南沟村党支部下设2个党小组，全村党员24名，其中男性21名、女性3名；党龄30年以上的老党员5名，50年以上的1名。

【集体财产】

村党群服务中心独立小院1座，占地300平方米，建筑面积150平方米。

【公共服务】

村民生活用水全面自来水化，电力供应充足，数字网络基本覆盖全境；通村道路、主要街道和干线机耕路全部硬化；主要街道全部安装了太阳能照明灯，共97盏。

石岭庄村

石岭庄（八里庄）村位于灵山镇西北隅，距镇政府7千米。东南方向与东、西燕川二村相邻；西邻北台乡偏南方向的韩家峪村、正西方向的罗家峪村、北偏西方向的黄岭洼村；东邻自北向南依次是郎家庄乡的三会村、南沟村和冯家庄村。

交通环境：省道S382河龙线穿村而过，过路班车可直达县城，以及唐县、定州、保定市区等。

一、当前的自然资源和居民状况

石岭庄村总域面积6平方千米，其中山场1000亩，滩涂900亩，包括绿化面积300亩，主要是杨树；耕地131亩，人均0.7亩，主要种植玉米、谷子等传统农作物。其他资源有煤炭、钙石，均无开采史。

石岭庄全村居民102户、223人，其中男性120人、女性103人；居村常住人口185人、外出流动38人，主要流向北京、大连和定州等地，以外出农民工者居多，其次是公司职员。村民姓氏以张姓为主，其次崔姓，另有刘、韩、郑等姓氏。

2017年，全村建档立卡贫困户8户、11人，2020年全部脱贫。

二、建村历史及归属沿革

《新志1》以“石岭庄”和“八里庄”两个居民点分别记载：石岭庄始建于“明”代，因“村庄附近有石岭”，故名；八里庄始建于“清代”，以“村落距野北村8华里”得名。相对的《新志2·曲阳县地图》及其《2008年曲阳县行政区划一览表》，又多了“东沟”一个居民点。总归，现石岭庄村须是以上三个居民点（自然村）的集合体。

基于《旧志2》，有清一代至光绪三十年（1904），尚无石岭庄村的记载，由此证明，其立村时间或者仅为清代之末的宣统年间，要么就只能在民国时期了。相对于采访资料，所谓其建村历史约300年，显然与之不符。又，据采访资料，原始立村者都是一些逃荒要饭的人，因为无家可归且就此落脚勉为生活，以至散枝展叶渐成村落。在于当前村况，“八里庄”还是“八里庄”，而石岭庄部分则由东沟和北沟两部分组成，原名“石岭沟”，这便与《新志1》之“村庄附近有石岭”基本吻合。总之，“石岭庄”当由“石岭沟”蜕变所致，只是其具体的时间节点不详。

参以东、西燕川二村的采访记录，1958年人民公社化初期，该村尚与东、西燕川以及燕南沟村同为一个大队，大概随着定曲合县，灵山成立大公社的机缘，便与燕南沟同时独立为大队（即今之行政村）了，一并把“八里庄”这个居民点也包揽了进来。石岭庄与八里庄两部分只隔着一条S382河龙线公路相呼应，西南方向是八里庄，石岭庄居其东北。

石岭庄村的归属沿革情况，参见《燕川村（西燕川、东燕川）》之对应内容。

三、石岭庄村史话

该村张姓源于燕川村，与其同姓一脉相承。想是当年此一支家境困顿，失去了在主村生活的条件，故而就靠讨要为生流浪于此，最终定居下来，开始了新生活。但凡有人开了风气之先，难免就有共情者相继跟进，久之，便生发繁衍成村落，继而一个年轻的新村便诞生了。

野北煤矿能说清的历史，在于清代即成规模，便需要很多下井挖煤的劳工，从而给这里的住民提供了就业机会，成就了一支面朝东向讨生活的队伍。相传“八里庄”这个村名，便是当年这些挖煤的矿工（即本书上编第三章中所谓的“做井”人）从家门口出发，一直到野北煤矿，用脚掌一步步迈出来的沉甸甸的距离。

据采访资料：南家庄村原有该村一些耕地，传为当年祖上靠挖煤所得买下来的。20世纪土地改革后，去向不明。

采访中听闻这样一桩趣事，从而佐证该村历史上曾经有过“缸坊”，即酿酒的作坊，其说：野北村有个人赶着毛驴驮卖碎子路过该村，因为口渴了，便到一个人家进门讨水喝。主人说：“没有水，缸里有酒你喝吧。”于是，他就趴在装满酒的大缸沿上牛饮开了，一下儿喝下去了二指多，足足有七八斤。可把主家喝急眼了，但因为有言在先，就当初答应让人家开始喝那口气，可不明摆着就是允许了让人家随便喝饱吗？因此也不好发作，只好自认肚里疼。

之所以不发作，也在于从前人们的戒备心不像现在这么大，讲究“过路人不带家，喝水不用问”。也就是说，凡是上门讨要水喝的，不论是生人还是熟人，也不管是水缸还是水筲，只要里面有水，尽管喝就好了，用不着问主家允不允许。这种风俗似乎不是现在人们所能理解的。

四、文物遗存及奇人异事

【奇人老黄茬】

老黄茬，正名张栓喜（1891年～1976年8月）。多年先后在野北煤井、燕川煤井上靠“做井”讨生活，习惯用袜子装着熟山药带到矿井上当工作餐。之所以如此，是因为当时食物缺乏，工友们经常相互抢着吃别人带过去的食物。一旦被人抢了，自己就得饿肚子。张栓喜用袜子装山药，故做不卫生，为的是让别人感到恶心，以致不被别人抢着吃了。尤其在半路上遇到熟人的时候，更是将其举得老高，假情假意地尽让道：“吃不？黄瓤儿哩（的）。”

相对于煮熟的山药而言，所谓“黄瓤儿”又叫“黄茬”，因其既糯且甜又不水剂（水分过大），非常好吃。基于他的这点儿小伎俩，有人便给他起了个绰号，叫“老黄茬”，一经传开，尽多的人干脆全忘了他的正式姓名，无论大人小孩就都这样叫他。

老黄茬有两项独门绝技：一是能头朝下挺直身体长时间倒立，俗称“打倒背直溜儿”或“倒背牛儿着”。更绝的是能双手抓着两只宅子筐（从前煤井上常用的荆编筐具），“倒背牛儿着”走出去几十米远。二是能双手拿着牛扇儿骨（牛肩胛骨）当道具，根据现场情景和社会形势，现编现说快板书。1958年的“大跃进”时期，他是灵山人民公社的宣传员，只要有人提议，他就口儿就来，可是出尽了风头。如“楼上楼下，电灯电话”这些新鲜词儿、新鲜话儿，一般老百姓无不都是从他嘴里听到的。

再有，抗日战争时期也曾流传他一段佳话：一天，他正在大门外的猪圈前喂猪，看到两个八路军战士凑到跟前。原来其中一个人的肩胛部位被敌人的子弹穿了个窟窿，另一个是陪着他进村寻求医治的。正好他还真有这么一手，即便把二人让进屋内，首先找来一条生白布（不详是否蘸过酒），从伤口的一端穿进去，再从另一端拉出来。尽管伤员疼得死去活来，他依然坚持这样做，他说：“如果事先不这样处理，不光伤口不容易愈合，就是多年以后好了也落利不了，总得落下个大肉疙瘩。”究竟虚实，不曾验证，鉴于现在的医疗条件，当真出现了这种情况也不可能有人如法实操。

五、早期党建与抗战史

该村张成尔、崔银庭、张明义、张老七等先后在抗日战争时期入党，不详具体时间，在燕川村党支部过组织生活。

另外，崔邦尔在解放战争中受伤，痊愈后评为三等伤残，已故。

六、新中国成立后的特色经济历程

人民公社时期，大队（村）里的枣树很多，最多的时候平均每家200多棵，年产红枣10万斤左右，每斤红枣能卖两三毛钱。因为交通闭塞，多半也卖不出去，所以许多的都用于酿酒，以便多年存放。

另外，基于山坡里荆子丰茂，打荆条编制筐笼等民用器具也是该村的一大特产。成品经常拿到十里八乡的集市、庙会上去卖。由于附近人少山多，不像浅山区多被砍伐当柴烧，因而荆条长势亦佳，所编制的器具也经久耐用。尤其以宅子筐为大宗，俏销于附近大小煤矿。

七、文化娱乐、基础教育、医疗保健

【文化娱乐设施】

该村现有文化娱乐广场1座，占地500平方米，配备健身器材13套。

【基础教育】

村上1951年始建小学，21世纪之初裁撤，并入西燕川小学。目前适龄少年（儿童）随之就读（入园）。

【医疗保健】

现有村卫生室1所，签约村医1名。

八、村政现状

【基层党建】

石岭庄村党支部共有党员13名，其中男性9名、女性4名；党龄30年以上的老党员1名，50年以上的4名。

【集体财产】

村党群服务中心为独立小院1座，占地210平方米，建筑面积80平方米。

【公共服务】

村民生活用水全面自来水化，电力供应充足，数字网络基本覆盖全境；通村道路、主要街道和干线机耕路全部硬化；主要街道全部安装了太阳能路灯，共20盏。

郭家庄村

郭家庄村位于灵山镇南部、灵山盆地南缘，窟窿山（月明山）山系壁立于东、南两面，距镇政府驻地3千米。东偏南邻辉岭村，西侧越省道S382河龙线（S241宝平线）从南到北依次与崔古庄、大赤涧、小赤涧、魏古庄等村搭界，北邻朱家峪村。

交通环境：东南距涞曲高速灵山南路口3千米，西傍省道S382河龙线（S241宝平线）。过路班车可直达阜平、定州、石家庄等地，及本县县城。

一、当前的自然资源和居民状况

郭家庄村全域面积4平方千米，其中山场3000余亩，绿化1500亩，基本栽植松树、槐树；耕地2614亩，人均0.75亩，主要种植玉米、谷子、花生和红薯等。石灰石资源丰富，地下煤炭有一定的储量。

全村划分为9个村民小组，居民847户、3487人，其中男性1862人、女性1625人；居村常住2652人、外出流动835人，主要流向保定、石家庄等地，以汽车运输服务及劳务输出为主。村民姓氏以王姓、吕姓居多，其他有张、孙、赵、刘等姓氏。从前有郭、左二姓，今已不传。

2017年，全村建档立卡贫困户29户、81人，2020年全面脱贫。

二、建村历史及归属沿革

《新志1》载：郭家庄村“西汉”时期由“郭氏立庄”。对应近期采访资料，一则民谣这样说：“灵山村有小喜儿，郭家庄有旧底儿。”意即两村各有戏班，亮点在于“小喜儿”和“家底儿”。前者原是外地一剧团的刀马旦，貌美艺绝，当年在灵山巡回演出时，被村里的大地主吕步勤（绰号“小拐子儿”）相中，以重金收为妾室，继而便成了灵山村戏班的台柱子。后者源于一则传说：五代后唐庄宗李存勖在位期间（923～926年），好色嗜声，荒于朝政，以致被部将所杀。皇后刘大昱带戏班出逃，一路向北来到曲阳县北部窟窿山后的一条大山沟里，在其中一个山洞里暂且藏身。从此，山沟遂名“大昱沟”，山洞则称“刘皇洞”。为避免再遭追杀，他们且隐姓埋名，改姓了“郭”。以其“李”原本“国姓”，从而以“国”字之谐音“郭”为姓，另立宗派。照应所建村庄，当然就是“郭家庄”了。

据该村《吕氏家谱》，其吕姓须与灵山村吕姓共祖，明洪武二年（1369）迁来，落脚于现在村子的东南角。先前的郭氏村址在今所谓“石槽汪”一带，随后发展成为老村的“前街”。对面有“老鸹（音）坟”，推测当是“老郭家坟”中间“郭家”二字简读讹传的结果，即由其“郭”字拼音的声母g连带介母u，再与“家”字的韵母a共同拼读为gua的结果。根据在于，现在当地许多老人还都将“郭家庄”简称“鸹庄”。

郭家庄村名在《旧志1》中显示为“谷家庄”，清末《旧志

2》方作今名。依《旧志2》编纂者周斯亿的观点，前志纂者刘师峻“为文颇多失察自用”之嫌，因而推测其村名作“谷”者，或亦其失于审慎所致。

郭家庄村，清代以前归属不详，有清一代皆属坛南社。民国时期沿袭清末之制，然后“社”改“乡”，不详所属。至新中国成立后的1953年7月，属朱家峪乡。1956年8月，撤朱家峪乡改设郭家庄乡，自属。1958年8月，郭家庄村改称郭家庄大队，属灵山人民公社；下设管理区，自属。1958年10月，曲阳撤县合于定县，仍其旧属。1961年5月，恢复曲阳县治，复置朱家峪人民公社，属之。1962年10月，改朱家峪人民公社为郭家庄人民公社，自属。1984年4月，恢复乡镇制，“大队”复故以称“村”，自属。1996年3月，扩乡并镇，撤郭家庄乡，并入灵山镇，从属至今。

三、郭家庄村史话

郭家庄村东南两面靠山，地势东南高而西北低。大昱沟南坡有81条沟，每当雨洪下泄，基本都先到村西的大西岸下聚汇，进而折向北流，经燕南河入三会河并入通天河，最终注入唐河。然而，靠近大昱沟沟口的一条岔沟里的水下山后却是个例外，掉头后一路向西经党城乡的槐树埝、城南等村，然后南流注入大沙河。

当年刘皇后一众人得此风水宝地，再加他们从皇宫里带来的艺、帛、医三项绝技，经过历代传习光大，故而郭家庄就有了“三宝村”的名声。其“艺”，所指戏班，宫廷优伶擅乐嗜唱，兼带不断汲取当地的民俗营养，再加天长日久、年复一年，随着演员们逐渐本地化，以致到了清代便开创出来别具一格的河北梆子流派，从而名播遐迩。其“帛”，所指帛书，出于五代时期造纸业尚且落后，一般只流行于上层社会的文字都靠绵帛书写，所以书卷亦谓之以“帛”，即文化知识。基于这种传承，郭家庄村的文化底蕴相对也就深厚得多，通过科举出了许多功名人物。其“医”，即医术，相传刘皇后祖上世代悬壶治病，受之熏陶或者也精通医道，授之以后人岂不也自然？且其“三宝”及至清末民初，仍然各有实际案例可查。

1. 前清秀才王老过巧舌如簧，相传经他手的官司就没有打不赢的！由此，当年山北里盛传一则顺口溜，说：“葛某某的胆，王老过的嘴，某某某的腿。”其中葛某某是郎家庄乡葫芦汪村人，以胆大闻名，绰号“葛大胆儿”，其正式姓名不详；另一位一总佚其姓名籍贯，诨号“某铁腿”，据说一脚能踢断枣木门槛。联系野北村的采访资料，该“某铁腿”可能就是当年野北村的刘老毕，因其面相白净、性格倔强，又得绰号“老白驴”。

2. 王老更，清末民初山北“四大名医”之一，擅长治胃病（俗称心口疼），无不药到病除。

（此条信息由朱家峪村杨素盼提供。）

3. 即其河北梆子剧团。

（此略，详见下文相关介绍。）

郭家庄村古刹尤多，计有：安庆寺、观音庙、老君堂、药王庙、马王庙等。并且有集（市）、有庙（会）：十天仨集，每逢农历一、四、七为其集日；每年农历三月初七和七月十二是该村庙会的日期。

传统花会项目有擎歌、大幡、大鼓、西乐会等。该村新中国成立前的朝山花会跟辉岭、韩家村合为一道会。

四、文物遗存及关联故事

【安庆寺】

安庆寺位于郭家庄村西（现省道S382河龙线西侧）的高岗上，相传当年后唐刘皇后避难于大昱沟刘皇洞的时候，一连做了好几个梦，总见佛祖在前面引路，方才把他们引到了这个地方。为报佛祖引路之恩，刘皇后在立村的同时，尽出随身所带的私有妆奁换钱，盖了这座佛寺，并懿书匾额“安庆寺”以为寺名。据说，原安庆寺建筑十分庄严恢宏，相传在元代，县城里盖北岳庙的时候尚且参考其建筑法式来呢！

郭家庄安庆寺（刘进营供图）

安庆寺于明万历年间曾经落地重修，事据重修碑；清代乾隆皇帝当年去五台山降香，曾驻跸寺中，亦有碑志。止于民国初期，安庆寺已非当年气象，然碑碣琳琅，尚能与言春秋。只在抗日战争时期被破坏，日本鬼子在原址建立了炮楼，抗战胜利后炮楼拆毁，从而尽失款曲。

现安庆寺为一独院，坐北朝南，寺内正殿三间，于21世纪之初由远近信众捐资翻建。院外大门东侧另建舍宇，保存一尊硕大的缅甸玉佛，以为镇寺之宝。

【古戏楼】

（参见本书上编第六章第四节《郭家庄戏楼》之专题介绍。）

【吕氏民居】

（详见本书上编第六章第三节的专题内容介绍。）

【兽头桥】

灵山镇同类9座石拱古桥之一。

（详见本书上编第五章第二节之相关内容介绍。）

五、早期党建与抗战史

【早期党建】

1937年，郭家庄村王吉祥、王艮生、党洛广、王东祥等人，因为在洄磁村小煤窑打工，经工友介绍加入中国共产党。基于他们每天都担着装满砟子（煤的俗称）的筐笼在井底来回走动，故自诮为“担筐入党”。同年该村成立党支部，王吉祥首任党支部书记，以下王艮生、党洛广相继接任。

【抗战简史】

抗日战争时期，村里地道交错成网，一共有1000多米，有效地打击了鬼子，保护了人民群众的生命财产安全。

1942年，该村游击组长陈喜涵，在一间土楼砖墙上的枪眼里，正端着枪瞄准炮楼上站岗的日本兵准备射击，不料被敌人的望远镜照见了，从而被敌人抢先反杀一枪，以致壮烈牺牲。

六、新中国成立后的重大事件和特色经济

郭家庄村地下煤炭储藏方式多变，品种有白煤，也有烟煤。最早的开采记录基于《新志1·采煤业》：“清乾隆、嘉庆年间，郭家庄、大赤涧一带采煤业发达。”然后依据采访记录，就到了1963年，先是大队集体，接着又出现了小队（生产队）联合的集体形式陆续开办起了小煤窑。至1967年，全村共有4对小煤井。然后逐渐增多，却因煤层较薄，效益不稳定，没有形成规模。反倒村民驮卖砟子却蔚成风俗。

1969年的“文革”当中，郭家庄大队在大昱沟里修了一座防护坝，栽了好多果树，从而荣获“保定地区红旗大队”称号。1970年，再获保定地区“革命文化先进大队”称号。地区革命文艺现场会实地召开，会期3天。现场会由保定地区革命委员会文化机构主办，地区所属22个县的文化馆，以及省上的文化部门、群艺馆等相关单位都派员参加；全县各公社、各大队的全数干部也都要求出席、临场观摩。大会高度肯定该村干部、群众在革命文化战线上做出的突出成绩，具体点明他们：参与人数多，普及面广，人人能表

演，处处是舞台。尤其该村河北梆子剧团一度有业余演职员80多人，排练出了《沙家浜》《红灯记》等革命现代样板戏，以及其他一些移植过来或自编自演的符合当前形势的小短剧。

那个年代，人们都不计较得失，剧团演职员都是业余的，白天参加农业劳动，晚上在附近村庄义务演出，以至好评如潮。当他们的事迹传到了阜平县领导们的耳朵里后，县领导便邀请剧团到其县城演出。看过他们的戏后，对口领导找到剧团班主，提出要全员收编剧团，给予县剧团名分并相应的工资待遇，只是大家一时没下得了决心，以今天的观念看来，实在有点儿可惜。

与现场会同时，该村社员（村民）吕国造根据当时形势，创作的民间故事《秧场风波》在河北省群艺馆主办的《群众文艺》期刊上发表，省群艺馆的领导借着现场会登台讲话的机会，邀其上台亲手将样刊递给他，并给予特别表扬。

改革开放以后，采煤、运煤、开煤场买卖煤炭快速成为一大风景，隆盛时包括县一矿、县四矿（后两矿均划归大队）等境内共有8对矿井；大型运输汽车130辆；煤场140多个，总占地达1400余亩。2001年，鉴于县政府的禁煤令，煤井、煤场全部取缔，汽运转型。

再有，郭家庄及其附近村庄石灰石（俗称“青石头”）资源丰富，自古以来烧制生石灰也是该村的一大特色传统。

当前村属、驻村企事业单位有加油站、汽修厂各1个；另有家庭定瓷作坊5个。

七、文化娱乐、基础教育、医疗保健

【文化娱乐设施】

现有村文化娱乐广场1座，占地3000平方米，配备健身器材19套。

【基础教育】

郭家庄小学始建于1912年，旧戏楼即其校址。

现郭家庄小学（学制6年），在校学生372名，教师16名；幼儿园（校中园）入园儿童68名，幼儿教师6名。

【医疗保健】

现有村卫生室2个，签约村医共4名。

八、村政现状

【基层党建】

郭家庄村党支部下设3个党小组，全村党员59名，其中男性54名、女性5名；30年党龄以上的老党员28名，50年以上的1名。

【集体财产】

村党群服务中心独立小院1座，占地300平方米，建筑为二层小楼，建筑面积300平方米。其他集体财产有山场、滩涂等若干。

【公共服务】

村民生活用水全面自来水化，电力供应充足，数字网络基本覆盖全境；通村道路、主要街道和干线机耕路全部硬化；主要街道全部安装了太阳能路灯，共52盏。

辉岭村

辉岭村位于灵山镇南部，距镇政府驻地5千米。东北隔涞曲高速公路邻下岸村，南邻孝墓镇北青阳贯村，西邻郭家庄村，北偏西邻朱家峪村。地貌形势为丘陵低山，较高的山峰有卧虎山、骏马山和华堂山等。其中村西的华堂山最高，海拔358米。

交通环境：乡道Y180穿村而过，北达镇政府，南通县城，过路班车每天往来十多次；涞曲高速于村东过境，北距其灵山南路口2千米。

一、当前的自然资源和居民状况

辉岭村总域面积15平方千米，其中耕地3745亩，人均0.89亩，主要种植玉米、谷子、红薯等。其余为山场，钙石资源丰富，部分绿化，树种主要是柏树、槐树和杨树。

全村划分为10个村民小组，居民1200户、4210人，其中男性2320人、女性1890人；居村常住3685人、外出流动525人，流向以北京市区为主，基本都是劳务输出。村民以马姓为主，其他有刘、王、张、卢、耿、杨，原有齐姓，今已不传。

2017年，全村建档立卡贫困户53户、118人，2020年底全面脱贫。

二、建村历史及归属沿革

《新志1》载：该村始建于“南北朝”（未明所据），因“村旁山岭呈灰色，原名灰岭；一说有石似龟，称‘龟岭’”。

据采访资料：该村始建于明末清初，其马姓源于邯郸赵姓，即赵国名将赵奢之后；村名始称“龟岭”，缘于村南原有一个土岭形似龟，故名。

辉岭村原址在今乡道Y180穿村路段西侧的低洼地带，一条水沟贯通南北，搭建6座石拱古桥连接东西两岸。靠南侧的一座桥建桥最早，始于民国初期，关键部位的石块首先凿出凹槽，然后用“银钉铁水浇铸法”予以加固。抗日战争时期，为了防止日本鬼子进村“扫荡”，遵循上级指示村民含着眼泪将桥面拆毁。抗战胜利后，首先用几根木头担在两岸临时通行，然后曾经3次翻建、翻修。

其余的几座桥建筑年代各不相同。建于20世纪“文革”时期的一座石桥，时代烙印非常鲜明，依时镌刻“抓革命、促生产”大字标语。

辉岭村自古缺水，一口老井随天年时常干涸，屡屡深挖。新中国成立前有一次深挖，明码标价无论是谁，只要从井里挖出来一斗沙子就给谁一斗小米，相比如此高额的报酬，可见其挖掘的艰难程度。因此该村传开一句谚语：“辉岭村，缺水源，借米不还借水还。”同时，也说明了该村盛产谷子（小米）的实情。

临水而居，是古人立村的先决条件。传说村东的骏马山原是一匹水马，马头朝向辉岭村，马嘴里不断吐水以供村民用度。后来，有南蛮子过来看破了玄机，就想把“骏马”盗走。当其实施偷盗时，为使骏马驯服，首先恶狠狠地照准马头一鞭子抽下去，不料没等南蛮子的鞭子落下来，它早“滴溜”一下调转了马头，接着就尥起来一蹶子，把南蛮子尥飞了。从此以后，这马头一直也没有再调过来，以致辉岭村的老百姓吃水就成了大问题。也有的说，就因为当时马头转向了北面，从而才成全了《曲阳以北好地方》歌谣中所谓的“南北二镇长流水儿”，即永不干涸的、远近闻名的一处名胜古迹——“水马槽”。此说虽然略显牵强，然作为民间传说亦非全无意义，至少能说明辉岭村自古缺水。

辉岭村清代原名“灰岭村”，具体改名时间不详。归属沿革情况，除1953年7月至1956年8月设辉岭乡自属外，其余互参郭家庄和朱家峪二村。

三、辉岭村史话

从前村里有棵大杨树，以其粗大需要5个成人联手才能合围抱拢，单说树梢上的老鸹窝就有40多个。有一年冬天，人们在树下烤火取暖，不幸失火，且又缺水救急，结果把大树烧了个大窟窿，反倒给儿童们捉迷藏创造了条件，能同时藏进去4个人。自古老人言：杨树不长寿。但这棵杨树却是个例外，因为它的正根正好扎在了地下的一个泉眼上，所以树冠正尖的梢头永远都是青枝绿叶，生命力尤强。因此，这棵大杨树没有人能说得清它是哪辈子的人栽的，又到底活了多少年了。相反的，假使旁根扎在地下泉眼上，其树冠却只在其对应的旁侧发展，树冠的正梢头则萎缩不堪冒不出尖儿来，以致总体生命力也偏弱，更不用说哪会有那么多地下泉眼专致配合许多的杨树成长？尤其杨树又都喜水但又不能泡在水里的矫情习性使然，可不绝大多数就活不长了。

民国时期，该村号称有“四盘肉算子”。即当年有4个村民擅长口算，一般的乘除加减运算，用不着拨拉算盘珠子，立马就能给出准确的结果来。

辉岭村传统花会项目有大鼓、西乐会、舞狮子、跑旱船、耍大幡。花会创始于清代，与韩家村、郭家庄同为一道会。因为有一面黄绸面料的蛟龙幡（杏黄旗），只要是朝山（唐县清虚山）动会，总是由着他们打头在先，缘于蛟龙幡乃乾隆皇帝所赐。这种说法同时也存在于野北村，不知孰是。

新中国成立前，辉岭村有3项“专利”：一是小米，色、形、味俱佳；二是有很多垒（砌）石头墙的好把式，能把“三尖葫芦头”（杂乱无章）的碎石块，以其自然形状垒砌得严丝合缝、平平展展，像烂漫的画幅一般，至今村子里有些老房子上还保留着这种墙壁标本，堪称绝技；其三就是到朱家峪煤井上“做井”的最多。

四、文物遗存及名人逸事

【老母庙】

辉岭村老母庙，坐南朝北，内供观音菩萨，厦间（廊步）完好地保存着三通古碑，除记录该庙的历史渊源外，书法价值也颇为不俗。据碑志，该庙始建于清雍正年间，道光年间（不明具体年份）和同治三年（1864）两度重修，现为曲阳县文物保护单位。该村农历二月十九庙会，即是在此文化基础上的滥觞结果。另外，该村还有两个传统庙会，分别是农历三月初六和九月二十六。

【清代贡生】

清代，该村出过一个贡生，生卒年月及姓名皆不详，家传一个紫檀木匣子，其中存放着许多文书、休书、地契等老古董。据说当年灵山一带但凡出了官司案，县太爷总会在断案之前来拜访他，共商万全之策。

【马习凡逸事】

马习凡，生辰年月不详，身材魁梧，高约2米，起初跟朱家峪村一个人合开煤矿。朱家峪村有一个无赖，经常肩负一根扁担挑着两只空筐，到各个砟子井上吃白食往家里倒腾砟子，一般人们都惧其耍无赖也不敢管。马习凡可不吃他这一套，先是告诉他，以前的事过去就过去了，往后可不能再这样了。那人却不以为然，依然如故。一回，正在他在马习凡参股的煤井上往筐里装砟子的时候，让马习凡碰上，马习凡默不作声地抄起一根棍子，上前一闷棍下去就把他的腿打断了。要说那无赖也真是好骨气，一边硬撑着往回爬，一边放话说："你等着！赶我腿好了咱再算账！"

一晃过了几个月，那人的腿好了以后，一天晚上，邀马习凡到他家赴宴喝酒。马习凡自然知道他摆的就是鸿门宴，却不能落草鸡，便一口答应下来。临去以前，他手拿一根用纸糊过的铁棍儿，挑着灯笼来到他家。开始倒也客气，请他上炕去坐正位。马习凡顺手扒下他家炕沿上的一块砖，说："有这块砖，坐地下就行了。"

然后，依着马习凡，那人便把炕桌从炕上撤下来放在屋里地上，然后摆上酒菜，两个人面对面坐稳。首先那无赖用刀子插起一块肉，送到马习凡嘴边儿问他敢不敢吃。但见马习凡张开大嘴，那无赖猛然用插着肉的刀子刺了过来……马习凡也自早有防备，只在对方把刀子尖儿刚好送到嘴里还未伤害到口腔之际，但听“咔嚓”一声，早用牙齿咬死了刀身，以至那无赖的刀子进退不得，就着连忙倒地一跪，总算是服了气儿。从此以后，他再也没敢肆意妄为。

马习凡曾一度在本村当教书先生。由于村里才请过戏班子唱了戏，以致《铡美案》中的场景被学童们印在心里，于是便有样学样，更且当真搬来一口真铡刀在教室里演绎起来真铡活人：其中一个个子较大的，一只手叉着腰，一只手把持着高高抬起铡刀把儿，“命令”其他几个孩子把另一个同学强行按在铡刀口上……好险啊！假使操持铡刀把儿的孩子一失手，后果可就难以想象了！

此情此景，正好被将进教室给孩子们上课的马习凡透过窗格看见。他并没有直接进去制止，而是另外找了一个个子大的孩子进去，让他无论如何先把持住铡刀把，不能让它落下来，然后，他才进去收拾局面。

事后有人问他，为什么不自己直接进去制止？他说：“我要是猛然间进去，出于学生都怕老师，一说老师来了，可不得吓得光想着怎么逃避，特别是那个把持着铡刀把的孩子要是不管不顾地一撒手，铡刀落下来，还不得出了大事儿？”

新中国成立后马习凡一度任山西省纪委主任，当时有本村一个在太原钢铁厂上班的工人，论乡亲面上却是马习凡的爷爷辈儿，经常受人欺负，就去找马习凡想让出个主意看怎么办。马习凡知情后笑笑，直接让司机开着他的小汽车把他送了回去，工厂领导一看是马习凡的小汽车把人送回了厂里，就问他们之间什么关系。他说："我是他爷哩。"从此，就再也没人跟他过不去了。

20世纪的"大跃进"时期，马习凡调到北京首都钢铁厂当厂长。也是钢铁厂正需要大批工人，村里一下子去了100多人，以致大队（村）干部们不干了，专门去北京找他，让他下放这些人回家种地。马习凡说："职工和职农一样，都是搞国家建设，就留在这儿干吧。"结果，那些人都脱开了农口，成了老有所养领退休金的一族。

1960年，不论工人农民都经常饿肚子，北京市民虽然稍好点儿，概莫也完全例外。那年冬天，村里一位大娘用当时孩子们上学背的书包装满了玉米面带上，到首钢去看女儿。坐公交车时遇上个头戴前进帽、身穿呢子大衣的人，见到大娘后显得特别客气，先是给大娘让出了座位，接着又接过大娘手里的书包帮她提着，可知当时的人们很淳朴，并没有多大的戒备心。然后，那人又把呢子大衣脱下来让大娘穿，大娘说自己不冷，不穿。那人说身上有点儿热，就把大衣塞在了大娘旁边座位的夹缝里。

结果呢，由于大娘第一次从小山村来到大城市，两眼一抹黑，除了女儿写信告诉过她的地址外什么也不知道，最终赶她下车的时候，却不知道那个帮她提着书包的人早什么时候下车了，连带她装满玉米面的书包也不见了。下面接站的女儿见母亲明明看见了自己在等她也不下车，就挤上车去问她，当明白了怎么回事儿后，禁不得一脸哭笑不得。原来那人看中了她那一书包玉米面，打定了主意用他的呢子大衣做交换呢！

【父子俩“齐先生”】

20世纪前半叶，齐兵尔与其父亲两代皆为术士兼医生，号称为老、少“齐先生”，据说但凡近边处有什么疑难问题、疑难病症，只要找到他们基本都能破解。然后，老齐先生去世了。继而到了60年代还在生产队的时候，邻村有个绰号叫“傻校儿”的人得了病，已被当时地区灵山煤矿职工医院下了病危通知书，可他爹仍不死心，就又带着他来找齐兵尔。齐兵尔看过后告诉他爹，让他去大土岸边儿上找5个土蛋，然后熬水让他喝了试试。结果，还真就好了，又活了20多年。

土蛋，也叫土心儿，不知道学名怎么叫。从前，许多村子的村外都有大土岸，挖土垫（猪）圈、打土坯盖房或垒墙的时候经常在大土岸上见到土蛋，系直径5厘米以上的土球，原是一种小昆虫产卵过冬的巢穴，为了保温一般都处于距地表1米以上的土层里，中间有个小空心，会有一只小昆虫或者尸壳藏在里面。

齐先生经常说：“一两菜籽治百病，三颗土心医顽症。”还说：“扫帚籽、灶膛灰，就连大岸上的土，都是治病的良药，就看你会用不会用了。”可见我们传统的中医文化是多么的博大精深，可惜齐先生这套绝技却没能传下来。

另外，附近孝墓镇李家洼村的杨老命是个儿科高手，一旦遇到棘手的难症，也习惯拜访齐先生。

五、早期党建与抗战史

【早期党建】

1936年，该村马贵生率先加入中国共产党，参与南家庄尔村地下党组织的活动，抗战初期已是当地八路军的领导干部，具体职务不详，只知道他每次回村都带着警卫员。1942年，再度回村，猝然病故。

1938年，辉岭村成立党支部，马汉宗首任书记；然后，马老会接任至1953年。

【抗战典型】

付占芬（1925年～1996年6月），女，马金立（1925年～1946年9月）之妻。结婚仅三天，丈夫就参军走了，成为晋察冀军区三分区30团的战士，不幸牺牲在了内蒙古自治区集宁市，连尸体也没能迁回。丈夫牺牲后，付占芬终身未再嫁，独守空房70多年后逝世。临终前，交代后事时仅希望能有一块青砖，刻上丈夫的名字跟她一起合葬。临时，乡亲们满足了她的心愿。

六、新中国成立后的特色经济历程

1970年10月，辉岭大队在村西的半山腰里，开凿出一个长达1040米的引水洞（号称“千米泉”），基本解决了村民祖祖辈辈吃水难的问题。此水利工程历时5年，竣工后曾作为“文革”当中“抓革命，促生产”和“农业学大寨”的突出成果，在省市报纸和广播上广泛宣传，并接踵引来远近各种形式团体的参观、学习。当时笔者正值“复课闹革命”后的初中学生时代，也曾被组织随学校集体前去参观。

缘于该村原有纯熟的传统铸造艺人，20世纪中后期的“文革”当中组建了“辉岭大队铸造厂”，经常携带设备串村耍手艺，为生产队铸造三尖犁铧、齐步犁铧等一些简单农用器具。

当时，辉岭大队还建有家畜配种站。另外，该村石灰石储量丰富，且质量亦优，所以出卖石灰石供当地庄窠村的白灰窑烧石灰，也一度是该村的重要经济来源。

七、文化娱乐、基础教育、医疗保健

【文化娱乐设施】

该村现有文化娱乐广场1座，占地645平方米，配备健身器材15套。

【基础教育】

辉岭小学始建于1928年，现在的村委会即其校址。

目前辉岭村小学（学制6年），在校学生373名，教师15名；幼儿园（校中园）入园儿童81名，幼儿教师5名。

【医疗保健】

现有村卫生室3所，签约村医5名。

八、村政现状

【基层党建】

辉岭村党支部下设5个党小组，共有党员93名，其中男性85

名、女性8名；党龄30年以上的老党员34名，50年以上的4名。

【集体财产】

村党群服务中心独立小院1座，占地1200平方米，建筑为二层小楼，建筑面积420平方米。其他荒山、荒沟共21,500亩。

【公共服务】

村民生活用水全面自来水化，电力供应充足，数字网络基本覆盖全境；通村道路、主要街道和干线机耕路全部硬化；主要街道全部安装了太阳能路灯，共50盏。

下岸村

下岸村位于灵山镇南部，距镇政府驻地5千米，原址在今村以东约1千米处，四面环山。有名的山峰有黄尖坡、马头山（辉岭村称骏马山）、滑子尖等。滑子尖山势挺拔陡峭，为村境制高点。马头山形势伟岸雄浑，“马屁股”位置有个山洞，俗称“马屁股洞”，里面能藏几十只羊；“马头”底下有一泓清泉，常年不涸，北流成溪。

旧村交通十分闭塞，2017年借助政府扶贫工程项目，整体西迁于今址。东面隔山与横河口村搭界，南偏西是辉岭村，西邻郭家庄村，西偏北邻朱家峪村，北面隔山与南镇村接壤，东北方向出口是西大洋水库。

交通环境：曲阳县东部旅游专线公路支线过境村南，县道X180过境村西约500米处，距涞曲高速公路及其灵山南路口均500米左右。与其旧村相比，堪称天壤之别。

一、当前的自然资源和居民状况

该村总域面积约2.6平方千米。其中山场3600亩，已绿化600亩，树种以柏树为主；耕地390亩，人均0.87亩，主要种植玉米、谷子、红薯等。

下岸村划分为2个村民小组，居民156户、447人，其中男性238人、女性209人；居村常住260人、外出流动187人，主要在本省多地经商和打工。村民姓氏以杨、张二姓占绝大多数，其他有刘、王、孙等姓氏。

2017年，全村建档立卡贫困户133户、387人（其中五保户2户、2人）。2020年，除1户五保户外全部脱贫。

二、建村历史及归属沿革

《新志1》载：下岸村立于“清末”，基于“村址地处山岸下”，遂名。（注：其中的“岸”以当地土语音ān，平声，不以普通话读去声“àn”。）

下岸村旧址今存《禁止刨取根查碑记》碑，落款时间为“光绪十六年”（1890）。此碑缘于南镇村有人在附近刨取灌木（荆、酸枣等）根茬（俗称“圪塔”）时，引发了伤人事故，遂由朱家峪村杨九孺出面找人说和得解。为防止以后再发生此类事件，遂立碑以诫后人。若以此碑界定建村时间则与《新志1》观点恰好吻合。再考《旧志2》，以其成书时间晚在光绪三十年（1904），却没有“下岸”这个村名。于是再考碑文，亦并无此村名，从而说明此立村时间最早也只能在清代末梢。其址原为朱家峪村辖地。再及现在，一些老人单凭口口相传的记忆，都能把其历史渊薮说得一清二楚，从而推测其建村时间大概率不会早于民国初期。

据采访记录：村名原称“马头峪”，缘于地处马头山北麓西侧的山谷中。起初，朱家峪村杨老强在附近有山坡地，因为离村很远，到了春夏之交地里的农忙季节，以免路上过多地消耗时间，便就近搭个简易的小石屋露宿，甚至带点儿粮食做饭吃，一连多天不回家。如此便给他以后在此立村埋下了伏笔。

所盖的小石屋如今还在，大概制式是首先就近拣些活石头块（片），利用完全不用泥浆连结的“干打雷”方式四面砌墙，长不过3米，宽也就2米多点儿，高度2米左右，前面留一个小门；然后砍些树枝架在上面，再覆上一层茅草，进而随地铲些带草根的土满铺在上面即可（带草根的土比较耐风雨剥蚀）。这种小草屋从前荒山野岭的地方并不少见，只是少有像他搭建的这样讲究的。主要是防备夏天气候多变，以备地里干活的人们猝而不及的时候躲风避雨，尤其是防备冰雹砸伤身体。

还有更多处于这种用途的，搭建得更且简单，一般只像大一点儿的圆形坟头（堆），用不着专门构木，门也只能容一个人钻进去，空间撑死也就挤下三两个人。这种建筑尽多处于高坡上或半坡里，以避水患。

相传，杨老强嗜赌，一次把家产输了个精光，故而带着老伴儿干脆就搬过来，常住这间小屋里了，从而成了该村的开山鼻祖。

又传，“马头峪”期间的下岸村只有三户人家，分别住在三个“岸儿”上：杨老强住“东岸儿”，老伴儿两只眼一明一盲；然后，同村杨老坡如法炮制，也带着老伴儿在“南岸儿”上落了户，双眼皆明；接着王记子从下阁尔村（属郎家庄乡）迁来，落脚在“西岸儿”，老伴儿则双目失明。因此，该村历史上便传开了“三个老婆儿三只眼”的说法。再后来又有张姓和孙姓两家人从下阁尔村迁来凑集，以及刘姓人家从计都石村（属郎家庄乡）继续迁来，如此这般，一个小山村就基本定型了。不过，一直到1956年的“高级社”时期，全村也不过30多人。

鉴于以上说法，再前说明制式的小屋并非当年杨老强的手笔，而是后来者王记子的初宅，因为它处在西岸儿。在此补充说明。

下岸村的归属沿革情况，在1956年以前，须是朱家峪村的附属居民点。然后，排除朱家峪置乡（公社）的时间段外，其余参见《朱家峪村》对应时段的内容。

三、下岸村史话

当年杨老强住在朱家峪的时候，除了农忙干庄稼活儿外，还是个孵小鸡的好把式，兼带一条龙服务挑着扁担串村卖小鸡。联系他后来的遭遇，以致有人给他编了一首歌谣：“杨老强，住下岸（土语“岸”读平声），家里小鸡好几千，一担担不了，两担才担完。山神土地供飨到，唯独没有供狐仙，一宿儿给他咬死完。”歌谣生动地道出了杨老强当初背井离乡，以致遭遇当头棒喝的生活场景——朱家峪的家没了，所孵的小鸡总得担走哇，由于小鸡太多，一担担不了，便做两趟（次）分担，才把它们全部担到了当年马头峪的新住处，结果让狐狸全给咬死了。

从前人们都非常迷信，如此立村开户的大事，势必要摆设果供、焚香化纸，把所有关涉到的各路神仙都一一指名点将地请过来祭拜一番，所谓“一请众神”嘛！嘿嘿，或者他偏偏就把与他的职业密切相关的狐仙给忘了，可不人家就不高兴了，还不得报复他？现在说起来，这种事或许感觉非常好笑，可当时就是这么个习惯，由不得你不照办。

基于这番教训，杨老强就着便在北侧的白石山腰里找了一个小坳盖了一座“狐仙庙”，以其山名也称“白石山庙”，逢年过节、初一十五都前去祭拜。白石山庙是下岸村历史上唯一的一座供奉神仙的庙。

四、文物遗存及名人逸事

【《禁止刨取根查（茬）碑记》碑】

现存于旧村的小溪西岸，青灰石质，高约1米，宽不过40厘米，碑文不易辨读。前文已有介绍，此不赘述。

【老槐树】

位于旧村一个狭窄的小院子里，直径约80厘米，树龄大致与村子同庚，有100多年。树根暴突虬健，枝叶苍葱茂密，像是一位仙风道骨的老者，永不懈怠地坚守着这块故土，滔滔不绝地跟八方来客讲述着小村的过往。

【旧村老石屋】

干打雷的石墙，茅草和泥遮盖的屋顶，几乎见不到任何砖瓦，即便前邻后舍也不得不砌筑起高高的石台阶才能跆街串门；反倒前后街坊通过屋顶蹦蹦跳跳更便于来往。如此情景相对于新村规整的现代化小洋房、小洋楼、小四合院，简直就是时空隧道的两个极端！

五、早期党建与抗战史

【早期党建】

1938年，张春来、孙胜木、杨起振等相继入党；次年成立党支部，张春来首任书记，同时杨双喜入党。

【抗战英雄杨双喜】

抗战时期该村杨双喜是该村的“两面人”，即明着是敌人炮楼上的报道员，负责每天到庞家洼村的日本鬼子炮楼上报告村内情况。1943年端午节，他首先参与了由王家村和东、西庞家洼等村报道员一起组织实施的端掉庞家洼炮楼的行动；然后又参与了炸毁燕川村炮楼的行动，从而引起灵山中心炮楼里日本鬼子的注意，以致招来鬼子进村报复，当场带走了杨双喜，用烧红的火镩烙他的身体，把火炭放到腿窝里折磨他，逼他交代端庞家洼炮楼的情况。尽管如此，也没有得到杨双喜的一点儿口供，更且他们也没有确凿证据，最终不得已便放了他。

六、新中国成立后的重大事件和特色经济

新中国成立后，该村同样经历了互助组、初级社、高级社和人民公社，以及改革开放等各个历史阶段，终因地处偏僻、交通闭塞，除了杨老强的后代继承了他卖小鸡的营生外，一般都只靠开荒种地为生，大致过着与世隔绝的生活。直到2007年1月，才结束了本县唯一一个不通公路的村子的历史。不过，也正因为如此，河南姑娘才入籍该村，一时间使得这个小山村恍然进入了高光时代。

【亮点工程】

2022年，村上完成一项扶贫项目——光伏发电站。

另有，无土栽培温室大棚5个，占地30余亩，提供就业岗位18个。

七、文化娱乐、基础教育、医疗保健

【文化娱乐设施】

现有文化娱乐广场1座，占地1400平方米，配备健身器材8套。

【基础教育】

目前，该村无学校和幼儿园，适龄少年儿童于辉岭小学就读和入园。

【医疗保健】

现有村卫生室1所，签约村医1名。

八、村政现状

【基层党建】

目前，下岸村党支部治下共产党员11名，其中男性8名、女性3名；党龄30年以上的老党员3名，50年以上的3名。

【集体财产】

村党群服务中心独立小院1座，占地360平方米，建筑为二层小楼，建筑面积180平方米。

【公共服务】

村民生活用水全面自来水化，电力供应充足，数字网络基本覆盖全境；通村道路、所有街道和干线机耕路全部硬化；主要街道都安装了太阳能路灯，共100盏。

崔古庄村

崔古庄村位于灵山镇西南部，距镇政府驻地5千米。东傍省道S382河龙线（S241宝平线）；南面是著名的隘口大荆口（亦即西堰石道），进而是孝墓镇的东、西口南二村；西偏南邻党城乡的齐古庄村；北偏西邻大赤涧村。

交通环境：S382河龙线（S241宝平线）过境村东，过路班车可直达定州、阜平、石家庄等地和本县县城。

一、当前的自然资源和居民状况

崔古庄村石灰石资源尤其丰富，烧制白灰是其历史悠久的传统副业。新中国成立后型石、石子等建材需求量逐渐增加，对该村经济发展推动尤大。村境总面积2.1平方千米，其中山场居多；耕地不过820亩，人均0.5亩，主要种植玉米、谷子等农作物。

全村划分为4个村民小组，居民597户、1623人，其中男性892人、女性731人；居村常住1220人、外出流动403人，主要流向北京、石家庄等地，从事职业一般为建筑农民工和物流运输等。村民除崔、牛两大主姓外，其他有魏、张、甄等姓氏。

2017年全村建档贫困户46户、102人，至2019年底全部脱贫。

二、建村历史及归属沿革

《新志1》载：崔古庄始建于“元”代，“崔氏立庄，建村较早”，故名。然采访资料则称，建村始于宋代，缘于当年一位西台御史归葬于此，今崔氏祖先以其守墓人的身份在此繁衍生息，遂成村庄。据采访座谈中的老人说，墓在其村外的西南方向，场面颇宏大，石像生及上马石等石雕物件一应俱全。其中一通汉白玉墓碑高达2米出头，龙首龟座，可惜碑身于20世纪的“文革”当中损佚，碑文疏于关注，不得其详。后来唯留一个石赑屃碑座孤零零地守在原地，到了90年代也被盗走，据说有人曾在广州偶然见到过，后不知所终。

又，据采访资料：该村“有将近400年的历史，当初除了附近的‘宕城村’外，别无其他村庄”。相对其“400年”的说法，该村应该始建于明代才对。基于灵山一带整体的历史背景，推测该村抑或为先前宋代的古村，大概在元末明初的大战乱、大瘟疫中就断绝了炊烟，以至在明代的中后期才再由外来的移民换血重建。

总之，当地许多村庄的建村时间如果说早于明代，除非有碑刻、墓志铭和史书记载予以确证外，其他观点均难以足信。且莫再说，即便现在当地百姓，也都不否认原是山西洪洞县大移民的后裔这一事实。

崔古庄村清代以前归属不详，自清以后皆为宕城（今称党城）社属村；民国时期先属宕城社，后隶宕城乡；再后一段时间政区多变，无档案可查，不得其详。新中国成立后的1953年7月至1956年8月的小乡时段，附近有小赤涧乡和下店乡，二者须居其一。然后，属郭家庄乡。至1958年8月，改称崔古庄大队，属灵山人民公社；下设管理区，仍在郭家庄名下。同年10月，曲阳县并入定县，归属仍旧。1961年5月，曲阳县复治，属朱家峪人民公社。1964年10月，改朱家峪人民公社为郭家庄人民公社，属之。1984年4月，恢复乡镇建制，“大队”复改称“村”，属郭家庄乡。1996年并乡扩镇，裁撤郭家庄乡并入灵山镇，隶属至今。

三、崔古庄村史话

该村“崔氏立村”后，想必好长时间也只自身生枝散叶，唯崔氏一姓。直至清代某个时段方才有牛姓先人迁入，从而发展成为该村的第二大姓氏。张姓始祖须在民国初期，因为下井挖煤常住该村，时间一久，自然就不把自己当外人了。再者，今之甄、魏两姓村民，乃是更晚些时候投亲落户者的后裔。

崔古庄村开矿挖煤始于清代晚期，一直持续到最近的新、旧世纪之交，鼎盛时一度开有10来对矿井，均为个体经营性质。

崔古庄村的传统花会项目以大鼓闻名，曾有一支几十人的业余打击乐队，传统乐器俗称“家伙”，共有12种之多。至今尚保存着大鼓、大锣、铜镲、唢呐等多种当年使用的古乐器。到了年节期间，依然有许多人披挂上阵，依着传统乐谱（俗称“家伙歌儿”），再现一番当年风采。

从前，该村种植枣树较多，因此烧酒的作坊（俗称“缸坊”）也多，且历史悠久，大致可以追溯到清代初期。

历史上的崔古庄村因土地很少，村民多以作行脚小商贩获取生活来源。开始用毛驴驮卖碎子（煤），有了胶轮小车后，转用小车套上小驴拉着碎子到平原地区贩卖；再后来随着条件改善，进而又购买大型货运汽车搞运输，主要还是以贩运煤炭为主，兼及贩运其他一些基础建筑材料。

四、文物遗存及名人逸事

【飞毛腿牛立健】

牛立健，具体生卒年月不详，大致清朝末期在世。相传他脚心里长着一撮一寸多长的体毛，履地如飞，因此人称“飞毛腿牛立健”。

牛立健为人孔武仗义，快意恩仇，且还是个大孝子。他一生传奇故事颇多，以下略述三桩。

1.“电掣风行夺手枪”。当年德法联军犯境曲阳，牛立健以其身手不凡，只擦肩一过，便从骑着高头大马在大路上走着的一个德国鬼子手里夺下来一把手枪，俗名“十三推”。

2.“百尺高杆盗人头”。闹义和团的时候，洋鬼子杀了一个义和团首领，将其人头高挂在天津城外的一个百尺高杆上示众。牛立健不堪其受辱，单枪独马从外寇的眼皮子底下将其盗走，予以安葬。

3.“夜行千里走河南”。有一年过春节，母亲偶尔说想吃韭菜馅小包子儿（饺子），可知当年并不像现在，想要什么只要有钱，菜店里什么都有。在那个年代，数九寒天里要想吃韭菜馅小包子儿简直比登天还难。不过，牛立健为了满足母亲的心愿，只用了一个夜晚的时间便跑了趟河南，弄回来一些韭菜，当真就让老母亲吃了顿韭菜小包子儿。

【青铜鼎】

1991年，该村办自来水，在铺设地下水管挖地沟的过程中，挖出来一只青铜鼎，上交了县里的文物部门。据说现存于定窑遗址保管所里，未得其详。

【大槐树冬季开花】

村内有一棵老槐树，相传建村时即有此树，树龄400年左右，现在仍枝繁叶茂。20世纪90年代的一年突发异象，大冬天里竟然开了满树白花花的槐花。

基于此树龄，再参照其传说，明显其建村的时间难以上溯到宋代，也与《新志1》所谓“元代立村”之说不相符。因此推断，即便原址再前实有村庄，也只能算是它的前身。

五、早期党建与抗战史

【早期党建】

1937年，崔进东加入中国共产党，是该村最早的共产党员；次年，葛银荣、牛文玉、杨彦芬等人入党。当时该村尚未建立党组织，党员通过今党城乡郑家庄村党支部参加组织生活。1939年后，成立东乡党支部（数村并建），驻崔古庄村，崔进东任党支部书记。

【抗战简史】

1939年，该村成立抗日游击组、妇救会等民间组织，配合并支援八路军、区武工队等进行抗敌斗争，做出了巨大贡献和牺牲，涌现出许多英雄模范人物，如革命烈士崔进东、崔海陆等。

【革命烈士】

1. 崔进东，具体生卒年月不详，1937年加入中国共产党，是该村最早的共产党员。1939年主持组建党城乡“东乡党支部”，并担任党支部书记。1944年，抗战胜利前夕牺牲。

2. 崔海陆，1923年出生，1945年初参加八路军，在易县狼牙山战斗中为掩护大部队撤退，壮烈牺牲。

六、新中国成立后的重大事件和特色经济

【石材利用】

新中国成立后，该村在传统副业采石、烧白灰的基础上，尤其随着混凝土普遍参与基础建设的大形势，村民靠山吃山受益匪浅，一部分村民逐渐富裕起来。20世纪90年代开始，许多村民引进现代碎石机等设备，开始生产石子，一并出售生产水泥的原料石灰石。新、旧世纪之交，曲阳县第一石灰厂落户该村，给村民创造了大量就业机会。

【小火车入境】

20世纪60年代至90年代，定灵小铁路过境该村。该村不仅为其基建工程投入了大量的人力，而且所用各种石料、石渣等石质物资基本都出自该村。

（另有关于小火车的内容，参见本书上编第八章《驻镇企业选粹·原驻镇企业》的相关专题介绍。）

【关于煤炭】

改革开放之初，村里的采煤、储煤及运煤业蓬勃发展。巅峰期定龙公路（即今S382河龙线及与S241宝平线并轨的路段）两边都是煤场，大大小小的多达七八十个，占地200多亩，沿路蜿蜒数里，与小赤涧、南家庄、郭家庄的煤场鳞次栉比。同时，个体大型载重汽车一度达到50多辆。1995年，始建洗煤厂，持续至政府因环保形

势需要，发文勒令禁煤为止。

该村（时称“大队”）开矿挖煤始于1963年，生产白煤，其间时有中断；1993年仍有新添矿井。

【其他企业】

各种形式的企业计有：1997年至2002年的方便面厂，2016年建起的白酒厂，以及石灰厂、大理石厂、碳素厂、硫酸铝厂等。

附：【老缸酒坊】

从前“山北里”有很多“缸坊”，现在悉数佚迹，唯该村的“老缸酒坊”不仅坚持了下来，而且还发扬光大以至成了当地一个小有名气的品牌。

【河北月明山建材集团】

（企业基本情况参见本书第八章《驻镇企业选粹》之专题介绍。）

另外，该公司自2010年起至2020年，持续给予该村考取本科的28名大学生每人每年5000元的资金扶持，其中有17人已经完成学业，进入工作岗位。2021年后，随着本科大学生的大幅增加，改为对考取双一流大学的大学生同等数额的资助。

七、文化娱乐、基础教育、医疗保健

【文化娱乐设施】

现有村文化娱乐活动广场1座，面积1200平方米，配备健身器材13套。

【基础教育】

崔古庄小学约创始于1947年，当年的老师是小赤涧村的魏函文，即1946年“四八烈士”之一的魏万吉的父亲。在此之前村里有私塾，具体情况不详。1950年新村落成，重建初级小学（复式班），条件非常简陋。

现崔古庄小学（学制6年），在校学生160名，教师9名；幼儿园（校中园）入园儿童13名，幼儿教师1名。

【医疗保健】

现有村卫生室1所，签约村医2人。

八、村政现状

【基层党建】

崔古庄村党支部下设4个党小组，全村党员65名，其中男性56名、女性9名；30年以上党龄的老党员29名，50年以上的1名。

【集体财产】

村党群服务中心独立小院1座，占地280平方米，建筑为三层小楼，建筑面积320平方米。

【公共服务】

村民生活用水全面自来水化，电力供应充足，数字网络基本覆盖全境；通村道路、主要街道和机耕路全部硬化；主要街道全部安装了太阳能路灯，共50盏。

小赤涧村

小赤涧村位于灵山镇西南部，距镇政府驻地4千米。东依省道S382河龙线（S241宝平线）进而与郭家庄村为邻，南与崔古庄村接壤，西与党城乡的北辛庄和湾子村毗连，北邻西坡村，东北与魏古庄村连坊成片。

交通环境：村东即省道S382河龙线（S241宝平线），过路班车可直通县城、定州、阜平和石家庄等；东距涞曲高速灵山南路口约3千米。

一、当前的自然资源和居民状况

小赤涧村总域面积2.8平方千米，其中耕地718亩，人均0.5亩，主要种植玉米、谷子等农作物；山场380亩，绿化180亩，以柏树为主。

全村划分为10个村民小组，居民414户、1435人。其中男性756人、女性679人；居村常住人口1280人、外出流动155人，主要流向保定市区和本县县城，多以经商和务工为业。村民以魏姓为主，其他有杨、董、高、王等姓氏。

2017年，全村建档立卡贫困户42户、90人，2020年底全部脱贫。

二、 建村历史及归属沿革

《新志1》载：小赤涧村始建于“元”代，村名来历“同大赤涧，该村较小”。由此联系以上志书关于大赤涧村的记载：其“村旁有红土沟，后分2村，该村较大”。基于此，小赤涧村须是从大赤涧村中分置出来的。但据采访资料却绝异此说：一则说该村建于唐代；一则说两村皆独立所建。

以上志书所谓“元代立村”和采访所得“唐代立村”两种说法，皆无确证。又，谓之“涧”者，水沟也。因二村址皆红土质地，各傍一条水沟，一大一小，所以村庄名之以“大、小赤涧”。

小赤涧村的主流魏姓村民，一说源自唐代古刹慧炬寺附近的慧炬村。再及《新志1》魏古庄村“因村旁有慧炬寺，原名慧炬村，后因魏姓居多，改今名”之观点，则大异于实际情况。如现魏古庄村尽无魏姓村民，且村中老人也均不知道曾经有过魏姓族人，由此可推演出两个问题：

一是，魏姓村民在魏古庄村消失的时间至少在150年左右。相对于一个小山村而言，其主姓宗族整体消失这种事非同小可，纵使耳闻口传起码也得往下传三四代人吧？可如今是谁都不知道了。

二是，其魏姓村民当时的去向之谜，莫不会映射到小赤涧村吧？不过这种推测并无证据支撑，且说说而已。

就常识而言，小赤涧村的建村时间势必会晚些，至少不会早于大赤涧村。即无“大”便无所谓“小”。基于大赤涧村的考证结果，该村的始建时间基本也就明了了。

随着历史的进程，大致在新中国成立初期，该村实现了对大赤涧村的反超，从而在1953年建立了以该村为核心的“小赤涧乡”。尤其改革开放后，各项事业进程愈发迅速，1998年肇启集贸市场，每逢农历二、六、九为该村集日；并在原有农历正月十六和四月二十七两个传统庙会的基础上，又增加了农历九月二十六和十一月初九两个庙会。这样一来，不仅大大方便了四邻八乡人们日渐频繁的贸易活动需要，而且进一步带动了自身的经济发展。

小赤涧村清代以前归属不详，清康熙年间以至清朝末年均为宕城社属村；民国时期先“社”后“乡”，均在宕城治下。抗战时期至新中国成立后的1953年7月，政区规划及其名称多变，且无具体档案可查，不可备述。1953年7月至1956年8月的“小乡”时段，一度建置小赤涧乡，自属。然后，改属郭家庄乡。1958年8月，定曲合县，改称小赤涧大队，属灵山人民公社；下设管理区，属郭家庄管理区。1961年5月，复置曲阳县，属朱家峪人民公社。1964年10月，改朱家峪人民公社为郭家庄人民公社，属之。1984年4月，恢复乡镇建制，小赤涧大队复称小赤涧村，属郭家庄乡。1996年并乡扩镇后，属灵山镇至今。

三、小赤涧村史话

该村有座罕见的“疮王庙”，旧有石碑，毁于20世纪的“文革”时期，已无法考证其历史渊源。相传这座庙是专为供奉一位医治疮疾的神仙建造的，历代多有修葺。由于从前人们的生活环境欠佳，一旦被蚊虫叮咬，以及其他许多原因导致的皮肤感染化脓成疮的概率很大，故而三里五乡甚至周边县市的患者，每常慕名而来上香布施、虔诚礼拜，只要专业对口，基本有求必应。由此，该村便起了农历正月十六这个传统庙会。

起因在于当年村子里有个人长疮疼死了，在被装进棺材里抬着去墓地里埋葬的时候，在街口上遇见一个陌生人，那人非常肯定地说棺材里的人还活着，并且说他能使人起死回生。大家听他这么说，可不就掉头抬回了家中。当人们打开棺盖一看，那人当真还有气息。接着在乡亲们的配合下，陌生人一番操作后，果然就睁开眼、活了。也是人们光顾着病人去了，当转过神来再找那个陌生人时，那人却早已无影无踪了。于是，人们就说是遇上神仙了，进而凑钱给他盖了这座“疮王庙”，庙里的神像自然也就是“疮王爷”了，以至于香火不断，历久弥旺。同时，所伴生的传奇故事也越来越多，越来越神乎其神。

小赤涧村的传统花会项目，以打鼓队最驰名，鼎盛时有大鼓100面，一旦敲击起来，那叫地动山摇。另有抬轿竿和拉鼓车等表演项目。再有该村过春节当街挂吊子也是一景，始于民国六年（1917）。当年，全村共有3条街，分别是前街、东街和西街，每条街挂7路吊子，共为21路。一时间满大街到处红红绿绿，渲染到人们脸上无不喜气洋洋。当年的吊子非常讲究，面料用的是彩绸子布，裁剪后还绣上花边，剪出锯齿；画面是请山北里的著名画匠杨秋兰和段老通联手画的。每幅吊子画面都是一个“戏出儿”，有“孙悟空三打白骨精”“穆桂英挂帅”“祝英台和梁山伯”等，无不活灵活现。

这套吊子直到当地抗战爆发时，已经连续吊了20多年，一般都是在大年三十吊到大街上去，过了元宵节后便收起来由专人保管。后来因避险日本鬼子的大“扫荡”，将其藏进了地道里。抗战胜利后再拿出来时，因在地道里放久了，犯了潮有所掉色，即便这样人们也都舍不得扔了它，晾干后一直又吊了许多年。

四、文物遗存及名人逸事

【兽头石桥】

即灵山镇的9座“桥儿”之一，21世纪之初扩建街道时，因大幅抬高路面，在其上面建筑了高大的石牌坊，从而把它掩在了路面以下。不过，现在仍可通过石牌坊一侧的预留空间，探下身去一睹风采。

【清代秀才】

相传该村出过一个秀才叫魏星华，生卒年月不详，生平事迹一概失考。

【大力士陈三喜】

陈三喜，生卒年月不详，大致清末民初在世。据说其身高七尺，力大无穷，当初吃遍蛇、蝎、蚰蜒、壁虎、疥蛤蟆等五毒，以致浑身胀懑难耐，只好让旁人用锄头木柄使劲儿敲打其脊背方才稍解，从而练就了一身硬功夫。相传他的弹指功非常厉害，能弹折从前用火镰打火用的火石块。并且体力非凡，以下略举几例分享与大家。

1. 当年，他在西坡村给地主杨老兰打长活，一不干件儿（干活儿）就浑身难受，因此经常把先前一个武举用于练武的两块制石举过头顶，演示给乡亲们看。每块制石都有100多斤，以至赢得大家一片叫好声。

2. 一回，他跟着东家杨老兰去附近燕川村办事，碰上一群人围着井台上一块圆头滑脑的大石头，想把它移走。但见他们一个人搬谁也搬不动，两个人抬光不溜丢抓不紧，因此无计可施。于是，杨老兰上前说："你们这么多人，连我家里一个小做活儿的全不如。"随即把陈三喜召唤过去，他只轻轻一用劲儿就把大石头搬起来了，扔出去了大老远。

3. 有一年，他到大沙河以西一个村子去上庙（赶庙会），买了两根盖房用的木头，他一不用车拉，二不用驴驮，而是把一道栿（房梁）扛在肩上，另外一根檩木当拐棍拄着，蹚着齐腰深的河水就回了家。

4. 一个夏天，陈三喜给东家到村外放驴，看见一个坟场里青草挺茂盛，然却隔着一块庄稼地，又没有过去的路，更不能直接拉着驴趟过去损坏了人家地里的庄稼。于是他从侧面把毛驴的四条腿合围一抱抱起来，侧着身子沿着一个小地界穿过去，让它尽情地享受了一番美味。

另外，诸如因一头牛使性不干活，他上前一拳就打断了它三根肋骨；一尺二的土坯墙，他用手指一捅就捅了个大窟窿过去，还正好捅在了隔墙那边的一个人身上，疼得那人立马没了知觉，老半天才喘过气儿来……实在发生在陈三喜身上的传奇故事太多了，在这本小书里没法说完说了。

【快板能手】

新中国成立后，该村出了两个说快板的高手，一个叫魏占周，一个叫杨落（音lào）尔。随着社会形势，他们想起什么来、看见什么了，就事说事，张嘴就是一套儿，流传下来的段子如开场白：

老乡们，听我言，
我到你村来宣传，
宣传不把别的说，
就把当今的……谈一谈——

1. 关于计划生育的：

这个背着（音zhao）那个挎着（音zhao），
这个拉㞎那个尿；
家里是猪也拱、鸡也刨，
弄了一地烂鸡毛……

2. 关于修水库、抗旱的：

修水库，浇一片儿，
城南峪里槐树埝儿。
……
天年大旱着了急，
立马发动群众挑水渠。
……

五、早期党建与抗战史

【早期党建】

1937年6月起，魏二旦（号老让）、杨老聚、杨老福、杨秋彦、魏连升等相继加入中国共产党。1939年成立党支部，魏华增首任党支部书记。

【抗战简史】

1939年，日寇侵占灵山前夕，对灵山一带进行了多轮飞机轰炸。为了发动、组织当地群众奋起抗击侵略者，晋察冀军区领导聂荣臻、王彦春等在灵山村的大河滩里搭台演讲，从而大大鼓舞了人民群众的精神士气，坚定了打败日本鬼子的决心。该村通过健全地下党组织、创建游击组，带领村民挖地道、锄汉奸、破坏交通等形式积极参与抗战。具体行动如：参与枪毙党城村大汉奸卢凤花（男）的行动；1943年农历正月十六，参与焚烧村西高岗上的日伪炮楼等。

【革命烈士魏万吉】

（参见本书上编第七章第二节《革命烈士》之专题介绍。）

六、新中国成立后的重大事件和特色经济

【关于煤炭】

该村地下有一定的烟煤矿藏，20世纪六七十年代有过开采历史，一度有4个矿井。均效益不佳，不久停产。

改革开放后，开煤场贩煤和购置重型汽车运煤两项事业蓬勃兴

起，鼎盛时该村保有大型运输汽车150多辆，主要以运煤为主；村民开办煤场100来个，占地600余亩。举凡与“煤”沾边的从业人员占村民总数的70%以上。

【其他工副业】

该村先后有过养猪场、养羊场、雕刻厂、屠宰场、炼油厂、罐头厂、尿素厂、服装加工厂，以及宠物犬养殖基地等。

七、文化娱乐、基础教育、医疗保健

【文化娱乐设施】

现有村文化娱乐广场1座，面积1000平方米，配备健身器材8套。

【基础教育】

该村小学始于抗战时期，新中国成立之初校址在魏氏家庙，有一名教师叫高晚贞，其他不详。

1999年，新村落成，再建小学，为复式班，教学条件非常简陋。

现小赤涧村小学（学制6年），目前在校学生481名，教师20名；幼儿园（校中园）入园儿童150名，幼儿教师12名。招生范围：小赤涧村、西坡村、魏古庄村，以及大赤涧村一部分。

【医疗保健】

现有村卫生室1所，签约村医1名。

八、村政现状

【基层党建】

小赤涧村党支部下设3个党小组，现有党员66名，其中男性57名、女性9名；30年以上党龄的老党员15名，50年以上的4名。

【集体财产】

村党群服务中心独立小院1座，占地1800平方米，建筑为三层小楼，建筑面积1980平方米。

【公共服务】

村民生活用水全面自来水化，电力供应充足，数字网络基本覆盖全境；通村道路、主要街道和机耕路全部硬化；主要街道全部安装了太阳能路灯，共280盏。

大赤涧村

大赤涧村位于灵山镇西南部，距镇政府驻地5千米。东北邻小赤涧村；东隔省道S382河龙线（S241宝平线）邻郭家庄村；南至西依次是崔古庄村和党城乡的齐古庄、下店、北辛庄等三村；正北方向邻西坡村。

交通环境：村东即省道S382河龙线（S241宝平线），过路班车直达阜平、定州以及省城石家庄等地，一并本县县城；东距涞曲高速灵山南路口约2千米。

一、当前的自然资源和居民状况

大赤涧村总域面积3.3平方千米，其中山场850亩，已绿化500亩，树种主要是柏树；耕地1360亩，人均0.8亩，从前多种谷子和红薯，现在以种玉米为主。

另外，据《新志1》所载："清乾隆、嘉庆年间，郭家庄、大赤涧一带采煤业发达。咸丰、同治年间，因工程渐次困难和水势过大，煤炭开采业中心地带移往野北、燕川一带。"若情况属实，该村地下煤炭资源应该丰富，然20世纪80年代以后，附近村庄采煤业都一度火得出圈，为什么偏该村无开采记录？亦未见有地质调查报告显示？却也奇怪。

大赤涧村划分为7个村民小组，居民530户、1639人，其中男性858人、女性781人；居村常住人口1432人、外出流动人口207人，主要流向北京、石家庄等地，基本以打工为业。村民姓氏以付、董两姓为主，其他有张、田、王、乔、曹、刘、魏、卢、甄等姓氏。

2017年，全村建档立卡贫困户33户、67人，2020年全部脱贫。

二、建村历史及归属沿革

《新志1》载：大赤涧村始建于“宋”代，因“村旁有红土沟，后分2村，该村较大”，故以名村。采访资料称，该村源自现在村址西南方向不过半里多地的“庄稼阶儿”，唯付、董两姓人家，由于多年人丁不旺，方才听从偶来村中的一个风水先生指点，动迁今址，谓之以“九龙护一马”之格局。只是这“马”天然缺条尾巴，是故才栽了现在村西的一溜趟大柏树，予以弥补。近期专业考证，这些柏树有着400多年的树龄，相对于此信息，其建村时间也只能在明代末期，或清代早期。

建村之初，付家选址建起了前街，董家选址在东岗上，后来发展成后街，中间隔着一大块空地。果不其然，两家人丁不久就兴旺起来了，各自生了四个儿子。董家四个儿子分别以“弹、欢、做、乐”排序，付家则以“檩、厚、朝、尧”依次嵌名。两家世代修好，长期互为姻亲，甚至把供奉祖宗的祠堂都建为一处，合称“董付祠堂”。

随着两家的人丁兴旺，家业也就都发达了。尤其是付家，老当家的叫付老景，好长一段时间都是远近闻名的大财主，不光附近村庄的好地多半都是他家的，甚至河南省那边也有他许多土地。特别是他的发家史被人们传得神乎其神，比如说他家在河南那边每年收获的粮食都是阎王爷派小鬼帮忙运回来的；打谷场上的谷子一边用石碌碡碾着，一边就诡异地越碾越厚了；小偷们不管想什么方法去偷他的，都会被逮个正着……只是他逮住小偷后并不责罚，反倒会让小偷用口袋装些谷子背回去。鉴于他的善行，以至前来投靠的亲朋好友、逃荒要饭的也接连不断，如此这般，便将前后街之间的空地利用起来，陆续建些房子供后来者住，时间一久就又形成了一条街，俗称当下街（中街），由于这些人来自许多地方，所以他们的姓氏也比较杂。至此，该村的规模便基本定型。

大赤涧村的归属沿革情况，参见《崔古庄村》，此略。

三、大赤涧村史话

从前县城以北大多是半坡子地，种谷子是主流。由于付老景的家庭背景，许多外来人员定居该村以后，想必大家也都不好意思长期总靠人家接济过生活，总也得想个长久之计，以至就有人想起来做买卖。可做买卖也得有本钱啊，怎么办？当付老景知道了他们的想法后，便主动答应他们，说谁要是想做买卖没有本钱，就先从他家的谷仓里取谷子做本儿，各自回去推成小米，然后或赶集上庙出粜，或到平原地区推销。挣了钱大家就把本还上，挣不了就还该着，只要大家想干，他就一直供着。如此一来，大赤涧村做买卖粜小米这一行便蔚成风景了。基于这个原因，民国初期当人们编排歌谣《曲阳以北好地方》的时候，就将它编排了进去，并综合上小赤涧村做买卖的特点，便有了“大赤涧哩贩粜米，小赤涧哩贩粜糠”这些内容。

基于粮食加工，“米”是谷子的主产品，但不能独成，必须伴随着“糠”的产生而产生。糠有两种，一种是“粗糠”，也叫“蒙糠”，是打谷场上将谷粒从谷穗上脱出来的过程中的副产品，广泛用于缸坊里酿酒做酒糟，且用量很大。20世纪80年代以前，农村处于生产队的时候，每当秋后都会有人专门串村上场（打谷场）收购蒙糠，只要一打听他们是哪儿的，绝大多数都会说是小赤涧村的，现在的说法或者也就是所谓的“品牌效应”了。还有一种是“细糠”，伴随着谷粒被碾出来米粒的过程而出现，亦即米粒的副产品，从前基本都以其做家畜饲料。

大赤涧村的传统花会项目有擎阁、大幡、拉鼓车、跑旱船、二鬼扳跤、锣鼓队，以及西乐会等。土地改革以前，每年的花会都由董、付两家出资并负责操办。在这一点上，董家的“弹、欢、做、乐”家风尤其得到发扬，除了在每年例行的正月花会上表现突出外，风传《曲阳以北好地方》这首歌谣也出自其家门子弟。歌谣以丰富的民俗知识、典型的地理特征、个性化的村风村貌为主旨，加之以俏丽而朴素的生活化语言，把曲阳县城以北所有的100多个村庄都连串在一起，一贯到底。如此便无形中既普及了地理知识，又以其合辙押韵、朗朗上口而被人们喜爱，以至丰富了农村的文化生活。相对于从前极其枯燥的农村生活环境，此歌谣绝对堪称曲阳民俗文学史上的一座丰碑。这首歌谣重点流行于当地抗日战争爆发以前，可惜今天只剩了些零碎片段，基本没有人能再倒背如流了。

还有，新中国成立初期该村董万生也是个民间文艺天才，曾以曲阳县文艺工作者代表的身份，参加了保定地区文化局组织的文艺汇演，以现编现说快板书的形式而名列前茅。此会演活动曾被当时的《保定日报》专题报道。

四、文物遗存及关联回顾

【柏树趟】

从前县城通往灵山的大道并非像现在这样直来直去，而是下了墁石道后首先往西绕到党城村附近后再折向东北，经过下店村至大赤涧村西，进而北行东拐先到朱家峪村再到灵山村。此柏树趟正处在其村西的大道西侧，南北走向，共有老柏树33株。据说，这趟老柏树就是当年建村之初，为补“九龙护一马”中的“马”尾巴之阙所栽的。现在这33株老柏树一同入选保定市政府编号挂牌的“古树名木”之列。

抗日战争时期，日军为了方便交通汽车，在拓宽党城与灵山之间的道路时，因有树枝遮挡遂被截断，却留了一段枝茬。前些年市政府统计古树名木，为证实其具体树龄，则锯下其当年所余的枝茬部分，送检到市里的专门机构，依据年轮测定不下400年。相对而言，其树干至少也不会等而下之，所以说，此趟柏树应该都是400多岁的高寿老仙翁了。

【董付祠堂】

大赤涧的家庙为董付两家所共建，名“董付祠堂”，毁于20世纪的“文革”时期。一般的祠堂（或称家庙）在家族的姓氏上无不都有严格的排他性，然该祠堂却是一个难得的个例。如此特别，其所反映的必是两姓族人世代友好、亲密无间的关系，并且期望子子孙孙长此以往、万代千秋。

如果说陈忠实《白鹿原》中也有白、鹿两姓共用祠堂的事例，却也不假，但与此性质则截然不同，因为他们那白、鹿二姓原本一脉相承，不过只是在搬迁新址的时间点上才岔开成两个分支。

毕竟凡事都有两面性，相传清朝末年偶然来了一个付姓官人，百般辗转前来认祖归宗，但见祠堂共尊两家祖先，且董姓又在其前，不知如何是好，遂作罢而去。

五、早期党建与抗战史

【早期党建】

1937～1943年，付辰雪、付不指首先入党；然后付秋亮、张林子、张连祥、张文全等陆续入党。1939年成立党支部，付辰雪首任党支部书记。

【抗战简史】

该村于1940年成立抗日游击组，积极开展挖地道、打游击、钩电话线等抗日活动。

1943年，日本鬼子的飞机在一次本欲轰炸阜平县的王快镇时，不知是哪儿出了错，却把许多炸弹投到了大赤涧村西的山坡上，炸出来一个深达2米、直径20多米的大深坑。

同年，该村游击组成员田新科、付保全（岳志坚）等参与了区游击排的十八沟战役，应对日本鬼子的一个连，战斗非常惨烈。最后鬼子吃了败仗，反过来进村杀了一个绰号叫“四老粗”的村民，并烧毁30多间民房。

六、新中国成立后的重大事件和特色经济

20世纪改革开放以后，开煤场、买大型载重汽车拉煤一度大为时兴。止于21世纪之初，政府倡导低碳生活禁煤政策颁布以后。

七、 文化娱乐、基础教育、医疗保健

【文化娱乐设施】

该村现有文化娱乐广场1座，占地面积480平方米，配备健身器材12套。

【基础教育】

大赤涧村的付家早在民国初期就办起了私塾，延请教书先生教授本家及董家的子弟读书。同时，两家的女孩子也可以参加基础性的识字学习。

目前，该村无学校，原小学并入崔古庄小学，适龄少年儿童就学、入园分别在崔古庄小学和小赤涧小学。两者距离主村皆1千米左右。

【医疗保健】

该村现有村卫生室3所，签约村医3名。

八、村政现状

【基层党建】

大赤涧村党支部下设2个党小组，全村党员59名，其中男性52名、女性7名；30年以上党龄的老党员18人。

【集体财产】

村党群服务中心独立小院1座，占地380平方米，建筑面积169平方米。

【公共服务】

村民生活用水全面自来水化，电力供应充足，数字网络基本覆盖全境；通村道路、主要街道和机耕路全部硬化；主要街道全部安装了太阳能路灯，共40盏。

魏古庄村

魏古庄村位于灵山镇西南部，距镇政府驻地4千米。东隔省道S382河龙线（省道S241宝平线）东北方向是朱家峪村，东偏南方向是郭家庄村，南与小赤涧村毗连，西偏北邻西坡村，北界洼子村。

交通环境：东距省道S382河龙线（省道S241宝平线）0.5千米，过路班车直通本县县城、阜平、定州，以及省会石家庄等地。

一、当前的自然资源和居民状况

魏古庄村总域面积2.3平方千米，其中耕地560亩，人均0.5亩，主要种植玉米、谷子、山药等；山场1000余亩，其中生态林100亩、经济林木190亩，树种有柏、槐、火炬树等。

全村划分为4个村民小组，居民383户、1230人，其中男性691人、女性539人；居村常住人口1112人、外出流动118人，主要流向保定市区及县城，从事商业活动和务工。村民姓氏依次有王、李、赵、孙、周、袁等。

2017年，全村建档立卡贫困户20户、38人，至2020年底全部脱贫。

二、建村历史及归属沿革

《新志1》载：魏古庄村始建于“唐”代，“因村旁有慧炬寺，原名慧炬村。后因魏姓居多改今名”。然采访记录则显示，该村当前并无魏姓人家，甚至就连村内的耄耋老人都不曾记得有过或曾经听说有过姓魏的先民。相对的却在回访郭家庄村时偶然风闻，今小赤涧村的主流魏姓源于该村，可惜无史料支持，不成定论。

且从附近魏、崔、齐古庄（属党城乡）3个“×古庄”村名的字面意义来看，它们的建村时间应该差池不大。于是，联系《新志1》谓其建村时间分列为“一唐两元”的观点，似乎有点儿违背常识，相比崔古庄因宋代御史墓（基于其墓碑碑文）立村之说更是全盘皆谬。

在历史断代问题上，碑刻证据的公认度要远高于传说，甚至优先于文本资料。但使碑文果有此说，则三者同建于宋代显得可信度更高些。由《唐恒岳故禅师影堂纪德之碑》知，慧炬寺确建于唐代，但并不能证明附近村庄也必然与之同时所立，在其后的宋代立村不也可以叫慧炬村吗？即便当年另外两个“古庄”想必也并非今名。总之，元明之际的土著人几近绝迹，然后移民大换血总是个历史难以逾越的坎儿。这期间，太行山以东的广大地区基本处于赤地千里、荒无人烟的境况，毕竟是无争的事实，如此，焉有三个“古庄”完卵独善之理？

其名“×古庄”者，想必以其先民亡佚、残垣犹在的基础上，续迁移民至此，通过修旧利废，致使“古庄”再造、炊烟重塑，并且冠以其对应的姓氏所致。其中，崔古庄抑或先民亡而复归，抑或新移民正好也姓崔，所以仍其姓冠之于村名之前，从而定局。另外两个“古庄”或以其例，各宜其便而然之。尤其应该注意的是，无论村落建于哪个年代，一开始就以“古庄”为名，也是不可思议的事情。

至于该村魏姓人家亡佚的原因，不外乎两种可能：一是村庄重建后他姓族人外来反客为主，被动离场；一是另遇吉地，主动乔迁而让渡。无论哪种可能，都会由于时间节点靠前，以致天长日久后，这种与他姓村民无关的情况，且在没有文字记载的前提下，失于流传也是大概率的事情，并不奇怪。

该村的归属沿革情况，参见《崔古庄村》的对应内容。

三、魏古庄村史话

歌谣《曲阳以北好地方》有言：“魏古庄哩山药行”，一句话生动地道出了该村多年来的主流民生状态。该村土地少且贫瘠，村民无法单靠种庄稼维持生计，自古就养成并延续着担着担子，或推着独轮小车外出做买卖的习惯，广泛涉及定县（今定州市）、新乐（今新乐市）以及本县南部的平原地带。一般他们做买卖都是来回脚儿，即往来都载负着商品对象和生意内容，往外走带的是附近村子烧制的粗瓷盆、罐、大缸、小瓮，以及一些陶质日用生活器具；回程则以捎带以物易物获取的各色粮食为主，或者临时购买其他一些冠以“洋”字的生活必需品。

话说民国初期，一次，有个村民推着独轮小车去新乐一带卖瓦盆，看见他们那儿有栽山药（红薯）的，引起了注意。经过观察他们的插秧过程，顺便就在那边的集市上买了些山药秧带回家试种，结果就喜获丰收了，因此触发了人们种山药的兴头，以至纷纷效仿，不断扩大栽种面积，提高山药产量。基于此，原本就富于生意头脑的村民，便想到了利用它进一步产生附加值的方法，即把山药馏熟了即时出卖。后经加工过程的反复试验、经营方式的多方探索，果然就像是给该村的老百姓找到了另一个赖以生活的饭碗儿。

不过，相对于他们这个饭碗的，以上因素也只是一个方面，另一个方面，就是他们那半坡子地，别看犯点儿红土毛眼沙，种别的不怎么样，却非常适合种山药。长出来的山药块头既匀实又光溜，生着吃既不坚韧又不过脆，一旦馏熟了它又糯又甜，相对于当时那个食品极度缺乏的年代，它那紫皮黄瓤儿热气腾腾的样子，真是让人馋涎欲滴。如此，魏古庄村民地里种山药，担着担子串村、赶集卖熟山药便风靡开来，成了一道风景。

其买卖方式，一般是在冬天或初春季节，趁热把馏熟的山药装进两只特别编制的小筐篮里，然后用棉垫捂严盖好，以为长时间保温。然后用担子挑着，一清早到附近的村子里串街叫卖，为的是赶在人们吃早饭以前。这种买卖基本都是用以物易物的形式进行交易，如用鸡蛋、谷子交换最为常见。同时，也就近赶灵山集和党城集，在人流中穿梭叫卖。

从前，每个村子都有各自的谋生路径，不像现在千篇一律，即便是大城市除了几个故弄出来的标志性建筑外，一般的生活内容几乎也都像是一个模子里刻出来的。魏古庄村超半数的人家，好长时间就是靠走街串巷卖山药来维持生计的，这种现象一直延续到了新中国成立后的农业合作化时期。

这期间，随着卖山药的生意逐渐做大，本村种的山药就不够卖了，其中山药不能总在相同地块里连年重茬栽种也是个重要因素，于是，他们就到行唐县的一些特定地方回购生山药，然后经过馏熟加工再卖出去。

常言道，行行出状元。那么他们的绝技是什么呢？据采访资料，突出的一点就是，他们馏山药提前在锅里填多少水，放多少生山药，心里都有个准确底码，保证揭（音xie）锅的时候，刚好汤也没了，山药也熟了。既保证了不煳锅，不损山药的成色及外形，又不致山药基于泡过汤而影响其甜糯的口感。

不过，就这种小本生意，再怎么努力，基本也只能养家糊口，要想发家致富那是难上加难，所以，自始至终该村一直也没有出现过有名的富裕户。

另外，该村也有少数人并不囿于此道，而是选择了到山西阳泉、太原，以及张家口等地去闯荡，却也仅限于挑担、推车做货郎为生计。

该村传统花会项目主要是灯会，每到腊月的农闲季节，由专人负责组织大家裱糊28盏大灯笼。其中，“斗鱼灯”是一种两条3米多长的鲤鱼灯笼，用燃烧的蜡烛做动力，非常巧妙。一旦表演起来，二者便互相往来嬉戏，时而还喷吐火焰，横生情趣。其他有走马灯、舞龙灯等，以及另外的拉鼓车、舞狮子、跑旱船、西乐会等项目。

灯会定期在春节后的农历正月十四出会，白天在村里表演，晚上由几个儿童用长木杆挑着灯笼走在前面，大人们排设仪仗、披挂在后，相继到附近的村子里串街表演。第一站是野北村，临近村口时，首先放三声礼炮，接着便是锣鼓齐鸣，继之以边走边演。每当走到街口人众的地方，便停下来集中表演一番。

四、文物遗存及名人逸事

【魏古庄小火车站】

20世纪60年代定（县）灵（山）小铁路建成，小火车通行后，在其村南设置了“魏古庄站”，专营客运业务。目前，小铁路、小火车均为过眼烟云，唯其附近一座小石拱桥仍然忠于职守。想当年，桥上大致南北方向走小火车，下面桥洞仅为排水通道。再早以前，桥下的排水道却是从县城通往阜平县，进而山西省内的官道，同时，也是从前县城至灵山的官道。该路线原本从西堎石道下来，首先绕到党城村东，然后过下店、大赤涧，以至于魏古庄村即在此桥下通过。总之，过去的人行道以随天然水道盘桓者占据主流。所谓“多年的道路熬成河”说的就是这种情况。

五、早期党建与抗战史

【早期党建】

1938年，该村马芬卓（女）、小六儿（女，仅传其乳名）入党；1939年，王孟子、王振国、王三僧、赵凤来等入党，并成立党支部，王孟子首任村党支部书记。

【抗战简史】

1940年，当地被日寇侵占，在村外修了炮楼。同年，该村成立游击组，成员有王振国、王三僧、赵凤来等。这期间积极参与挖地道、破交通、钩电话线等抗日活动。

六、新中国成立后的重大事件和特色经济

【盛极一时的砖厂】

魏古庄砖厂的前身是其传统的砖瓦窑，因历史悠久，不详所始。1964年9月，随着当时“反帝、反修”的国际形势趋紧，河北省国防工办的“小三线”军工企业建华机械厂、1004工地等单位在南家庄村和野北村同时兴建，魏古庄大队（村）砖瓦窑同步大幅扩展、增建，为其基础工程建设提供了所有的青砖、板瓦，一度占窑场总产量的85%以上。改革开放后，改建为续烧模式的转盘窑，烧制红砖，主要供应当地村民的住房改造和一些国营企事业单位的基建工程所需。21世纪以来，渐呈颓势以至停烧。

【水车浇园】

“大跃进”时期，该村曾安装多架水车，用以浇灌园圃，为附近的工矿企业职工及其家属提供各类蔬菜、瓜果等。其水车分为两种，一种为卧式，可用畜力牵引，也可以人力推动；一种为立式，用人力摇动，或者单人，抑或双人。卧式的又分两种，一种是连续链接若干个长方台形的铁皮罐斗，循环提水，出井口后逐个倒入一个配套的铁簸箕中，进而流出，通过小水渠沟（俗称“沦口”）浇灌田园；一种是组装若干节直径10厘米左右的专用铁皮竖管，配合内置的铁环链条并皮钱，循环往复地运动来提水。因其劳动强度很大，加之维护成本也高，几年后随着机动、电动水泵的应用遂被淘汰。

【其他】

20世纪90年代，该村一度出现养鹌鹑的农户。

另外，改革开放以后，许多农户买大型运输汽车搞运输也蔚然成风，鼎盛时有20多辆大型汽车，以拉煤、送砖为主要业务。

七、文化娱乐、基础教育、医疗保健

【文化娱乐设施】

该村现有文化娱乐广场1座，占地600平方米，配备健身器材8套。

【基础教育】

魏古庄小学（复式班1～4年级）始建于1962年，同时在一个教室上课，有王占魁1名教师。

现小学仅为教学点（1～2年级），在校学生15名，教师1名；幼儿园（校中园）入园儿童7名，幼儿教师1名。

【医疗保健】

现有村卫生室1所，签约村医1名。

八、村政现状

【基层党建】

魏古庄村党支部下设4个党小组，现有党员38名，其中男性29名、女性9名；党龄30年以上的老党员9名，50年以上的1名。

【集体财产】

村党群服务中心为独立小院1座，占地256平方米，建筑面积

125平方米。

【公共服务】

村民生活用水全面自来水化，电力供应充足，数字网络基本覆盖全境；通村道路、主要街道和机耕路全部硬化；主要街道全部安装了太阳能路灯，共48盏。

西坡村

西坡村位于灵山镇西部，距镇政府3千米。东偏北与洼子村相邻，东南与魏古庄村相邻，西侧是将军寨山及其山麓台地上的慧炬寺，北面与燕南沟、南家庄两村相邻。

交通环境：东距省道S382河龙线（S241宝平线）约1千米；距离涞曲高速灵山南路口5千米。

一、当前的自然资源和居民状况

西坡村总域面积2.5平方千米，其中山场2000余亩，已绿化120亩，以松树为主；耕地800余亩，人均约0.84亩，主要种植玉米、谷子和红薯。

全村划分为4个村民小组，居民328户、956人，其中男性543人、女性413人；居村常住650人、外出流动306人，主要流向北京、天津等地，从事建筑、运输等职业。村民姓氏以齐、杨两姓为主，其余有马、王、刘、张等姓氏。原有贺、郑两姓人家，已亡佚。

2017年，全村建档立卡贫困户16户、51人，2020年全面脱贫。

二、建村历史及归属沿革

《新志1》载：西坡村始建于“明”代，“村西靠坡”，遂以名村。采访资料显示：该村肇始于宋代的王姓先人，往西500多米都是山坡，故名。相对于村名而言，两种说法并无二致，只是建村时间差池太大，因缺乏确证资料，姑且存疑俟考。

且联系当地许多村子的建村时间及历史背景，西坡村建于明代的观点，可信度相对靠实。总之，还是需要考虑到明代初期山西大移民事件这一实际情况，一代新人大换血这道坎很难绕过。关于这一点，该村有一座“水莲山庙”，相传已有400多年的历史，始建于立村之初，由此也能映带出该村建村的大概时间。

西坡村于《旧志1》中与今同名，《旧志2》里则多出一个“里”字，称“西坡里”，概因从俗所致。即便今天当地仍有许多老人习惯上称其为“西坡里”。其归属沿革情况，参见《洼子村》的对应内容。

三、西坡村史话

西坡村境内有大雁坡、大岭西、小岭西、马脖子洼、王家洼、大汪头洼、臭椿树洼等地名，从而知其地貌形势高则丘陵，低则洼处，起伏不一。全境平均海拔112米，其中大雁坡最高，海拔200米。鉴于其能种庄稼的地多半都在山坡上，较为贫瘠，且许多地块上粪（施农家肥），不用说用车拉、用驴驮，据实先不说绝大多数农户根本也不具备这种条件，就是具备也弄不上去，甚至有的地块即便用扁担挑上去、背筐背上去都成问题，所以许多的地块只能用毛帘布袋（一种用猪毛经纺织而制作的口袋）装上半布袋捣碎了的粪背上去，多少上点儿，如同乡下人常说的像点眼药的一般多少上点儿，可见劳作之艰苦。

鉴于种庄稼实属不易，即便种枣树是则大为时兴，因为它不占用耕地，举凡山坡麻面、地阶岸边都可以生长，且不用年年栽种，栽上能活好多年，所以被人们看好，据说最多的时候全村有枣树几万棵，丰收的年份能打10多万斤红枣。且又交通不便，很难卖出去，半数以上都需要就地消化，于是，土法酿酒便应运而生。实际附近村庄当时都有这种情况。

且单说该村，从前别看小村不大，每到冬天，往往烧酒的会有十来家，尤其1962年烧酒的最多，多达十五六家。当地通常把土法酿酒的作坊叫作“缸坊”，该村缸坊始自清朝前期，因产品质量上乘，被誉为“西坡醉”。改革开放以后，大片枣林被毁，酿制枣儿酒难以为继，传统艺人遂有转产高粱酒和粉渣酒者，产品俗称“粮食酒”，并以“西坡醉”为名注册了商标。最终不知出于什么原因，延续到新旧世纪之交，遂彻底下马歇业。现仍保存一些遗迹、遗物，如蒸馏锅、灶台等，可供观瞻。

红枣烧酒有其诀窍，关键在于红枣的采摘节令上。收获红枣一般叫“打枣儿”。据其行家说，长在树上的红枣只有过了白露节以后，才会开始产生酒精元素，如果打早了是酿不出酒来的，所以，过了白露节以后再过一段时间赶过了秋分节，再“打枣儿”，以其酿酒才最当时令。此乃经验之谈，从前是不轻易外传的。

同时，红枣晾干碾成枣面也是一种美食，辣卜苏的甜，只不过许多的枣面都非质量好的枣子制成，因此经常会带点儿苦稍，更且吃多了对胃有刺激，出现“烧心”甚至大便滑脱失禁等症状。

另外，民国时期该村也有不少以卖红薯为营生的村民，因此也有另一个版本的歌谣《曲阳以北好地方》，把其中的“魏古庄哩山药行”说成是“魏广、西坡山药行”。其中的“广”乃“古庄”二字的合成速读音准，从前，当地人都习惯这种说法。

西坡村的传统花会项目为打鼓队，有十几面大鼓，始于建村之初。

四、文物遗存及关联故事

【水莲山庙】

相传水莲山庙始建于400多年以前，每年农历二月十九、二月二十一和四月四为其3个祭祀日期。同时，在其基础上，也发展起来该村传统上具有一定规模的3个贸易性庙会。

【齐东奇当队长】

20世纪的“文化大革命”时期，讲究“农业以粮为纲”，即便是副业也只允许农闲时由集体开展。为了防止社员（即今之村民）“走资本主义道路”，全国农村集市一律统一规定为“十天俩集”，即农历逢一、六日为集日，从而彻底断绝了那些善于赶集而“不务正业（农业）”的人的念想。纵然你再喜欢赶集做买卖，总是十天之中至少有八天没集可赶，目的很明显，就是促使那些人多参加生产队的农业劳动。再要想“赶了城里赶元召”根本没门儿！因为赶集的日期岔不开。

从前，全县有集的村子很少，集期最频繁的只有县城，以及燕赵和下河两个古镇，隔天都是集日，以农历计，县城逢单是集日，燕赵、下河逢双是集日，十天五个集。如此可不就给打地摊做小买卖的人创造了条件，以致他们“赶了城里赶元召，反正哪天也不闲着”。其中“元召”即“燕赵”村的俗称；“着”土语音zhao，正好“召”与“着”押韵，以至两句歌谣朗朗上口，平添了许多情趣。

当时，齐东奇当选该大队某生产队的队长，举凡灵山集日他都去赶集代表生产队卖酒。尽管酒都出于一个大缸，然而，经过他的一番操作，他就能卖出去两样价钱。具体做法是另外找两个大玻璃瓶子，一般装3斤酒，俗称“（三斤哩）大琉璃棒”，先装满它，然后再正儿八经地带着一两个酒篓去赶集。到了集上，把酒篓摆在显眼的地方，再把另外两大玻璃棒搿在一旁，甚至还用块白布手巾苫上它。每当有人来买酒时，往往会透过白布手巾看到底下苫着的大琉璃棒瓶子，几乎都犯这个毛病，免不了撩开看看，只要一看是酒，就会问他到底怎么回事。如此他便说，那是专门给亲戚朋友捎的，不卖，他只卖大宗酒篓里的酒。

也是他拿捏准了人们的心理，你是越说不卖，他就会认为一定是好的，不然不会专门带给亲戚朋友，因此就越是想买，以至他经常借此机会抬高些价格，甚至还夹带着做个顺水人情，装出一副很无奈的样子，说这样卖给你可就对不住亲戚朋友了，没办法，只好赶下集（此后的一个集日）再给他捎吧。

这种小手段的屡屡得逞，在于是常赶集的，而买酒的人赶了当天的集，往后不知道哪天才会赶下一个集呢！

五、早期党建与抗战史

【早期党建】

1938年，该村齐天民、马立伟等首先加入中国共产党；次年成立党支部，齐天民首任党支部书记。

【抗战简史】

1939年，西坡村成立游击组，除带头参与挖地道外，还经常配合主力部队打游击、端炮楼等抗日活动。1941年，杨福竹、马立伟、齐天民（另一位佚名）等4位游击组员，在一次掩护八路军撤退时，由于汉奸出卖被捕，被带到灵山据点，惨死在敌人的刺刀下。

齐孟来之妻，在抗日战争中积极劝说丈夫当兵上前线，受到政府大力表扬。

庞素英，男，1925年生人，现年99岁；齐文福，男，1930年生人，现年94岁。两位老人都是当年打过日本鬼子的老八路军战士。

【抗日女英雄杨俊宽】

杨俊宽，女，1926年12月出生，娘家是朱家峪村，1942年虚岁十七嫁到西坡村做媳妇，1943年加入中国共产党。日寇占据灵山期间，不过十八九岁的年纪，却大有一副说走就走、说干就干的英雄气概。她带头成立该村的妇救会，积极组织全村青壮年妇女做军鞋，并且在军鞋做好后，多次独身夜行将其送到需要的部队上。有一次，一个夜晚她徒步走了上百里，背着一大包军鞋到唐县县城打了个来回。

另外，就连钩敌人的电话线、送情报这种高度冒险的夜间活动也都落不下她。甚至有一次，她刚生过小孩不过一个多月，照样毫不犹豫地接下一项任务，把孩子往胳肢窝里一夹就上了路。当她把情报交给部队首长时，好生让其惊讶，简直不相信一个带着孩子的妇女能顺利完成这样劳累而艰巨的任务，因此，首长向地方政府通报了她的事迹，受到地方政府的通报表扬。

六、新中国成立后的重大事件和特色经济

【小火车过境】

村里有1座石桥，建于1964年，源于当年定灵小铁路过境需要。

【煤炭运输】

改革开放后，该村曾一度建有大型砖厂，俗称转盘窑，烧制红砖，一般供应当地村民和驻地企事业单位的基建工程。

20世纪90年代，村中有大型运输汽车20多辆，参与到当地的运煤大军当中。另外，现有村民自营的1个大型汽车运输服务队，共有各种型号的运输汽车100多辆。

七、 文化娱乐、基础教育、医疗保健

【文化娱乐设施】

现有村文化娱乐广场1座，占地500平方米，配备健身器材7套。

【基础教育】

目前，该村无学校，适龄少年儿童就读（入园）于小赤涧小学及其幼儿园。

【医疗保健】

现有村卫生室1所，签约村医1名。

八、村政现状

【基层党建】

西坡村党支部下设4个党小组，全村党员37名，其中男性33名、女性4名；30年以上党龄的老党员14名，50年以上的4名。

【集体财产】

村党群服务中心独立小院1座，占地400平方米，建筑面积170平方米。

【公共服务】

村民生活用水全面自来水化，电力供应充足，数字网络基本覆盖全境；通村道路、主要街道和机耕路全部硬化；主要街道全部安装了太阳能路灯，共40盏。

洼子村

洼子村位于灵山镇西部，距镇政府驻地2千米。东邻朱家峪村，西南邻西坡村，西北邻燕南沟村，北邻南家庄村。

交通环境：省道S382河龙线（省道S241宝平线）与之东邻0.5千米；东南距涞曲高速灵山南路口1千米。

一、当前的自然资源和居民状况

洼子村总域面积4平方千米，其中耕地1200亩，人均耕地0.75亩，主要种植玉米、谷子等；山场2000余亩，已绿化490亩，树种主要是柏树、槐树和火炬树。

全村划分为5个村民小组，居民423户、1568人，其中男性782人、女性786人；居村常住1214人、外出流动354人，主要流向北京、天津及省内保定、石家庄等地，以经商和打工者居多。村民姓氏以夏姓为主，其他有杨、郑、贺等姓，原有高姓，今佚。

2017年，全村建档立卡贫困户26户、75人，2020年底全部脱贫。

二、 建村历史及归属沿革

《新志1》载：洼子村始建于“元”代，因“村址处地势低洼”，故名。然采访资料则显示：该村始建于唐贞观年间，从南家庄村往南看地势低洼，遂名“洼子村”。两种说法都缺乏确证支持，因此存疑。

洼子村清代以前县以下政区归属不详。清康熙年间名“凹里村”，属坛南社；清朝末年同今名，依旧属坛南社。以下归属情况，除了朱家峪村建乡、置公社的短暂时段外，可参考《朱家峪村》的对应内容。

三、洼子村史话

“老奶奶占房啊，没吃的，老爷爷就到朱家峪村去打工，直到天黑才下工，挣了一升米，用手巾包了往回走。当快进村的时候，忽然阴云密布，电闪雷鸣，眼看就要下雨，可不就更加着急着往回走，结果一不小心被路上的一块大石头绊倒了，连带把米也撒在了地上。无奈，只好借着忽忽闪闪的电光一点点往起收，一阵明快就收一点儿，再一阵明快再收一点儿，且一边收一边唠叨着说：‘赶我以后好过了，使做活儿（找帮工）的时会儿一定要让他们带着日头就下工，以免像我这样遭罪。’”

以上一个小故事讲得活灵活现，据说他们这个“老爷爷”后来还当真就光景大发、好过了，不仅兑现了当初的诺言，一旦雇工都会让他们带着日头下工，而且每逢饥荒年头还冬舍、夏舍饭，想着方法儿地救济穷人。另外，还专门养了两头调教得非常好使的毛驴，乡里乡亲的谁要是地里耕种、家里拉磨推碾子想用了尽管去借，尤其把借用过去的草料也都给准备上，因此被乡亲们尊称为“夏善人”。

话说不管他什么事，总也有好有坏，正因为家里好过这才跟横河口村的苑财主结了亲家，把自己的闺女嫁过去给人家做了儿媳妇。却不知女婿是个浪荡公子，除了吃喝嫖赌什么也不会，加上老财主又是个吝啬鬼，闺女到了他家受尽了百般虐待，最终还不明不白地死了。因此，亲家变成了仇家，闹到县衙打开了官司。头一回过堂，夏善人赢了，苑财主不服；到了第二回过堂的时候，明知白眼地理儿就在桌面上摆着，那县官就愣是给他判输了。

夏善人认定对方肯定是给县官送了礼，一气跑回家去把所有的八顷地不论好歹，全都买了个精光，最终才赢了官司。县官判苑财主赔钱给他，他当堂从县官手里接过银子，立马就又转手递了回去。县官问他什么意思。他说："我打官司就为争这口气，请你把我这钱发散给全县贫苦的老百姓吧。到如今我算是想明白了，如果不是我家境好点儿，也不至于跟这种恶人盘上亲戚，把个闺女害了。"

前一任县官曾经由于他的善行，给他大门上挂过一块大匾，这次更加有这么大的善举，感动了这个后续的县官，因此，县官就带着他的三班衙役，敲锣打鼓亲自登门又给他挂了一块大匾。至于大匾上都写的什么字，因为年长日久加上社会动荡多变，现在人们都说不准了，只流传着说是"善人匾"。

该村传统花会项目有飞叉、西乐会，大鼓、二鬼扳跤、老汉背妻等。另外，当地流传这样一句歌谣，说："洼子里哩（的）会，一昧黑，头里耍叉，后头闹鬼。"首先说的是他们表演者的行头装饰无不都是清一色的黑；其次说明他们花会表演项目的排序，以"耍飞叉"打头，以"二鬼扳跤"殿后压轴。

另外，据其村中老者介绍，洼子村的鼓点与众不同，因为是从慧炬寺的佛事活动中学到的。不过，这种说法颇有片面之嫌，因为附近好多村子都不乏相同说法。

四、文物遗存及关联回顾

该村除在原唐代古刹——慧炬寺占有地权外，另有善德寺、福主庙等传统人文古迹。

（具体慧炬寺的情况，参见本书上编第六章第二节中的专题内容介绍。）

五、早期党建与抗战史

1937年，洼子村夏黑三第一个加入中国共产党，由郎家庄村张凤介绍。同年，杨文子、夏方尔、夏福旗等随后入党。1944年，杨志梅入党。同年，成立党支部，夏方尔首任党支部书记，第二任由夏福旗接任。

抗日战争期间，除了有与附近村庄挖地道、参与破交和配合主力部队的行动外，目前尚未搜集到其他典型事例。

六、新中国成立后的重大事件和特色经济

【褐煤开采】

洼子村地下有褐煤（俗称“柴煤”）资源，其中含有锗、镓等稀有半导体金属，是制造晶体管的基本材料。只是作为供热燃料不太理想，因此开采也少。20世纪60年代的“文革”后期，曾经开办过两个矿点。

【煤炭营生】

1968～1969年，该村开始发展集体性质的汽车运煤业务；再及农村实行联产承包责任制后，大大解放了劳动力，个体买汽车跑运输的愈发多起来，鼎盛时期全村共有大型载重汽车50多辆。同时，煤场业务也齐头并举，出现10多个场点，总占地80多亩。20世纪末，几乎全村家家户户无不都有与“煤”沾边的“工作人员”。

七、文化娱乐、基础教育、医疗保健

【文化娱乐设施】

该村现有文化娱乐广场1座，占地600平方米，配备健身器材11套；文化活动中心1个，建筑面积40平方米。

【基础教育】

现洼子村小学（学制6年），在校学生130名，教师9名；幼儿园（校中园）入园儿童6名，幼儿教师1名。

【医疗保健】

现有村卫生室2所，签约村医4名。

八、村政现状

【基层党建】

现洼子村党支部治下党员44名，其中男性38名、女性6名；30年以上党龄的老党员13名，50年以上的7名。

【集体财产】

村党群服务中心独立小院1座，占地100平方米，建筑为二层小楼，建筑面积90平方米。其他山场和滩涂共2000余亩。

【公共服务】

村民生活用水全面自来水化，电力供应充足，数字网络基本覆盖全境；通村道路、主要街道和机耕路全部硬化；主要街道全部安装了太阳能路灯，共25盏。

朱家峪村

朱家峪村位于灵山镇中部，北距镇政府1千米。东南邻辉岭村，南偏西邻郭家庄村，西邻洼子村。附属1个自然村——坛南村，位于西北部，早与主村浑然一体。

交通环境：西傍省道S382河龙线（S241宝平线）；南距涞曲高速灵山南路口约1千米。

附：“坛南村”，两种《旧志》均作是名，然两种《新志》则俱作“坦南村”。想是在原来繁体字“壇”变作简体字“坛”的过程中出现的舛谬，以删其“壇”字右边上部之繁，余留其下部之“旦”，以至于讹为简体字“坦”，从而登上新的历史舞台。若其村为“坦南”，其“坦”将做何解？且《新志1》犹自称：坦南村，建于“明”代，“村北有土坛，原称‘坛南’”。故此，理应还其本名。

一、当前的自然资源和居民状况

朱家峪村地貌形式多样，丘陵、沟壑、滩涂俱备。煤炭、钙石和矸子土等资源丰富，煤炭开采历史悠久。总域面积4.9平方千米，其中耕地2668亩，主要种植玉米、谷子、花生、红薯等农作物。其余为山场、滩涂，山场绿化809亩，基本都是柏树。

全村划分为13个村民小组，居民2149户、6384人（含坛南村），其中男性3220人、女性3164人；居村常住5556人、外出流动828人，主要流向北京、天津和省内各地，以打工者居多。村民姓氏多为杨姓，其余有王、李、张、尤、范、郑、苑、孙、白、高、夏、贺、谷、赵等姓氏。现在赵姓人家只有女性后人；数十年前曾有方姓人家，今已不传。

坛南村附属时间不详，参《旧志2》，清末尚为独立村庄，并为村级以上政区单位——坛南社驻地。人民公社时期为朱家峪大队第13生产队，改革开放后为第13村民小组，现在籍村民30户、196人，有张、王、白、郑、杨等姓氏。

2017年，全村建档立卡贫困户141户、258人，2019年底全面脱贫。

二、建村历史及归属沿革

《新志1》载：朱家峪建村于“春秋”时期，因“村南山坡有块猪嘴石，村边有山谷，取名猪家峪，后演变为今名”。然据采访资料：该村始建于明代初期，原址三面土岸合围一条沟（峪），沟中有巨石突出如张着嘴的猪头，习惯称之为“猪嘴石”，结合其地貌环境之“峪”，遂演变为村名。

相对以上志书“春秋立村”一说，恐司马迁《史记》等古典都不曾顾及一般村庄的建置问题，所以，其来由颇为恍惚。

清代政区，先时县下设乡，概念笼统，大致以县城和附近的嘉山为基准分东南西北四乡，各得其名：东乡曰“嘉禾”，南乡曰“黄尧”，西乡曰“从化”，北乡曰“归善”；再下置社，为村级以上政区单位，坛南社居其一。据此，当初的坛南村须在曲阳县的村落群体里，应该是个优等生；至少须因其建村时间较早而有鸡群之鹤的意思，否则，怎么可能以其为社名，领属众村。清末撤“乡”存“社”，仍有“坛南社”。

《旧志1》载：“坛南社领村十四：坛南村、朱家峪、谷家庄、辉岭村、南家庄、燕川村……凹里村……”至于清末《旧志2》称：“坛南社，东西广二十里，南北袤四十里，领村二十（笔者注：实际书中只记载了19个村名）。东界灵山社灵山镇，西界阜平县，南界五会社李家洼村，北界阜平县。”不仅涵盖了原《旧志1》所有各村，而且延揽了如今北台乡的一些村庄。

朱家峪村清代以前归属不详。清代属坛南社，民国初期依然。随后“社”改“乡”，因无资料可查，不详。再后的时间以至1953年7月，原来基本虚置的区级单位得以实化，于灵山名下设曲阳县第六区，再下的政区名称及隶属情况变化频仍，且档案失察，不甚明了。再后，朱家峪设乡，自属。1956年8月，撤朱家峪乡改设郭家庄乡，从属。1958年8月，改朱家峪村为朱家峪大队，属灵山人民公社；下设管理区，属郭家庄管理区。同年10月，定曲合县，归属仍旧。1961年5月，曲阳县复治后，设朱家峪人民公社，自属。1962年10月，改朱家峪人民公社为郭家庄人民公社，从属。1984年4月恢复乡镇建制，属郭家庄乡。1996年3月，撤销郭家庄乡，治于灵山镇，至今。

三、朱家峪村史话

该村除了上述两种立村观点外，还有一说是：村中原有朱姓人家，只是后来才绝了。又据村内“王家胡同”“李家湾”等地名，证明王、李两姓先人也曾为该村的早期建设做过贡献。

朱家峪村的杨姓大家族，分别为头家、二家和九家3个门派。唯二家《家谱》（失于“文革”前期）能溯源始祖，且乡贤杨素盼博闻强记，略述如下：始祖杨福刚、杨福臻两堂兄弟于明初洪武六年（1373），从山西省洪洞县大槐树下老鸹窝迁此落户。杨福刚父亲居长，故其后人称“头家”；杨福臻其次，则苗裔称“二家”（杨素盼本支）；另有一支称“九家”，情况不详。

目前，村中央的观音寺，始建时间失察，重建碑落款为“明万历九年（1581）三月二十一日”。且村民世代相传“先有观音寺，后有村中人”。据此，观音寺的肇建时间须与坛南村原住民不无关系，如果此前当地了无人烟，则不可能孤零零地先在荒野里建一座古寺，尤其也非名山胜地。该村古建另有老君堂、关帝庙、三官庙、莲（古）花庵、龙王庙等，证明该村自古人文鼎盛。

观音寺以南约百米处，有一株400多年树龄的古槐，现为保定市政府挂牌的古树名木，所在地名叫“大冶场（厂）”，相传是北宋时期冶铁造兵器的场所。从前村中随处可见一种畸形的石磟碡，土改时期尚有30多个，现在仍存少许可供目睹。型号与常物不相上下，唯其外形有点儿像杂技艺术表演项目“抖空竹”中的空竹道具。之所以形状如此，具体请参本书上编第一章之（四）中的相关内容。

大槐树枝繁叶茂，主干直径约80厘米，树冠圆如伞盖，广及300余平方米。大槐树底下一年四季都是人们乐于聚集的地方。

今灵山镇西境慧炬寺（一名柏林院）距该村6千米之遥，该村曾有40亩耕地在其寺旁，一并其正殿上的石柱也是该村捐助的。基于村民在寺旁种地，从而学到了僧人做法事活动时候的器乐曲谱，以至衍生出该村的民艺团体“西乐会”。

四、文物遗存及名人逸事

【观音寺】

（参见前文《朱家峪村史话》相关内容。）

【老君堂及戏楼】

老君堂，又叫老君庙，位于村南十字路口的西北角，坐北朝南，前厅后室两进建筑，前厅面阔三间瓦房，后室砖砌穹隆顶，活似一个硕大的“八卦炉”。其碑刻落款“嘉庆二年（1797）岁次丁巳闰六月”。民间信仰，从前开煤井无不都供奉太上老君，此老君堂即当年在附近开煤井的人因为发了财，从而出资修建的。现为曲阳县重点文物保护单位。

（以上内容可与本书上编第六章第三节同题介绍文字互参。）

光绪二十四年（1898），老君堂对面又盖了一座戏楼，建筑法式跟北京市海淀区的古戏楼相同，只是它那戏楼欠缺两根汉白玉石柱。1964年戏楼拆除，现仅存石柱，上刻对联：“文成武就虚富贵；洞房花烛假姻缘。”

【古花庵】

地处村南一高台上，院内柏树树干皆三五丛生，别具一格。殿堂坐北朝南，厦间西侧有一古碑，名《重修古花庵记》，落款为“大清乾隆拾叁年（1748）岁次戊辰季春（三月）縠旦立”。

另外，院落西南角另建一座财神庙，门口精美的汉白玉石雕构件，即杨老紫家道败落之后所遗留下来的，先在废墟里待了许多年，后来被人们迁用于是庙。

【兽头桥】

是为灵山镇9座“桥儿”之一，位于村东南从前通往县城的官道上。桥体尚在，两侧兽头石雕件不知什么时候被盗。

【杨氏家庙】

俗称“祖宗楼”，始建于明代，数度重修，现基本完好。从前庙内藏有李鸿章题写的木刻对联、杨老清用铜锤跟勃王交换的七星宝剑，以及两个紫铜暖脚炉和一对石狮子，均不知去向。家庙碑（已佚）曾详述其事，碑文由下文中即将介绍的晚清秀才杨书河书写，正楷。

【杨素盼民居】

（见本书第六章第三节专题文字介绍。）

【花会项目】

该村传统花会项目有曲阳吹歌（西乐会）、大鼓、大幡、二鬼扳跤、跑旱船、耍狮子等。再早以前村里一度有过高腔剧团，曾远走河南演出，名声大振。

【特色小吃】

朱家峪驴肉、驴灌肠、猪肉杂巴、缸炉烧饼和芝麻香油等，都是县内知名品牌。尤其灵山缸炉烧饼品牌尤著，原本源于韩家村，乃因韩家村一闺女从小跟着父亲学会了这门绝技，嫁到该村后继续坚持以此谋生，从而发扬光大开来。

【崇文尚武传统】

朱家峪村不仅有着众多的历史文化遗存，而且素有崇文尚武传统，在于“武”的方面须是从前灵山一带民风彪悍的典型代表，见诸“文”的方面则表现在古代科考场上出类拔萃。明代资料缺失，不可详查，仅有清一代就出了11名文武秀才。

1.杨向东（1839～1916），号老向，晚清秀才。当时，灵山一带到县城的道路非常难走，因而像是一个独立王国。杨向东以其明理善辩、处事练达，能够帮助当地解决一些民事纠纷，遂号称“杨二知县”。

时任曲阳知县张大愣（音义），山西人，基于杨向东在当地的影响，让他省了许多麻烦，从而两相交好干脆成了拜八字弟兄，一并还合股创办了煤矿。以现在的观点看来，还不就有点儿官商勾结的意思了？

2.杨老清，晚清武秀才，生卒年月不详。据采访记录，清代皇帝自康熙时起每当逢五见十的年份，都要亲临五台山朝山拜佛，原因在于传说康熙皇帝的父亲顺治皇帝当年明面上说是“驾崩”，实际他并没有死，而是跑去五台山出家当了和尚。尽管事后被查明真相，却也不好再公然宣扬。为此，往后的历代皇帝到五台山依制上香拜佛便成了定例。实际情况是，后几代皇帝就并不那么上心了，经常指派亲王或重臣代为办理。

相传有一次是由勃（音）王代行前往的，回程途中约定夜宿朱家峪村。且说村里有13家富户备选，最终定在了杨老清家。勃王发现他客厅里挂着一柄铜锤，甚是喜爱，便说用他随身带着的七星宝剑与之交换。见杨老清答应得痛快，遂与杨老清拜了把子，并且把他带进京去准备给他找个官做。赶上勃王妃会相面，就让勃王做了一番安排，如同垂帘听政似的给杨老清相了一面，断言他过于心善，不适合当官。勃王信服，便与其在保定府治下的一个县衙里谋了个闲职，做“红笔师爷”，职责仅是在官司判定后的案卷上，用红笔勾出个记号即可。

在一个大年三十的傍晚，杨老清闲逛路过一个牢房，其中一个牢犯哭得非常凄楚，道是家中只有一个老母，因不能陪她过年、团圆不了而悲痛。见杨老清靠近，便求其放他回去略尽些孝心，保证第二天一早必定返回。要说那个牢犯的确也没有食言，只是返回得晚了一步……

偏偏那个大年初一的一大早，就有狱卒前来点明要提审被他放走的那个人。狱卒提不到人犯，自然要如实上报，因此追查起他的责任来。幸亏勃王出面，尽管不再深究，可毕竟他这个小差事还不得黄了，干脆卷铺盖回家吧！临行前勃王给了他一笔钱，以至他只好在村子里安老终生。

3. 杨明章和杨明声是亲兄弟，大概同治年间在世。一时间以“一门文武两秀才”享誉四乡。

杨明章居长，是武秀才，相传以其成绩突出被特选进京赴殿试。一进京城便遇上一头因受惊而在大街上狂奔的毛驴，并且驴背上还驮着满满的两鞠笼篓子黄瓜，路人见状无不四下躲避。杨明章不但不躲避，反而一个箭步蹿上前去，张开双臂把毛驴的四条腿戛然一搂，就着往起一抱，连驴带一驮子黄瓜抱起来，走到大街边上，稳稳地放在地上，从而毛驴也老实了，待毛驴的主人追上来后，他是对杨明章千恩万谢。因此，赢得了满大街人们的一片喝彩。尽管那次考场发挥失利，却也被考官们知道了前情后，送了他一个“黄瓜举人”的称号。

弟弟杨明声是文秀才，好声律，曾创“高腔”剧种，并组织戏班，远走河南巡演。因颇受欢迎，以至于当地名流一味强留，东乡未唱罢，西乡早占下，南乡又有预约……从而不得返回。幸亏遇上当地一个丐帮头领出面解围，方才得脱。原来那个丐帮头领早年曾在朱家峪村要过饭，受到过杨明声的接济，从而知恩图报。

4. 其他有杨书河、杨山（书写杨氏家庙碑文者）、杨锡义（老中医，1950年去世）等皆晚清秀才；杨法宗（1889～1976），号老承，晚清末科秀才，所作《介推论》等三篇文章一度传世，今佚。

【百业才俊】

杨世珍、杨秋兰二人也一世名人。

（具体内容详见本书上编第七章第一节《百业才俊》之专题介绍。）

附：【杨老紫】

杨老紫，具体生卒年月不详，清末民初在世。当年父亲开煤矿发了家，使着管家、丫鬟，以致他从小娇生惯养。曾经因为褥子上有一根头发，致使无法入睡；吃饺子也光吃饺子肚，不吃饺子边儿。

然后双双被打脸，父母去世后，家境骤然落魄，一则，光着膀子仅靠一片羊毛毡子裹在身上也能安睡南柯了；二则，幸亏当年忠心的管家把他吃剩的饺子的边边角角，给他晾干存储了起来，以致靠着这些东西他吃了好几年。为了应对乡亲们的调侃，他经常把一句口头禅挂在嘴边，即“到一时说一时”，因此，就有人编了这样一个吊侃儿（歇后语）：“杨老紫披摊子——到一时说一时。”以致传扬得百儿八十里地的人们都知道。

五、早期党建与抗战史

【早期党建】

尤喜生，1937年加入中国共产党；次年，王书典、杨同林二人同时入党；1939年，刘焕英（女）入党。1938年成立村党支部，王书典首任书记，杨志乡接任，杨黑占再任，此后郑长星（坛南村人）继任直至新中国成立以后。

【英模烈士】

1. 尤喜生（乳名生尔），生于1905年，抗战初期任村游击组组长。一天，他在官井上打水，遇上一个日本军官骑着高头大马路过，那人见有人打水，就想就势儿也饮饮马。趁着日本军官专注于饮马不注意的机会，尤喜生从怀中掏出他的“独一决”手枪来，照着其后背一枪打了他个透心凉，连带把他面对的大槐树也穿了个大窟窿。然后，缴下日军的手枪骑上他的大马，就投奔八路军去了，成为晋察冀边区三分区42团5连3排的一名便衣队战士。

2. 杨满卷，约1906年出生，与其二弟杨战海和三弟杨东海并称“一门三英烈”。杨满卷1938年入党，后任灵山区武委会主任。一次，他带领游击队员去勾敌人从党城到韩家峪的电话线，暴露了身份，被杀害。

二弟杨战海，与灵山村的庞第光一起入党，曾任北岳六区（驻南家庄）区委书记；三弟杨东海，与尤喜生一同参加八路军。

3.杨新正，此略。

（内容详见本书上编第七章第三节之专题介绍。）

附：【高光内容】

2015年，抗战胜利70周年大阅兵，该村杨平儿、杨俊英、杨志梅（嫁于洼子村）等3名女性老兵，受邀到北京参加了天安门广场的阅兵仪式。

六、新中国成立后的重大事件和特色经济

1963～1964年，在该村原有煤矿的基础上，基于保定地区有关部门统筹，高阳县在该村开办煤矿，因经营不善，不久被定县（今定州市）接管，同样不服水土难以为继，最终转交本村（朱家峪大队）经营。

改革开放以后，民办采煤业兴起，小煤井一度多达四五十对。因此，流传开一个形象说法：朱家峪的地面儿，像是筛子眼儿。

采煤被禁止后，村民多半转业开煤场和购买大型货运汽车搞煤炭运输。高峰期该村煤场多达100多个，参与户数200多户，占地约500亩；大型运输汽车约1000辆。

同时，村民曾开办3个面粉加工厂，还有石子厂等。另有鸵鸟养殖场12个，有个体的，也有股份制的，曾有30多人直接参与。

2015年《保定日报》曾予专题报道，当时饲养鸵鸟600余头。现在养殖规模有所下降，尚存栏400头左右。

该村近两年的经济发展情况主要表现为两项，一是试种道地中草药初见成效；一是改造荒坡400亩，使之成为农田，为土地整改、占补平衡做出了重要贡献。

七、文化娱乐、基础教育、医疗保健

【文化娱乐设施】

现有村文化娱乐广场1座，占地3000平方米，配备健身器材30套。

【基础教育】

该村清末即有私塾。早期朱家峪小学1945年冬创办，校址先在今“杨素盼民居”，后迁现村委会所在地，改革开放后另盖新校舍于今址。

现朱家峪小学（学制6年），在校学生570名，教师26名；朱家峪幼儿园（公办独立园），入园儿童117名，幼儿教师10名。

附：朱家峪中学（公办初中3年制），目前在校生1155名，教师60名。招生范围：朱家峪村、郭家庄村、辉岭村、洼子村、西坡村、魏古庄村、小赤涧村、大赤涧村、崔古庄村、下岸村等10个村。

【医疗保健】

现有村卫生室4所，共有签约村医11名。

八、村政现状

【基层党建】

朱家峪村党支部下设13个党小组，全村党员139名，其中男性109人、女性30人；党龄30年以上的老党员48名，50年以上的18名。

【集体财产】

村党群服务中心独立小院1座，占地1044平方米，建筑为二层小楼，建筑面积500平方米。另有东坡和井尔峪两座山丘，面积2000余亩。

【公共服务】

村民生活用水普遍自来水化，电力供应充足，网络覆盖全境；通村道路、主要街道和干线机耕路全面硬化；主要街道全都安装了太阳能路灯，共150盏。

韩家村

韩家村位于灵山镇中部，距镇政府驻地1.5千米。北邻东、西庞家洼二村，西北与王家村、东北与岗北村彼此密接，东偏北邻涧磁村，正东方向是南镇村，西南与朱家峪村隔三会河搭界，南偏东距下岸村约4千米。

交通环境：西距省道S382河龙线（S241宝平线）1.5千米，北距省道S335蠡野线（原保阜线）约1千米，村东1千米是曲阳县东部旅游专线公路，村南距涞曲高速灵山南路口3千米。

一、当前的自然资源和居民状况

韩家村总域面积约1平方千米，其中耕地2000余亩，人均约0.5亩，以种植玉米为主，其他部分种植谷子等一些小杂粮。其余为山场、滩涂，部分绿化。三会河自北而来入境村西，至村南折向东流，过境2千米。

全村划分为11个村民小组，居民1270户、3955人，其中男性2124人、女性1831人；居村常住人口3605人、外出流动350人，主要流向保定市区和山西、山东两省的许多地区，多数以务工和做大货车司机为业。村民姓氏以韩姓为主，其他有宋、田、杨、史、张、齐、庞、冯等，原有高姓，已失传。

2017年，该村建档立卡贫困户88户、189人，2020年全部脱贫。

二、建村历史及归属沿革

《新志1》载，韩家村始建于“汉”代，“韩氏立村”。建村时间与采访信息出入较大，基于村境高家坡、宋家滩、韩家沟等地名，以及高姓村民只在几十年前才消失的情况，推测高、宋两姓先祖也应该参与过该村的早期建设。

韩家村清代以前隶属情况不详。有清一代都在灵山社治下。以下除了日占时期（1939年～1945年8月）伪县政府设“韩家村镇”外，其余时间都是灵山治下属村。

（抗战胜利后该村的隶属情况，具体参见王家村的隶属情况。）

三、韩家村史话

韩家村地处古定窑遗址区，东与今定瓷遗址重点保护区涧磁岭仅一路之隔。金、元时期随着“北定南迁”，定窑历史便按下了“暂停键”。进而元、明之际，以及明初的战乱频仍和瘟疫肆虐，往日的“定窑光环”便只能在故纸堆里和一些老古董瓷器身上去感受、去寻找了。

明代初期的大移民后，华北地区的烟火气再复滥觞。虽然原住民不复存在，基本族群已经大换血，然其丰富的瓷土和煤炭资源依然不甘寂寞，不免又激发起来一代新人的聪明才智，促使他们为了生活，不仅开矿挖煤，而且重新吹燃了几成死灰的定窑余烬，再起炉灶，开启了烧造别一番气象的定瓷的历史。于是，韩家村及其邻村的百姓便首当其冲，烧造出来大大小小的缸、瓮、坛、盆、罐、瓶等日常民用瓷器。

这种定瓷虽然粗糙了许多，了无收藏价值，但它实用、接地气，从而迅速占有市场，并形成规模。关于这一点，明代万历年间李东阳等编纂的《大明会典》有充分反映，据其“分派真定府曲阳县……酒坛……酒瓶”的情况看，如果没有一定的规模和可观的效益怎么会被官方盯上，担负“分派”任务？对应时间至迟在万历十五年（1587）以前，从起火创烧到技术成熟，再到形成规模、打出名声，就当时各方面的社会条件，想必没个几十年的工夫，根本无法实现。

前期，不仅本村有韩氏瓷窑，也有外地人开办的许家冈瓷窑。据传，许家冈瓷窑源于外来一个姓许的人，买断了村东的一个大土岸开办窑场，烧造粗瓷，故称许家冈。从而在聚集了许多外来窑工的基础上形成村落。

清代，郎家庄乡葫芦汪村一家葛姓富户曾在村境开窑烧瓷。

清代咸丰至同治年间，该村王福林在自办窑场的同时，还在定州城里开设店铺自销产品。从前走出这个小盆地的路径非常艰难，基本无法行车，一般都是用骡子驮到定州的店铺出卖。

当时定州有一家剧团，以王福林的瓷窑为背景，编排了一出戏叫《大闹瓮窑沟》，公然演出，并以窑主王福林的实名入戏，且还是充满负能量的一个角色。幸亏当年尚无“姓名权”一说，若是现在，那剧团肯定得吃不了兜着走。

现在灵山缸炉烧饼名噪遐迩，却不知它缘何而生。当年窑工到窑上出工，都得自带工作餐，且一般烧窑以不影响庄稼生长为前提，只能选在冬天点火实烧。其他季节只能干些不动烟火，如制坯、修窑之类的工作。如此，窑工们在出装窑的时候，往往得在窑炉内外温差过大的环境条件下操作，因为需要频繁地进进出出，是故经常出现烧心、离心等不良反应。久而久之，人们发现吃芝麻、喝香油能缓解症状，于是，就把芝麻敷在白面烙饼的表面贴在出窑时尚且发烫的大缸内壁上，基于此，缸炉烧饼应运而生。

从前韩家村有三条大街，分别是前街、后街、当儿街（中街），另有北上坡、东上坡等路径纵贯南北。另有龙王庙、大士庙和关帝庙等古建筑。

韩家村的花会项目，擎阁和大幡名声在外。

擎阁源于神灵信仰。起初，村里有人久病不愈，便在道教名山——青虚山（属唐县）山顶的神庙里许了一台戏，由此变通而来；大幡来源于皇帝出行所用銮驾仪仗中的旗幡，后来衍变为民俗表演项目。自晚清至20世纪中后期的“文革”以前，除了战乱和政府明令禁止的年份外，几乎每年都去青虚山的三月庙会参加会演。

青虚山庙会号称为期一个月，实则下旬基本就结束了。一说，会演日期集中在农历三月初八，届时四邻八县的各路花会争相前去献艺，热闹非凡。因此，各路花会又统称“三八会”，组织并参与花会叫“动会”。该村花会与辉岭村、郭家庄村同为一道会，以辉岭村花会有“蛟龙幡”为尊，相传为乾隆皇上所赐。同时，野北村的花会也说自己有一面皇帝所赐的“蛟龙幡”，莫衷一是。

韩家村每逢农历二、六、九为集日；一年三个庙会，分别是农历二月初六、九月十六和十月十七。

四、文物遗存及名人逸事（异事）

【韩梦熊祖父墓碑】

韩梦熊，生辰年月不详，据其在祖父墓碑上的具名，知为清代嘉庆甲子科（1804）举人。现坟墓及墓碑俱在，立碑时间为“嘉庆岁次乙丑（1805）孟冬”。碑文尚可辨读：“祖父名明龙，字云飞；父亲名进孝……”另外，其老宅门前尚有上马石、拴马桩和旗杆石等老物件儿，须是当年韩梦熊中举后按一定规制所排场的仪石。

【大幡幡面和擎阁架子】

现在该村尚存民国时期至“文革”前的大幡幡面12幅，文字内容随时代变迁而各有千秋；另有与前者同期的铁质擎阁架子10架，其中基座与支架能旋转的5架，原理源自制作圆形瓷器坯子所用的拉坯转轮。

【早期的韩家村小学】

早期的韩家村小学有两个关键人物，一个是商纪安，另一个是宋全。

商纪安，在世时间约为晚清至20世纪中后期，现文德镇东流村人，因早年担任韩家村小学校长并亲自授课，在当地留有口碑。一度因“中华自由党”案受到不公正待遇，“文革”后平反，任曲阳县第一中学校长。

宋全，又名宋金山，晚清至民国时期人，早年家贫，矢志出人头地，一度靠闯荡上海滩发迹。据传，他当年曾让人从上海捎回银票，托付本家兄弟帮其修建村里的老宅，不承想当其本家兄弟赶着骡子到县城的钱庄去兑换白银时，把所有钱庄的现大洋全都兑空了以后，还不足所带银票面值。基于其本家兄弟的操持，给他修建的宅院在十里八乡的堪称豪华无两：两进宅院皆五正三厢，楹柱出厦，房前汉白玉台阶并廊步围沿，尤其大门外高门台、深门洞，其上面精装门楼，下面门槛石抱鼓精雕萱草瑞兽，其他的就不一一细说了，只是他从没有在里面住宿过。土改时主动献给了政府，以至当时原在北镇村一座破庙里的初级小学乔迁其中，并增办了高级班，从而成为“山北里”最早的一所完全小学。

五、早期党建与抗战史

【早期党建】

韩秋奎，是该村最早的共产党员，其他不详。

【抗战简史】

1939年1月26日，临时驻防野北村的晋察冀军区独立四团不意被日寇包围，突围过程中一部分战士在团长许佩坚的带领下逃到该村村南的山坡上，再次被包围，力战未果，全部壮烈牺牲。一说，有伤员事后被迁至套里村养伤，一并所有烈士的尸体也都被迁至套里村予以掩埋。

六、新中国成立后的特色经济历程

韩家村地下煤炭和地表瓷土资源丰富，采煤业和制瓷业一度齐头并进。21世纪之初政府明令禁煤，从而采煤业全部停止；制瓷业从原来烧制日用粗瓷转变为烧制艺术细瓷（现代定瓷）。

1980～2003年，粗瓷业兴隆，约有100多个个体经营的粗瓷窑厂，烧制各种型号的瓷管、小缸、小瓮等。“文革”中前期，于村境建立了“曲阳县第一陶瓷厂”，李冰山任厂长，完全靠手工拉坯。1976年陶瓷厂搬迁灵山，更名“曲阳县灵山耐火材料厂”，转产耐火建筑材料。许多村民因此入厂转籍，跳出农圈，成为非农业户口。

“胡同串胡同，管子套小瓮”，是当年该村墙垣和街道过水设施的典型写照。即许多人家都用残缸次瓮排成行、摞成墙，围成院落；用粗、细不等的瓷管铺设过路水道和地下水道。

再则采煤更是该村一大支柱产业，最多时有6对小煤井，产白煤和烟煤，以白煤为主。1972年，徐水县（今保定市徐水区）曾在该村开办煤矿，无果而终。

另外，炸麻糖（油条）、卖麻糖也是该村历史上的一大传统，改革开放以前村里共有70多户人家以此为副业。每逢附近的集日，尤其是庙会前夕，举凡唐县城以西、曲阳城以北所有村庄的庙会都是他们的营销对象。届时出行的队伍，背筐的、担担儿的、推车的汇成人流，溜溜荡荡，装载着烧饼、麻糖，甚至还有带铺盖的、带家口的，堪比电视连续剧里“闯关东”的壮观场景。

七、文化娱乐、基础教育、医疗保健

【文化娱乐设施】

现有文化娱乐广场1座，占地600平方米，配备健身器材10套。

【基础教育】

现韩家村小学（学制6年），在校学生403名，教师17名；幼儿园2所：韩家村小学幼儿园（校中园）和红太阳幼儿园（民办），总入园儿童110名，幼儿教师11名。

附：韩家村中学（公办初中3年制），当前在校学生699名，教师45名。招生范围：韩家村、王家村、西庞家洼、东庞家洼、岗北等5个村。

【医疗保健】

现有村卫生室1所，签约村医4名。

八、村政现状

【基层党建】

韩家村党支部下设7个党小组，全村党员113名，其中男性97名、女性16名；党龄30年以上的老党员43名，50年以上的6名。

【集体财产】

村党群服务中心独立小院1座，占地520平方米，建筑为二层小楼，面积440平方米。

【公共服务】

村民生活用水全面自来水化，电力供应充足，数字网络覆盖全境；通村道路、主要街道和干线机耕路全部硬化；主要街道全部安装了太阳能路灯，共85盏。

岗北村

岗北村位于灵山镇中部，距镇政府驻地1.5千米。东邻涧磁村，南接韩家村，西连王家村，北界东、西庞家洼二村。地貌形势基本为岗地滩涂，三会河从村南穿境而过，全境平均海拔165米。

交通环境：曲阳县东部旅游专线公路过境村东，并有支线沿其村南通往镇政府；西北距保阜高速灵山北路口10千米，南距涞曲高速灵山南路口7千米。有客运班车直达县城和省会石家庄。

一、当前的自然资源和居民状况

岗北村总域面积1平方千米左右，其中山场和滩涂共500余亩，部分绿化；耕地600亩，人均约0.36亩，主要种植玉米、谷子、山药等旱田作物。

全村划分为4个村民小组，居民653户、1688人，其中男性838人、女性850人；居村常住人口1350人、外出流动338人。村民姓氏以庞、王二姓为主，其他有张、李、刘、苑、孟、马、邸、贺、葛、孙、杨、施、贾等姓氏。另外，一说原有赵、闫二姓，去了景德镇；又说原有冯、许二姓，无后失传。

2017年，全村建档立卡贫困户54户、135人，2019年全部脱贫。

二、建村历史及归属沿革

《新志1》载：岗北立村于“元”代，因为“村址地处土岗北部”，故名。然采访资料则称，该村初建于唐朝。上述两种观点皆不明所据。

考清代康熙年间知县刘师峻所纂《曲阳县新志》，当时灵山社辖九村，无岗北村名，所有者乃“许家岗”村。及至清末《旧志2》，灵山社治下“许家冈”村名不再，方才有了“岗北”村。

岗北村的归属情况，除了1953年7月～1956年8月，在全县划分96个“小乡”时段设“岗北乡”自属外，其余参见《王家村》之对应内容。

三、岗北村史话

岗北村地处古定窑遗址区，东北距国家重点文物保护单位——涧磁村定窑遗址约3千米。据本县张建锁、杨敬好考唐代“博陵郡曲阳县瓷窑村”马万伦墓志铭，所谓“于瓷窑村西六里而就其坟垅”，基本可以证明其墓址即在岗北村境内，进而以民俗说法也说明此乃“风水宝地”。

金元时期“北定南迁”后，细白瓷便在当地绝烧，基于明李东阳《大明会典》“分派真定府曲阳县……酒坛……酒瓶”之所载，证明当时曲阳县的瓷窑业又复东山再起，不过，却也改头换面，变成了烧制日用粗瓷器的窑场。具体场所自然就是今天的岗北村以及相邻的韩家村、王家村一带，并且已经具有相当规模，否则，不会被官府盯上，明令指摊派赋。另外，基于就这么个小村子，村民都有十大几个姓氏的现象，也证明该村并非一个传统小农经济模式的衍生体，而是工业（窑业）性质很强的人员聚集场地。例如，该村张氏一族就是从孝墓村搬过来的，祖上很穷，要饭到此，从而加入了窑工队伍，以至落户。开始只在大土岗子上掏了两个土洞，一个土洞住人，另一个土洞放杂物。在此期间，他还曾经去过别处打工，结果哪里都不如岗北瓷窑上待遇好，所以才塌下心来，于此就业为家。

该村传统民间花会项目，在年节及元宵节期间，有闹花灯、挂吊子的习俗。

四、文物遗存及关联故事

【岗北瓷厂旧址】

岗北瓷厂旧址位于该村村东偏北方向，占地100多亩，现存原两座烧窑的大烟囱，分别高35米和20米，另有一些当年遗存的机械构件，如大碾砣等。现在原旧址基础上成立了岗瓷定韵河北文化发展有限公司，原有的车间改建成了大师工坊、定瓷精品展厅、书画室、会议室、定瓷文化体验区等。

【古定窑的涅槃新生】

20世纪70年代初，曲阳定窑再起东山，1970年提上政府的议事日程，1971年成立试制组，由原岗北瓷（日用瓷）厂的技术人员韩家瑞任组长，成员有刘木锁、李永昌、王永泉等。1972年4月，刻龙盘、弦纹碗、八杯寿桃壶等10余种仿古定瓷试烧成功，遂送北京工艺美术学院和北京博物院进行鉴定，分别得到全国著名古陶瓷专家叶喆民和冯先铭两位的高度认可，称“仿制品已达到神似”之标准，“应当尽快投入生产”。

1974年，依托岗北瓷厂，正式成立定窑瓷厂，1975年建成并投入生产，专攻高附加值的艺术白瓷，即高仿古定瓷。

附：【韩家瑞小传】

韩家瑞（1943～ ），祖籍天津。1962年考入唐山矿冶学院硅酸盐专业，1967年毕业后分配到曲阳县岗北瓷厂工作。1970年开始，从事恢复定窑的研究工作；1972年初见成果；1974年，重点参与兴建定窑瓷厂；1980年与唐山陶瓷公司总工程师何风苓共同制定项目目标，并担纲成立河北省定窑研究小组；1981年春季目标开始实施，利用两年时间，带领他的研究小组研制出了20多种仿古定瓷器型；1983年荣获河北省科委“河北省科研进步奖”一等奖；1984年起担任定窑瓷厂厂长，为定窑的重生做出了突出贡献。退休后居住在曲阳县城，著有《我在定窑恢复研究的岁月里》一文（原载《保定老年》杂志2013年第3期）。

五、早期党建与抗战史

【早期党建】

1932年，岗北村成立党支部，有9名党员。

抗战以前，庞老太、庞老增兄弟俩都是党员，为党做过很多工作，比如在当地秘密串村贴传单，宣传党的方针政策和行动纲领等。1933年，时任曲阳县委书记的荀昌五来看他们，带来一盒茶叶，以示对其兄弟二人为革命做贡献的奖励。庞老太打趣地说：“俺们一个土老百姓，又不吃什么渗水的东西儿，再说也喝不惯茶水，你还是把茶叶拿走，让那些从大城市里参加咱八路军的人儿们去喝吧。就你还想着来看看俺们，俺们就着实知足了！”

1939年冬，日寇占领华北地区，疯狂“扫荡”。出于安全和抗战需要，中共曲阳县委移驻岗北村，县政府驻韩家村，各群众团体驻王家村。岗北村成了曲阳县共产党领导下的抗日战争指挥中心。

【抗战简史】

抗日战争时期，日本鬼子在岗北村设了一道封锁墙，只给百姓们留了一个进出村庄的小卡口，一个人背着篓子勉强能过。这期间村中成立游击组，游击队员40多名，大多数是党员，共有37支步枪。另外，庞家洼村的地道通到岗北村南的水井里，有1千米多长，洞口距水面六七米，在临近洞口的一段地道设有好多弯弯绕绕的机关，从而铸就了抗日战争的地下长城。

【抗战典型事例】

1. 抗日战争时期，由于汉奸葛春先出卖，岗北村曾发生惨案。日本鬼子在岗北村的地道里点柴火熰（ǒu）烟呛死了潘更锡、葛士朝等4名党员干部。最终，汉奸葛春先也没有落了好下场，不久就被游击队逮住，绑到村南的沙滩里公开处决了。

2. 1937年，晋察冀军区司令部进驻阜平县城南庄期间，该村张兵福在聂荣臻身边工作，一旦军队要打仗，就让他照顾孩子，一般他会抱着孩子躲藏到大山深处。后来，张兵福出任晋察冀边区供销社主任，曾用骡子驮着洋钱随抗战形势频繁转移。1948年，大批中央干部迁调北京，他却没去，默默地回家过起了田园生活。

六、新中国成立后的重大事件和特色经济

1947年，晋察冀边区属下的曲阳县民主政府收购当地24座瓷

窑，在该村办起公办性质的曲阳县恒山瓷厂，时为华北地区重点陶瓷企业。

然后于1954年，兴办公私合营性质的保定地区红星工业社；1956年改称红星社，改属曲阳县手工业联社管辖；1958年更名为保定专区岗北瓷厂，随属保定地区轻工业局；1971年改属曲阳县工业站，同时更名曲阳县岗北瓷厂；1975年改称曲阳县陶瓷厂；1978年改称曲阳县第一陶瓷厂。

2000年后，随着工业体制改革风潮兴起，改为个体经营，然后破产。

瓷厂产品随着时代的变化而变化，早期烧造各种型号的缸、瓮、坛、罐、盆、瓶等日用器具；继之以电力事业的发展，一度大量烧造电力结构件（俗称“高压电瓷”）；改革开放以后，改善住房条件成了刚需，接着便烧造起来各种型号的瓷管等应时产品。

1990年，瓷厂占地100多亩，建筑面积2500平方米；全厂职工434人，其中专职技术人员15人。当时，尤其电瓷、瓷管用途广泛，非常俏销，一度行销北京、天津和山东、河南、山西、内蒙古等地，以及本省大部分地区。当时，几乎在华北大部分地区，一提起岗北瓷厂来，那简直就是个坐着飞机吹喇叭——名声高着哩！

1958年“大跃进”运动中，保定专署发动上千人，在该村和韩家村东南部的河滩里开掘露天煤矿，无果，当年入冬停止。

改革开放以后，经过40多年的发展，目前该村有成规模的定瓷烧制企业5家，个体作坊64家，从业人员约600人，专业人力资源、定瓷文化优势凸显。

2022年以来，镇党委、镇政府致力于定瓷文化的传承与发展，发挥文化优势，整合优秀人才，盘活集体经济，在原岗北瓷厂旧址上，加快建设“定瓷小镇”。该村先后投入资金3000余万元，用于“定瓷小镇”建设。并成立了岗瓷定韵文化发展有限公司，注册了“岗瓷定韵”商标。公司占地面积14,947.53平方米，建筑面积6773平方米，主要从事定瓷研发、生产加工和服务定瓷产业创新创业等方面的工作。2022年，年产值达1.4亿元。

七、文化娱乐、基础教育、医疗保健

【文化娱乐设施】

现有村文化娱乐广场1座，占地1000平方米，配置健身器材6套。

【基础教育】

该村抗日战争时期始有学校，新中国成立后一度出现岗北小学和岗北工农子弟学校二者并存的情况。

现岗北小学（学制6年），在校学生119名，教师9名；幼儿园（校中园）入园儿童22名，幼儿教师3名。

【医疗保健】

现有村卫生室1所，签约村医5名。

八、村政现状

【基层党建】

岗北村党支部治下党员60名，其中男性48名、女性12名；党龄

30年以上的老党员20名，50年以上的10名。

【集体财产】

村党群服务中心独立小院1座，占地80平方米，建筑为二层小楼，建筑面积400平方米。

另外，2022年投资150多万元，新建了400平方米的村“两委”办公楼。

【公共服务】

村民生活用水全面自来水化，电力供应充足，数字网络覆盖全境；通村道路、主要街道和干线机耕路全部硬化；主要街道全部安装了太阳能路灯，共137盏。

涧磁村

涧磁村位于灵山镇东部，西距镇政府驻地4千米。东北邻北镇村，东南邻南镇村，西与韩家村和岗北二村接壤。地貌形势基本为丘陵河谷，平均海拔10米左右。

交通环境：省道S335蠡野线（原称保阜线）横穿其北境，曲阳县东部旅游大道绕行于村南及村西；南距涞曲高速灵山南路口7千米，西北距保阜高速灵山北路口8千米。

一、当前的自然资源和居民状况

涧磁村总域面积约1.1平方千米，其中荒坡、荒滩900余亩，部分种植核桃树、柳树、杨树等；耕地587亩，人均0.72亩，主要种植谷子、玉米、红薯、花生等。

全村划分为4个村民小组，居民333户、813人，其中男性414人、女性399人；居村常住513人、外出流动300人，主要流向北京、石家庄、保定等地，以经商和务工者居多。村民姓氏以翟、董、韩三姓居多，其他有陈、张、邸、邵、王、庞、蒋等姓氏。

2017年，全村建档立卡贫困户40户、71人，2019年全面脱贫。

二、建村历史及归属沿革

据《新志1》：涧磁村建于“宋”代，以其“村址所处沟内有磁（定瓷）窑”，故名。考《旧志1》，该村清康熙年间名“涧子里”，没有显示地表特征；及至清末，村名改称“涧磁”。鉴于

《新志1》和《旧志2》显示的村名所本，说明村址及其附近区域随处可见裸露的瓷器破片，应该是著名的白瓷窑场，这种情况在清朝晚期已经被人们重点关注；同时也说明该村地处有水流动的沟谷地带。实际正是这样，该村位于三会河谷北侧，且各种瓷片、残器、窑具残件随处可俯拾。不过，关于《旧志1》所谓“涧子里”这个村名的生命力也颇强，以至现在，当地老人基本还都沿用“涧子里”这个叫法。

联系郭家庄村的采访资料，言及其村王吉祥、吕良生等人“担筐入党”的历史，想必该村姓氏较杂的原因，应该在于煤炭资源丰富，开采历史悠久，且规模相对也大。如此，不仅会招致许多外来矿工，甚至会不乏外地资本前来参股，或者控股的情况。久而久之，难免会有滞留落户者反客为主，入籍村中。关于外来资金参股、控股的情况，附近其他村境也有一定的反映，如朱家峪村煤井当年就曾参入外股，韩家村有的粗瓷窑也曾由葫芦汪村葛姓富户掌控。况且该村小煤窑被“外资”控股的情况还确有文献记载，参见本书上编第三章第四节《文献采撷汇报》中的相关内容。

（关于“担筐入党”的情况，具体参见本书下编《郭家庄村》中的相关文字介绍。）

涧磁村清代以前归属沿革不详，除了一度曾为乡政府（人民公社）驻地外，其余归属情况参见《南镇村》。

三、涧磁村史话

当前，定窑遗址的发现始于叶麟趾先生已成公论。1934年，叶先生“众里寻她千百度”，不承想在“蓦然回首”间，心所仪者却在涧磁村处。叶麟趾先生通过实地调查，并对拾回去的大量瓷片标本进行深入研究，从而编著了《古今中外陶磁汇编》一书，其中写道：“襄者闻说曲阳产磁，偶于当地之剪子村发现古窑遗址，并拾得白磁破片，绝类定器。据土人云：昔之定窑，即在此处。”

其中“剪子村”，是先生所闻与土人所说之间产生的语音错误。为此，在古陶瓷界与之齐名的巨擘级人物陈万里先生曾予以更正。由于叶麟趾先生的调查和《中外陶磁汇编》一书的问世，一向深藏不露的涧磁村即便进入高光境界，豁然敞亮于天下了。学术界遂达成共识：世界科技史迈不过去古定窑，古定窑迈不过去涧磁村！

实际前于叶麟趾先生，《旧志2》更且早在清代末期就有明确记载：“涧磁岭……在县北六十里……西去灵山镇十里，上多煤井，下为涧磁村。宋以上有磁窑，今废。”

综合以上信息，表明涧磁村的历史势必曾经中断，否则，就当年定瓷的浩大声势，怎么可能究之以后世，尚需辗转反侧、苦苦寻觅呢？

据采访资料，涧磁村还曾是河北省小煤窑最多的村子，一度同时共有24对之多，且早在清代就名声在外了。

另外，该村原有古刹玉皇庙、老母庙等古建筑；再有老君庙和一座古戏楼，此一组建筑乃绝大多数从前有煤矿的村庄的典型标志建筑，基于祈求天上的太上老君保佑矿井安全不出事、遇上富矿发大财。以上诸古迹基本都处于现在的国家重点文保单位——

涧磁村定窑遗址的文物保管所院内或附近，均在20世纪中后期的“文革”初期被捣毁。

涧磁村的传统花会项目以打鼓队最为典型。现藏传统大鼓和近些年添置的大鼓30多面，以及与之匹配的打鼓槌、铜铙、铜镲等许多种道具。

四、文物遗存及关联故事

【楼儿房】

位于该村旧村的东北角，如今地处一个小十字路口的东南侧，坐东朝西，正房五间，南北两厢房各四间，总体一座四合院，进深23米左右，面阔约17米。虽然房舍败落，但其南房两山墙顶部的码头端面，及其过道内券门两侧的砖雕式样却十分精美；再有其大门两旁的汉白玉石门墩正面雕刻的绕枝莲花也清丽尤佳。西厢房西北角顶层兀然一间角楼，故名“楼儿房”。以其小出檐房舍样式，大致建筑时间推测若非清朝末年，即在民国初期。

【魃虾桥】

（具体参见本书上编第一章《“桥儿”和“阁尔”》中的相关内容介绍。）

【兄弟文武两秀才】

清朝末年，该村有同胞两兄弟都考中了秀才，一文一武，一时传为美谈。其兄翟怀德是文秀才，后世影响不大；其弟乳名翟三儿（佚其学名）是武秀才。据南镇村的采访记录，翟三儿曾经带过一个徒弟，是南镇村的陈老店（故事参《南镇村史话》部分）。至今，村内尚保存着当年翟三儿练习武术的一方制石，重约100公斤。

【董振德卖古董】

民国时期，涧磁村出了一个有名的古董商贩，叫董振德。当年北镇村的崔汉杰在自家院子里挖猪圈时，不意挖出来一摞刻花龙凤瓷盘，听说北京有条大街叫琉璃厂，专门买卖古董，一总就全带上跑了趟北京琉璃厂。原本想是一下儿卖出去发个大财，结果被几家古董店的伙计看过后，都说是假货，值不了几个钱。因此，只好掉头回家，然后到涧磁村找到董振德，求他出面代为出卖。

董振德是个内行，知道怎么拿捏火候。他每次进京都只从崔汉杰手里拿上一个盘前去，谁也说不清他卖出去了多少钱，然每次回来总是给崔汉杰8块现大洋。当崔汉杰逐渐把所有瓷盘都交给了董振德以后，感觉这可真是个发财的大好事，于是就开始自己鼓捣起来，打算烧制龙凤瓷盘。了来，也不知道他往里头砸了多少钱，反正也没见他烧出什么正经东西来。

另外，据说崔汉杰手里还有一个七寸透影瓷瓶，装上酒后能看见瓷瓶内壁刻有王安石的一首诗。处于新中国成立初期，一度严禁古董买卖，但他禁不住高价诱惑，经人介绍说有人愿出80万元买他的那个透影瓷瓶。约定在附近唐县十八渡村的一个地方交易，结果被逮了个正着，不仅瓷瓶被国家没收了，而且差点儿就蹲了监狱。

五、早期党建与抗战史

【早期党建】

1937年，董振雄首先加入中国共产党，并成立党支部，担任党支部书记。同时入党的还有赵进县、赵苍尔、陈木铎、陈锦奎、陈占银等。然后，第二、第三、第四任村党支部书记分别由和兰贵、何海彦和翟香来相继接任。

【抗战简史】

抗战时期，日本鬼子在其村西北的高岗上修了炮楼。一次，由于鬼子中了抗日游击队的埋伏，遂认为肯定有该村游击组的参加，以致出动大队人马进村报复。敌人把全村老百姓集中到一片空地上，架起机枪欲行屠戮。正巧在北镇村驻守的日军田中小队长骑着大洋马从灵山回来路过这里，见此情景，便从马上跳下来，然后牵着马凑到先来报复的领头的鬼子身旁，跟他耳语了几句，然后，那个领头的鬼子立马就消了许多杀气，转而只对百姓们训了几句话就撤退了。

1939年，日本鬼子的大“扫荡”给涧磁村民的生命财产造成了极大伤害，其中有两次典型事例。

1.一次，日本鬼子进村“扫荡”，翟进元的母亲抱着不满周岁的哥哥，跟几个乡亲躲到村北的山坡里一个比较隐蔽的小石屋里。不料，眼看鬼子们就到了跟前，偏偏他哥哥在这当儿就大声啼哭开了，母亲赶紧撩起衣襟，把一个奶头往他嘴里一塞塞死。为此，母亲及其他几个人才算逃过了杀身之祸，只可惜他哥哥却也早被憋死了。

同是那一次，当听说鬼子进村了的消息，翟进元的一个堂哥只有3岁，被母亲背起来就往大街上跑。慌乱之中，看见迎面过来一个端着枪的鬼子，然后掉头就又往回跑，结果被鬼子一枪打在其堂哥的背上，可怜小小年纪当场死亡，还好大人只是受了伤，保住了性命。

2. 又一次，日本鬼子派飞机过来狂轰滥炸，仓促间一些村民被逼进了一个狭窄的南北向胡同里。如此，飞机从东面俯冲过来，村民们就躲到东墙根里；反之，就往西墙根底下躲。鉴于这种情况，鬼子飞机便调转方向，开始从北面扫射下来，结果村民董永泉只刚一抬头，就被子弹打穿了两腮，落得终身伤残。

【英模人物】

和雪贵，1926年出生，相继参加抗日战争、解放战争和抗美援朝战争，多次立功受奖。

六、新中国成立后的重大事件和特色经济

涧磁村的采煤历史可追溯到五代时期，因为煤层离地面相对较浅，且质量较好，作为燃料便首先应用到了定窑的烧制过程，以至于定窑瓷器的呈色发生明显变化，从原来的乳白色、纯白色或白中泛青的颜色嬗变为（象）牙白色。1983年左右，由于新开煤井，在200多米深的地下出土了一个粗瓷蜡碗（古代下煤井必要的照明灯具），从而证明该村的挖煤历史非常久远。

新中国成立以后的采煤业始于1956年，由该村农业合作社集

体经营。1958年，徐水县在保定专区有关部门的协调下，开始在村境办矿挖煤，占地40亩。及至1960年，因为不善经营而下马。1964年，涧磁村架线通电，南镇公社以社办企业的名义接管原徐水县煤矿继续挖煤。1968年，保定地区政府再次划拨该村20亩土地，许于完县（今顺平县）开办煤矿，1970年仍然由于亏本难以为继，不得不止损下马。

20世纪改革开放以后，该村开矿最多，一度有大小煤矿10多个。同时，也拉起来一个庞大的汽车运煤队伍，计有大型运输汽车70多辆。21世纪之初，全部转型。

七、文化娱乐、基础教育、医疗保健

【文化娱乐设施】

现有村文化娱乐广场1座，占地面积1000平方米，配备健身器材10套。

【基础教育】

涧磁村小学1944年始建，占用一富户住宅做校舍。北镇村炮楼里的鬼子撤到灵山去的那一年开的学。当时的教师叫杨景林，朱家峪村人。

1979年，涧磁拓建新村，小学校同时翻建。

现涧磁小学仅为教学点（1～2年级），在校学生16名，教师3名。

【医疗保健】

该村现有卫生室1所，签约村医1名。

八、村政现状

【基层党建】

涧磁村党支部下设4个党小组，全村现有党员37名，其中男性34名、女性3名；党龄30年以上的老党员7名，50年以上的1名。

【集体财产】

村党群服务中心独立小院1座，占地1344平方米，建筑面积300平方米。另有，原硫酸铝厂厂区，面积约3500平方米。

【公共服务】

村民日常生活用水全部自来水化，电力供应充足，数字网络全面覆盖；通村道路和主要街道以及干线机耕路全面硬化；主要街道全都安装了太阳能路灯，共60盏。

南镇村（南镇南村、南镇北村）

南镇村，是1958年修建西大洋水库的移民村，搬迁后的新址成为夹三会河河谷南、北两岸的两部分。南岸多丘陵，著名的有康尔岭、庙尔岭、抛豆坡、大象山、狐子岭等；北岸地势较平坦。

由于近年西大洋水库大坝加固增高，水位上涨，侵浸三会河谷口，从而形成一处“临渊观水”的胜景：幽铺水波，仪仗杨柳；深渊百尺，晕眩峭壁！但使身临其境，不唯令人提心吊胆、惊悚不已，尤其让人流连忘返，叹为观止！

（“临渊观水”具体形势参见本书上编第六章第二节之专题内容介绍。）

南镇村位于灵山镇东部，西距镇政府5千米。东邻唐县十八渡村，东南方向是西大洋水库（现南镇南岸已被水库东、北两面半包围），南偏东邻横河口村，西南邻下岸村，西邻韩家村、岗北村，西偏北邻东庞家洼村，西北邻涧磁村，北邻北镇村。

交通环境：曲阳县东部旅游专线公路从村南穿境。南距涞曲高速灵山南路口5千米，西北距保阜高速灵山北路口15千米。

一、当前的自然资源和居民状况

由于长时间两岸村民隔河而居，不便相互来往，尤其是村干部开会、群众涉公办事非常不方便，于是，就以两岸为雏形形成了如今两个准行政村性质的居民点。鉴于此，一些内容也就需要分别以“南村”和“北村”来叙述了。

1.南村总域面积4平方千米，其中荒坡12,000亩，已绿化100余亩，主要栽种柏树；耕地800亩，人均0.4亩，一般种植玉米、谷子及其他一些小杂粮。

全村划分为8个村民小组，居民647户、1984人，其中男性1034人、女性950人；居村常住1455人、外出流动529人，主要流向山东、山西等地，基本以运输服务、经商办企业和打工为业。村民姓氏以王、陈二姓居多，其他有张、何、刘、苑、赵、李等姓氏。

2017年，南村建档立卡贫困户8户、16人，2020年全面脱贫。

2.北村总域面积1平方千米，其中荒坡200亩，部分绿化，栽种柏树；耕地500亩，人均0.48亩，以种植玉米、谷子为主。

全村划分为4个村民小组，居民332户、1032人，其中男性504人、女性528人；居村常住712人、外出流动320人，主要流向北京、天津、保定等地，以运输服务、经商办企业居多。村民姓氏以杨、何二姓占多数，其他有王、陈、庞、冯、刘等姓氏。

2017年，北村建档立卡贫困户19户、52人，2020年全面脱贫。

二、建村历史及归属沿革

《新志1》载：南镇村始建于“汉”代，“村南有龙泉，原称龙泉镇……该村居龙泉南部”，故以“南镇”为村名。据相关文献，当地唐代即有“磁窑村”，进而形成“北窑南店”的格局，当是后来龙泉镇的雏形。所谓“北窑南店”，即起初的龙泉镇北部当是窑场工作区，南部是生活区，或者说是为窑场上的工作人员提供服务的区域。如此一来，《新志1》所谓北镇村始建于南北朝，反倒南镇历史更靠前的观点，势必就成了问题。以常识而论，势必先有工作区，而后跟进服务区才对，至少两者也应同步进行才符合逻辑。

1958年，西大洋水库肇建，南、北镇二村同时从三会河汇入通天河的河口谷地西迁今址。其中南镇村于三会河形成夹河而居的南北两部分，全村（时称大队）有12个生产队，迁至北岸4个生产队，迁至南岸8个生产队。基于此，该村便显现出分治的雏形，以至如今实锤了南镇南村和南镇北村的两般局面。

南镇村清代以前的归属情况仅上述内容，其余不详。有清一代村名“南镇里”，属龙泉社，民国前期仍然。其后“社”改“乡”，属性依然。及至1953年7月，南镇设乡，自属。1956年8月，撤销南镇乡改设涧磁乡，随属。1958年8月，南镇村改称南镇大队，属灵山人民公社；下设管理区，属涧磁管理区。同年10月，定曲合县，属性依旧。1961年5月，曲阳县复治，属涧磁人民公社。1964年1月，改涧磁人民公社为南镇人民公社，自属。1984年4月恢复乡镇制，南镇大队复称南镇村，属南镇乡。1996年合乡并镇，南镇乡并入灵山镇，隶属至今。

三、南镇村史话

根据考古资料，灵山盆地的窑业在中唐或者晚唐时期已名迹斐然，但“龙泉镇”之名尚未见于经传，所以，龙泉镇的始建时间大概率应在五代初期，基于《大周王子山禅院长老和尚舍利塔记》碑文款识“充龙泉镇使钤辖瓷窑商税务使冯翱”。所知龙泉镇当年已经存在，且确因窑业兴旺所专设，其“镇使”必是统摄地方行政的首长，所兼“瓷窑商税务使”则是为“国”缴税纳财的专吏。

综合以上内容及“磁窑村”的情况，基本可以推测，南、北镇二村应该同时建于中晚唐瓷窑业滥觞的初期，或者南镇建村时间稍晚。此二村因窑业而兴旺，随窑业而颓萎，北宋前期当是龙泉镇高光时代，然后历经金代，到了元代遂成强弩之末。及至元明之交，战乱与天灾频仍，导致整个“山东”（太行山以东）之地几成赤地千里、杳无人烟，自然龙泉镇也便风灯不保，被尘封了起来。再及山西东迁新人，另起炉灶，龙泉镇自也面目全非，大概就只以“南镇里”和“北镇里”各立门户，分开过日子了。

南镇村的传统花会项目唯武术擅长，始于清朝末年。该村陈老店幼年师从涧磁村的武秀才翟三儿习武，后来加入了义和团，失败后回到老家赋闲。官府以其有前科仍不放心，总是想着方法地抓个把柄弄死他。因此，县太爷就以请他赴宴的名义把他招到县衙，不过刚摆上酒桌，还没安排好座位，也是他早明白此番并没有好酒好菜，所以心里就想，必须先给他们露一手，把他们镇住，不然的话，一旦当真动起手来，撕破了脸面就不好收拾局面了。于是，他用眼四下里一扫，见不远处有一个大树墩子，随手抱到跟前说：“我就坐这个吧。”

那个大树墩子是从一棵才刨下来不久的大树上锯下来的，足有四五百斤重。一时间除了他们中间还有一个人不服气外，其他人都看直了眼。席间，那个不服气的人借着才喝过一轮酒然后吃菜的机会，不知从哪儿鼓捣出来一把匕首，扎起一块肉来道声“接住”，便直冲陈老店迎面而来。陈老店张口将匕首一并扎着的肉死死咬住，接着一出手将匕首一折，“嘎嘣”掰了个两半截儿。如此，那人才彻底服了气儿，双方言归于好。县太爷答应，只要陈老店安守律法，官府里就绝不再找他的麻烦了。

四、文物遗存及关联故事

【龙泉胜概】

（详情参见本书上编第五章第五节中关于《水马槽》的专题内容介绍。）

【传统古建】

据采访资料：老村原有东王殿、西殿和北殿，西边是菩萨殿，南边是观音殿，现均被西大洋水库之中的水龙王延揽到了它的龙宫里了。

五、早期党建与抗战史

【早期党建】

1937年，该村杨继林在唐山赵各庄煤矿加入中国共产党，曾参与刘少奇等人组织和领导的煤矿工人大罢工运动。1944年，该村杨香琴、吕翠凤二人同时入党。

【抗战记事】

抗日战争时期，上级党组织派遣杨文义担任县游击大队大队长，一度住在该村。但凡日本鬼子进村或路过，只要听说杨文义在村里，一般都会绕道而行，说“杨文义太厉害，惹不起他”。

据传，抗美援朝战争期间，杨文义赴朝参战，火线升任代理团长，然后带领一个连的战士冲上前线，赤膊杀敌，终于杀退了敌人。

六、新中国成立后的重大事件和特色经济

【移民搬迁】

1958年，因修建西大洋水库需要，动员村民拆房搬迁，暂住涧磁村，次年，全迁今址。

【煤炭运输】

南镇村堪称煤炭运输专业村，一步步从肩背驴驮到毛驴拉小车外运，及至改革开放以后又用小拖拉机贩卖，进而升级换代先用普通货运汽车，继而改用大型载重汽车远途贩煤、运煤，高峰期全村农户参与两项事业的概率高达80%以上。直至21世纪之初，县政府出台政策明令禁煤，以营造现代低碳生活环境，从而彻底转型。

【特色种植】

2019年，通过开发抛豆坡荒地，种植500亩连翘（中草药），当年采摘200斤连翘茶，每斤300元，增加集体收入6万元；同时，也增加了就业岗位。2021～2022年，新建蔬菜大棚4个，占地22亩。

【狐子岭现代农业园区】

园区总面积752公顷（1.128万亩），其中耕地600余亩，主要种植优种苹果、道地中药材等；所余山场已全部栽种了柏树。总体为一个集绿化、采摘、观光、餐饮、娱乐等多功能为一体的新型综合农业实体。

七、文化娱乐、基础教育、医疗保健

【文化娱乐设施】

南村和北村现各有文化娱乐广场1座，南村广场占地300平方米，配备健身器材20套；北村广场占地600平方米，配备健身器材14套。

【基础教育】

南镇小学1959年初建于北岸（村），原始资料已佚，具体情况不详。

今两村各有小学，其中南村小学（学制6年），在校学生196名，教师12名；幼儿园1所，入园儿童31名，幼儿教师3名。北村小学（1～4年级），在校学生48名，教师5名；幼儿园（校中园）入园儿童10名，幼儿教师1名。

【医疗保健】

现有村卫生室2所，签约村医2人（南、北两村各1人）。

八、村政现状

【基层党建】

1. 南镇南村党支部下设8个党小组，全村党员37名，其中男性30名，女性7名；30年以上党龄的老党员36名，50年以上的2名。

2. 南镇北村党支部下设2个党小组，全村党员40名，其中男性35名、女性5名；30年以上党龄的老党员7名，50年以上的4名。

【集体财产】

1. 南镇南村党群服务中心独立小院1座，占地300平方米，建筑为二层小楼，建筑面积240平方米。荒坡12,000亩，蔬菜大棚4个。

2. 南镇北村党群服务中心独立小院1座，占地500平方米，建筑面积100平方米。另有山场（滩涂）600亩。

【公共服务】

南镇南、北二村生活用水均全部自来水化，电力供应充足，数字网络基本覆盖全境；通村道路、主要街道和干线机耕路基本全部硬化；主要街道都安装了太阳能路灯，共375盏。

北镇村（北镇南村、北镇北村）

北镇村位于灵山镇东部，西距镇政府5千米，东北越通天河与朱家坡村搭界，东濒通天河接唐县界，南邻南镇村，西偏南邻涧磁村，正西邻东庞家洼村，北偏东邻铁岭北村。

交通环境：省道S335蠡野线（原称保阜线）从村北穿境。距离保阜高速灵山北路口8千米，距离涞曲高速灵山南路口7千米。

一、当前的自然资源和居民状况

北镇村与南镇村有所类似，因1958年水库移民也出现了新居分处的问题，导致现在两个准行政村并存的现象，故以前例，有些内容也需要分开，以“南村”和“北村”分别叙述。

1.南村辖域4.2平方千米，其中荒滩500亩，荒坡和荒岗1500亩，已绿化约1000亩，树种以柏树为主，其他有山杏、核桃及杨树等；耕地650亩，人均0.6亩，主要种植玉米、谷子等农作物。

全村划分为4个村民小组，居民408户、1089人，其中男性566人、女性523人；居村常住人口820人、外出流动269人，主要流向保定、北京等地，大多以经商、打工为业。村民姓氏以陈、刘二姓居多，其他有韩、张、贾、宋、苑、常、庞、付等姓氏。

2017年，全村建档立卡贫困户64户、119人，2020年已全部脱贫。

2.北村辖域6平方千米，其中荒滩、荒岗荒坡6000亩，已绿化1300亩，树种以柏树、杨树为主，其他有山杏、核桃等；耕地

335亩，人均0.3亩，实际耕种600亩，主要种植玉米、谷子等农作物。

全村划分为4个村民小组，居民432户、1130人，其中男性563人、女性567人；居村常住人口1014人、外出流动116人，主要流向保定、北京等地，大多以经商、打工为业。村民姓氏以陈姓居多，其次为刘、南二姓，再有韩、贾、白、甄、王、石、葛、崔、邵、米等姓氏。

2017年，全村建档立卡贫困户89户、141人，2020年已全部脱贫。

二、建村历史及归属沿革

《新志1》载：北镇“南北朝”时期立村，“村南有龙泉，原称龙泉镇，后称北镇”。基于前述文献考证，当地唐代的“磁窑村”须是北镇村的前身。而龙泉镇的基本盘则是“北窑南店”，就此而论，所谓“北窑”须是当年的工作场区，即今北镇村部分，而“南店”则应该是依附于“北窑”而确立的生活服务区，至少二者也应该同时成就，怎么可能先有生活区而后有工作场区呢？因此，《新志1》所谓北镇村始建于南北朝时期，而南镇立村于汉代的观点，委实值得商榷。也就是说，北镇村的立村时间只须比南镇村早，而不可能晚于南镇村几百年。

1958年，西大洋水库肇建，该村与南镇村同时从三会河汇入通天河的河口谷地西迁今址（三会河北岸）。

基于采访记录，得知该村流传“韩、刘二户”立村之说，即该村最早是由韩、刘两姓先人建立的。由此显然证明，北镇村乃是明代重生于凤凰涅槃者，不然，故龙泉镇人已为“斯夫川逝”，怎么可能传留下来“韩、刘二户”立村之说？

由唐代《李岸墓志铭》文知，北镇村在“磁窑村”时期隶属“敦信乡”。在五代、北宋及金代须为龙泉镇治。此后由于“北定南迁”，再及元明之际一度了无人烟多年以后，经过晋地大举东迁新人，从而才重燃薪火、再举炊烟。尽管开始了新生活，然却断绝了原有的定窑“旧文化”，如此，龙泉镇辉煌不再，大致就像兄弟分家一样开始另过了，从而便以“北镇里”和“南镇里”两般面目出现。

北镇村有清一代村名“北镇里”，属龙泉社，民国前期仍依其旧。然后改“社”为“乡”，属性依然。及至1953年7月，南镇设乡，从属。1956年8月，撤销南镇乡改设涧磁乡，随属。1958年8月，北镇村改称北镇大队，属灵山人民公社；下设管理区，属涧磁管理区。同年10月，定曲合县，属性依旧。1961年5月，曲阳县复治，属涧磁人民公社。1964年1月，改涧磁人民公社为南镇人民公社，属之。1984年4月恢复乡镇制，北镇大队复称北镇村，属南镇乡。1996年合乡并镇，南镇乡并入灵山镇，从属至今。

三、北镇村史话

据《旧志2》，清朝嘉庆十六年（1811），嘉庆帝巡幸五台山，驻跸村中。事后为彰显“皇恩浩荡”，明令减免了沿途各村百姓当年十分之三的税额。

1900年，法德联军进犯曲阳，德军在北镇至（党城乡）贾家口之间架设了电话线。次年德军退出后拆除。

采访资料称，该村古寺庙全县最多，计有关帝庙、三皇姑庙（白雀寺）、奶奶庙、山王庙、法兴寺等10多座。且有迷信说法，之所以北镇村不出人才，就是因为庙宇太多，以致阴气过重。实乃不经之谈。

每年农历四月十五为该村的传统庙会，基于白雀寺。

四、文物遗存及关联故事

【定窑遗址】

（参见本书上编第六章第一节之同题专项介绍。）

【龙泉胜概】

（详情参见本书上编第五章第五节《水马槽》之专题介绍。）

【法兴寺与普济和尚】

法兴寺原址于今之北镇村东南隅的三会河北岸。相传法兴寺和王子山院（王子寺）原为一寺两院，法兴寺是前院，王子寺是其后院，早年同为龙泉镇属地；明代翻修后属“北镇里”（今北镇村）。民国初期，王子寺住持普远和尚粗通医术，在一次给人看病时发生意外，致人死亡，从而跑路。因无人负责，当局出判便以王子寺的产权做了交易，由附近的庞家洼村出资掩埋死者，相对其产权同时易手于彼。关于此事，另有版本说，当年有一个乞丐死在了王子寺，没人掩埋，以至官判庞家洼村出资，遂得其产权。

当地抗战爆发前夕，法兴寺和尚撤到五台山。1940年，日本鬼子在法兴寺以北修了炮楼，法兴寺也成了他们驻兵的地方。1945年，日本鬼子退却，百姓不知所以然，唯恐鬼子再来侵占，一总就把炮楼和法兴寺的房屋赶紧全拆了，唯剩寺门前两具石狮子孤零零地厮守了许多年。1958年，北镇村移民搬迁，法兴寺旧址盖上了民房。1964年，石狮子迁移至县城北岳庙，即今北岳庙前院御香亭西侧曲阳县博物馆院门外南北两侧所处者。

附：【普济和尚】

普济和尚（1850～1912），修行颇深，基于熟谙天相，每逢春耕季节便暗示百姓流年适合种什么庄稼。一生修行37年，修筑大小寺院18座。光绪二十九年（1903）奉慈禧太后懿旨进京说法，赐“护国大法师”称号，并全副銮驾，准于天下说法。民国元年农历六月十五（1912年7月28日）圆寂于法兴寺方丈室，农历七月十五（8月27日）灵柩转至五台山停灵3年，1914年归葬九龙岗。此后，两师弟（普弟、普远）分掌法兴寺和王子寺。

【南、北阁尔】

1958年移民前，北镇旧村南北走向的大街两端村口各有1座阁楼（俗称“阁儿”），高约6米，全部青色型石砌筑，下层为通村大道，旁边设台阶通往上层楼阁。村南阁儿名为“观音阁”，前堂供奉观音菩萨，后庭供奉孔子，双山墙彩绘雷、电、风、雨诸神像。

【南家坟的传说】

现在南镇村的村西有一处地名叫“大营”，相传当年清朝的康熙皇帝一次到五台山降香路过这里，曾在此临时扎营驻兵，故名。

原因在于北镇村南姓人家在附近扎了一座坟，俗称“南家坟”，坐北朝南，头顶官帽山，脚蹬莲花山，左手猴抱印，右手笔架山，颇具王者气象。因此被随行的风水先生认定，用不了多久就会有新皇帝出世，可不得要跟他大清皇帝争天下，于是，康熙皇帝便下令安营扎寨，先把它破了，以绝后患。

南家坟背靠三会河北岸，西邻一个往南突出的半岛形小石梁，以至河水在此形成环流，俗称“玉带水”。行动中不仅掘开了南家坟，连带那道小石梁也被从根部彻底挖断了，据说这样就从根本上切断了南家坟的龙脉，泄了王气，不致其再有后犯。

奇怪的是，在挖掘小山梁的过程中，白天不管挖下去多少，只要到了第二天早上一总就都恢复了原样，且一连好几天，天天如此。于是，康熙皇帝就下令让人们大换班昼夜不停地挖，方才奏效。

另外，当人们掘开坟墓、打开棺材的时候，当真就让康熙皇帝倒吸了一口凉气：棺材里并没有尸骨，只有一个小陶人和一匹小陶马，小陶人的一只脚已经跨入那马一侧的马镫上，另一只脚则处于将离地不离地的样子。据说，只要小陶人的另一只脚翘过马背认了另一只马镫，屁股坐稳了马鞍韂，这新皇帝就必然会跟他较量一番……

从此，三会河谷在这里就变成了现在的样子，河水就不再向南绕过小山梁，而是直接穿过小山梁向东流去。至此，原来这座半岛形式的小石梁就变成了一座小孤岛。

有言道：故事里的事说真就真，说假就假。不过，这座小山梁的形势明摆在那儿，北侧根部明显就是被后来人工凿开的样子，且其南侧弯弯绕的大岸直上直下，陡然一副被洪水冲刷过的形势也真实存在，大家不妨抽时间去看看，由不得你不信他几分。

五、早期党建与抗战史

【早期党建】

1937年，该村庞小宽在唐山赵各庄煤矿加入中国共产党，然后利用回家的时间，介绍其他村民入党，因无档案记载，具体情况不详。1939年成立党支部，陈法子为第一任党支部书记。

【抗战简史】

1940年，日本鬼子侵占北镇村，拆法兴寺部分房舍修炮楼，所余房屋仍为其驻兵场所。1944年，村游击组配合县大队在村内设伏成功，打死鬼子1名，重伤鬼子1名，致使炮楼里的鬼子逃窜到灵山。1945年抗战胜利后，炮楼和法兴寺一总拆除。

附：【晋察冀军区化工二厂】

1946年，晋察冀军区在该村创建化工二厂，制造炸药，供应解放战争前线。1951年迁至山西省太原市。

六、新中国成立后的重大事件和特色经济

北镇村原址在今村东南方向通天河西岸的沟谷地带，1958年修筑西大洋水库，村民整体搬迁至今址，分成两部分，一部分迁至法兴寺旧址附近（现北镇南村），一部分迁至泉水沟以北（现北镇北村），学校和大队部建在两者之间的华子山上。1958～1960年“大

跃进”时期，该村一方面在水马槽畔安装蒸汽机浇灌农田；一方面在海子河上安装了水磨，利用水力磨面。

海子河与水马槽相邻，在水马槽东北方向不过二三十米的地方即海子河的泉源，然后下流与东出的水马槽水交汇。现二者均被西大洋水库吞噬。

北镇村地下煤炭资源丰富，具体开采于20世纪的人民公社初期，改革开放后一度鼎盛，共有8对小煤井。同时，煤炭运输业顺势而生，最多时有大型运输汽车70多辆。另外，在省道S335蠡野线沿线两侧开办了5个煤场，进行煤炭交易。一直到21世纪之初上级政府发文明令禁煤时，所有事关煤炭的业务活动才全面禁止、转型。

另外，北镇村的耐火土资源也相当丰富，有的直接裸露在地表，有的表面不过覆盖一层很浅的沙土。20世纪90年代，开采耐火土风靡一时，设备简单，三两个人即可实施作业，以供应西邻的韩家村、王家村和岗北等村烧制日用瓷所需。

七、文化娱乐、基础教育、医疗保健

【文化娱乐设施】

现有文化娱乐广场2个，分别为600平方米和500平方米，南、北两村各一，总共配备健身器材15套。

【基础教育】

原北镇小学始建于抗战后期，档案缺失，情况不详。

今北镇小学（学制6年）在校学生280名，教师12名；幼儿园1

所，入园儿童50名，幼儿教师4名。

附：北镇中学（公办初中3年制），目前在校学生683名，教师43名。招生范围：南镇、北镇、横河口、树沟、套里、铁岭北、南家庄尔、朱家坡、涧磁等9个村。

【医疗保健】

现有村卫生室2个，南、北两村各一，共有签约村医5名。

八、村政现状

【基层党建】

1995年，鉴于该村移民搬迁时形成的两个居民点，为了便于开展工作，镇政府临时同意他们分别办公的请求；再及21世纪之初，经镇政府上报县政府，从而正式批准该村两委班子一分为二。就此且以北镇北村和北镇南村分别介绍其现状如下。

1. 北镇北村党支部下设2个党小组，全村党员16名，其中男性15名、女性1名；30年以上党龄的老党员4名。

2. 北镇南村党支部下设2个党小组，全村党员44名，其中男性39名、女性5名；30年以上党龄的老党员10名，50年以上的1名。

【集体财产】

1. 北镇北村党群服务中心独立小院1座，占地500平方米，建筑面积150平方米。

2. 北镇南村党群服务中心独立小院1座，占地380平方米，建筑面积200平方米。

【公共服务】

北镇全村生活用水普遍实现了自来水化，电力供应充足，数字网络覆盖全境；通村道路、街道和干线机耕路基本全部硬化；主要街道都安装了太阳能路灯，南、北二村一共140盏。

横河口村

横河口村位于灵山镇东南隅，距离镇政府驻地10千米。该村是西大洋水库的移民村，旧址在今村东侧的沟谷地带，原属唐县西大洋乡。今村东濒西大洋水库和唐县罗庄镇灌城村，南邻下河镇上河村，西与下岸村连山共界，北偏西与南镇南村共有丘陵，北偏东隔西大洋水库港湾与唐县罗庄镇十八渡村相望。1958年肇建西大洋水库，旧址规划为库区，1959年整体就近西迁今址。

交通环境：曲阳东部旅游专线公路穿村而过，贯境5千米。专线客运班车直达县城，过路客运班车直通省会石家庄。

一、当前的自然资源和居民状况

横河口村地处丘陵山区，东北两面均为西大洋水库库区，相对西南两面则都是蜿蜒起伏的冈峦，平均海拔320米，总域面积约5平方千米。其中山场约6000亩，部分栽种柏树和核桃树；耕地1120亩，人均0.7亩。

全村划分为11个村民小组，居民556户、2155人，其中男性1186人、女性969人；居村常住1768人、外出流动387人，主要流向保定市区，基本以经商和务工为业。村民姓氏以苑姓为主，其他有李、范、岳等姓氏。原有康姓，今佚。

2017年，全村建档立卡贫困户39户、89人，至2019年底全部脱贫。

二、建村历史及归属沿革

《新志1》载：横河口“北宋”立村，因“村北有通天河横过，村址位于河出境处”，故名。此说除了立村时间未详来由外，并且“位于河出境处”也需商榷，实则是地处与唐河交汇的入口附近。基于通天河中游一路向南，却在末段接纳三会河后不久便折向东流，从而汇入唐河（今西大洋水库），所以，此河段又称横水、横河。

据采访记录，横河口苑姓村民源自唐县十八渡村，进而追溯至清苑县某地；今铁岭北苑姓村民，又是该村苑姓的下游分支。

横河口村清代以前归属不详，清代及民国初期属唐县。1942年与套里村同时划归曲阳县，属灵山区。区下设“社”，后改称“乡”，所属未详。1953年7月，全县划分92个乡，属南镇乡。1956年8月，改南镇乡为涧磁乡，随属。1958年8月，定曲合县，改横河口村为横河口大队，属灵山人民公社；下设管理区，仍在涧磁治下。1961年5月，曲阳县复治，设涧磁人民公社，属之。1964年1月，改涧磁人民公社为南镇人民公社，属之。1984年4月，恢复乡镇建制，复称横河口村，属南镇乡。1996年，南镇乡并于灵山镇，隶属至今。

三、横河口村史话

原横河口村颇得地利之便，堪称水陆码头、山川锁钥。唐河丰水期，行船走水路可达历史名镇定州；走旱路则南下直通真定府

（今正定县城），北达倒马关。

据清末《唐县志》：早在汉代即置八渡关于十八渡村旧址（十八渡村也是水库移民村），村名当源于此。尤其明代战略意义重大，往来于正定府与倒马关之间的信使及兵事频繁。

清朝疆域通治长城内外，不复倒马关兵防，遂撤驿站至该村，从而传留下来“横河口村的毛毛官儿和木头衙役”的故事。

该村历史文化底蕴厚重，名人辈出，相传明代出过一个“拔贡”，具体生平事迹虽已失传，然其当年的一些故事却流布甚广。及至清代，光绪四年（1878）《唐县志》卷九《人物志》载：“苑锦泰，唐县横河口村人，嘉庆九年（1804）获捐甲子科武举。”授职“守御所千总”。基于他的这个官衔，其祖父母、父母皆擢拔武职、获赐诰命。当年嘉庆皇帝所赐奉天诰命予其祖父苑裕，其文字内容曾镌诸碑石，随其墓葬立于祖坟。祖坟原址在铁岭北村东，因坟场柏树众多，俗称“柏树坟”。圣旨原件及碑石皆毁于“文革”初期，所幸碑文被十八渡村一族人抄录，保存至今。

不过，虽其家门一时显赫，但由《唐县志》知，其所获官职终非源自正途，其一“捐”字自也稍逊风骚。

四、文物遗存及关联回顾

【墁石道】

（参见本书上编第五章第一节相关内容。）

【南北阁尔】

横河口旧村通南到北一条大街，长约500米，南北街口各有一座阁楼（俗称阁尔）。两阁尔下层均为石券过街通道，进深及高、宽均在3.5米左右。南阁尔上层彩绘老母神像，不详其具体名称。北阁尔上层阁楼彩绘玄帝神像，迎面石券洞顶部中央嵌一青石匾额，上有双划线刻正书“玄帝阁”三个大字，故名“玄帝阁”。石额落款为“万历二十七年（1599）二月”。其长80厘米，宽40厘米，厚12厘米。两阁尔在村址搬迁时拆毁，唯玄帝阁石额完好保存至今。

【柏树坟】

位于铁岭北村东，因古柏成林，故称。原有多通汉白玉石碑，并拴马桩、上马石等墓葬仪石，“文革”前期掘毁。当年曾有专人看护，今铁岭北村苑姓族人即其守墓者后裔。

据掘毁亲历者介绍，坟场坟墓众多，尤其始祖坟墓特别高大，高约4米。墓室内正前方墓门左右两侧，各有一个装满灯油的大缸，引芯于缸沿外并有燃烧的灰烬，谓之“万年灯”。

墓穴3间，青砖券砌穹隆顶，隔墙有券门互通。中间是男性墓主，内棺外椁，下面用两条板凳支撑，上覆蓝色缎面大旗，并绣文字，可惜见风即化，未及明辨内容。两侧间为两房夫人的棺木。

开棺之初，墓主面目尚可辨认，衣物和供桌上果盘里的瓜果酒食亦皆完好如初，不多时便化作烟云散佚。墓中出土许多金、银、玉、瓷、漆等宝器，或者被捣毁，或者被哄抢。

五、早期党建与抗战史

【早期党建】

横河口村党支部始建于1939年，隶属唐县，由驻唐县的八路军派员进村发展。第一批党员有苑德祥（号老棉）、苑生金、苑士才（乳名庄儿）等3人，苑老棉任党支部书记。同年，苑怀福在南镇村入党，庞秋金（女）在灵山村入党。1941年，其二人党籍转至本村。

1940年，苑士才调任唐县三区治安员；苑老棉病故，村支部书记由苑孟春接任。

1942年初，横河口村划归曲阳县。当年夏天，苑孟春参军，党支部书记由苑盛芳（乳名老锅头）接任。1943年，第4任、第5任党支部书记先后由苑怀福、苑进忠续任。

1945年，日本投降后，苑进忠调灵山区委工作，苑法臣、苑进庄续任第6任、第7任村党支部书记。1946年，土改运动中，苑进表接任党支部书记。受“左倾”主义影响，老支书苑进庄一度被关押到南家庄村，过年都没让回家。次年，苑进庄回村，继续担任村党支部书记至新中国成立。

【抗战简史】

1940年，日军侵占灵山，遂有灵山村五六家人来该村暂避。

1941年冬，100多名日伪军进村，强迫村民一连在村东的两座山坡上分建了两座炮楼。然后，每个炮楼常驻一个班的兵力，以伪军为主。村党支部书记和治安员奉命离村，具体工作由党支部副书记苑怀福负责。

1943年，日伪军撤出横河口村，下半年区委书记刘树祯驻村整顿工作，先由苑怀福担任村党支部书记，苑进忠任村支部副书记。不久，二人职务对调。

1944年，苑怀福调任灵山区组织委员。

1945年，日本投降后，炮楼被村民拆毁。同时，苑进忠调到区委工作。

【抗战逸闻三则】

1. 日寇侵占横河口村期间，苑进忠是炮楼上的报道员，被迫每天上炮楼送生活用品并汇报情况。实际他却是地下共产党员，也正好借机获取敌人情报，与我抗日武装通风报信，因此，乡亲们便经常跟他打趣，叫他“假洋鬼子”。

2. 一次，村民苑志明去本县程东旺村赶集卖干菜，因衣着干净被鬼子抓了起来，押解到了灵山据点，用烧红的烙铁烫他的前胸，问他是不是共产党，他咬紧牙关坚强应对。最终经苑进忠凑了些钱交给鬼子，并说他是他的当家子（本家族）哥哥，是大大的良民，这才把他保出来。新中国成立后，苑志明一度担任中共天津市和平区委书记。

3. 又有一次，村民苑老英尔和范六尔结伴外出赶集。当时日本鬼子在路上设有关卡，每当老百姓通过其关卡时，都要接受他们的盘查。苑老英尔张口就称对方“同志”，立马就被日本鬼子拔刀砍了；范六尔则口称“太君”，遂被放行。

六、新中国成立后的重大事件和特色经济

【移民搬迁】

1958年，西大洋水库破土修建，该村响应国家号召“舍小家，为大家”，遂西迁今址建设新村。

1986年，县政府出资修筑了南起下河村省道S232京赞线，北至保阜公路（今省道S335蠡野线）的移民路。2008年再行补修，罩覆新路面。2018年按国家二级公路标准，扩建为曲阳东部旅游专线公路，亦称“旅游大道”。

21世纪之初，国家发放水库移民村老村民生活补贴，截至1958年以前出生的村民，以20年为期，每年补贴600元。

【网箱养殖】

该村网箱养鱼始于1989年，高峰期养殖户90多户，参与人数180多人，有350多个网箱。

2003年，“非典”疫情暴发，为确保保定市区及周边区县人民的饮用水质量达标，服从上级政策，于当年10月杜绝了网箱养鱼。

七、文化娱乐、基础教育、医疗保健

【文化娱乐设施】

现有村文化娱乐广场1座，占地400平方米，配备健身器材13套；文化活动中心1个，建筑面积270平方米。

【基础教育】

该村1959年新村落成，始建初级小学（简称“初小”，1～4年级），复式班。

现横河口小学（学制6年），在校学生111名，教师9名；幼儿园1所，入园儿童40名，幼儿教师3名。

附：【高级人才】

苑鹤（女），1984年10月出生，中国农业科学院2017届博士后，现供职于中国农业科学院深圳农业基因组研究所。

【医疗保健】

现有村卫生室1所，签约村医3名。

八、村政现状

【基层党建】

横河口村党支部下设3个党小组，全村党员79名，其中男性63名、女性16名；党龄30年以上的老党员33名，50年以上的13名。

【集体财产】

村党群服务中心独立小院1座，占地500平方米，建筑为二层小楼，建筑面积420平方米。另有：生态林1686亩；3条5千米的溪流；村东蓄水池1座；光伏太阳能发电占地260亩。

【公共服务】

村民生活用水全面自来水化，电力供应充足，数字网络基本覆盖全境；通村道路、主要街道和干线机耕路全部硬化；主要街道都安装了太阳能路灯，共80盏。

后　记

白驹过隙，一转眼差不多的三年时间就“逝者如斯夫”了，相应的是这本书稿也基本定型，即将告一段落。

以前，我虽然写过十几本书，却从没有写过这么大篇幅的，且那些事多半都是我多年来积攒下的生活阅历，只需要通过文字把它们组织起来、交代给大家就OK了；尽管其中有些东西需要采访以丰富内涵、需要考证以确立观点，然其工作量都不是太大，不足以造成过重的心力负担。这本书稿则不然，它虽然针对的只是灵山镇这样一个“小地方”，却未免有了点儿“集大成”的意思。所谓“麻雀虽小，五脏俱全”嘛！它既有骨头也有血，既长着肌肉也长着皮毛，落了哪一部分也不堪称其为全体，所以，就需要尽量兼顾到它的方方面面，把来龙去脉都交代清楚。这样一来，相对于我仅靠“土闹儿”成就的这两把刷子，确实有点儿大遭难！

说实在的，这期间我也曾有过打退堂鼓的念头，一方面，年龄有点儿大了，且身体上的小毛病也挺多；另一方面，则以为写这样一本书不亚于布局一场小战役，怎样排兵布阵，怎样调配军械粮草，样样都是难题，从而自惭心力不足、才力难支。仅就本书体例而言，又无前车可鉴，它既不是方志也不是故事，更不是专著；既需要大量一丝不苟的如实记录，也需要相对于历史档案非常贫乏的条件，在某些关键节点上根据常识进行合理的推演。好比PS修图一般，就算把某个主题费劲巴务地抠出来了，要想把它植入预设的背景中去，也免不了还得适当地做些亮度、对比度、曝光度以及羽化等细节的处理，才好消除那种生硬感，让人感觉着自然。另外，往往还需要潜心到各种版本的方志，乃至晦涩难懂甚至漫漶不清的古碑文中，去抽丝剥茧、大海捞针。不过，只要稍有收获，便弥足珍贵！有了它，处于盲洞性质的时空隧道就会透出明曦，沉睡于地下的先哲就会站出来与我们对话，一帧帧灵山镇曾经的社会活动画面即便重新鲜活起来……

好在灵山镇党委书记王谞昭同志待若挚友的态度、全方位支持的力度，最终坚定了我不能回头的决心。

当前社会日新月异，民间习俗趋同化已是大势所趋，且异常迅猛。好些传统的东西若不及时保存，其文化底色毫无疑义地即将被彻底覆盖，且全然复盘无望。基于王谞昭同志对此早有认识，又正好来灵山镇工作，遂义无反顾地担负起这一历史使命，倡举了这项事业，拟定了《走进灵山》这个书名，倾力于给灵山镇千百年的特色民间传统文化打造一个实质寄托，以至薪火长传。此乃灵山人民之幸，灵山文化之幸！并且我也有幸“走进灵山”，比较全面和深入地了解到了灵山民间深厚的文化底蕴，有了与热情豪爽的灵山人民打交道的机会；并以此为前提，收获了“摸着石头过河”，最终写出《走进灵山》这本书稿来的“乐趣”。

基于书稿的完成，才不说采访、收集资料的过程，单就着手撰稿而言，首先面对来路不一、丰歉两端的一团团乱麻似的材料，就够你喝一壶了。这期间我不知道心烦了多少回，头大了多少次！甚至老伴儿每常叫我吃饭，因为我顾不得吭声，以至她都不知道多少次大声小气地说我“都成了傻子了”！布置章节需要考虑，拟定标题需要考虑，尤其一些首鼠两端的内容该放置在哪儿才最合适，更需要掂量再三，总不能像长舌婆拉家常似的前头说了后头再说，让人腻烦吧！另外，调配和修整图片，使其与文稿“争荣并茂”、牵手相随，同样也需要斟酌，林林总总，大概没有点儿傻劲儿、呆劲儿，还真就不行！至少我自己是这样体会到的。

最后需要说明的是，书稿虽然由我执笔完成，做了一定的工作，然其成就毕竟还由多方共举：一方面是灵山镇党委、镇政府领导的全方位支持，担纲扛鼎并深度介入，指导写稿、组织审稿；前后两任宣传委员穆雷和赵凤乔二同志具体主持这项工作，付出了大量心血；许多镇上的同志也都积极参与了提供资料、组织材料和搜集照片等多项工作。

另一方面是项目开始时由苑林霜、刘进营和我等三人组成的采访小组所做的前期工作。其中苑林霜负责现场座谈录音、事后整理录音资料；刘进营负责现场拍照，为本书提供了许多原始照片；另外，韩庆策也提供了一些关键照片，比如封面主题图片等。

再一方面就是接受我们采访、陪同我们考察的各村干部和耆老乡贤们，由于他们提供了许多即将被时代吞噬的原始材料，才使得这本书稿有了莫大的时空穿透力。

同时，县委组织部原常务副部长王京考、老干部局原局长吕爱国、商务局原局长杨业兴和县人大办公室原主任邓子蛟等祖籍灵山镇的老干部参与了审稿，不仅指出了前期文稿的不足，而且提供了许多宝贵而具体的修改意见。

鉴于大家的共同努力，才成就了这本书稿，或者其中还有这样那样的错误和缺陷，诚请以上各位以及所有诸方家，继续给予批评指正。为此，谨向大家深表诚挚的谢意！祝大家工作顺利，生活幸福，事事吉祥！

尤其还要感谢河北省作家协会原主席尧山壁老师，以八十多岁的高寿为本书作序，且还时间紧迫，作为晚辈颇感不恭。好在尧老并没介意，欣然应允，由于他的序言高屋建瓴、气度不凡，为本书大为增色。且敬祝尧老寿隆南山、福渊东海，永远快乐安康！并祝家人幸福美满、万事顺遂！

2024年10月6日